中国博士后科学基金第14批特别资助（站中）项目"21世纪国外马克思传范式研究与代表作翻译"（资助编号：2021T140777）、中国博士后科学基金第67批面上资助二等项目"马克思传记史研究"（资助编号：2020M673034）的阶段性成果。

自由社会主义

以罗尔斯和马克思为基础的另一种社会理想

［澳］伊安·亨特◎著

凌菲霞◎译　　张祖辽◎校

天津出版传媒集团

天津人民出版社

图书在版编目（CIP）数据

自由社会主义：以罗尔斯和马克思为基础的另一种
社会理想 /（澳）伊安·亨特著；凌菲霞译. -- 天津：
天津人民出版社，2021.8
（世界马克思主义研究文库）
书名原文：Liberal Socialism : An Alternative
Social Ideal Grounded in Rawls and Marx
ISBN 978-7-201-17481-5

Ⅰ.①自… Ⅱ.①伊… ②凌… Ⅲ.①罗尔斯(
Rawls, John Bordley 1921-2002)—正义—理论研究②马克
思主义政治经济学—理论研究 Ⅳ.①B712.59②F0-0

中国版本图书馆 CIP 数据核字(2021)第 160873 号

Published by agreement with the Rowman & Littlefield Publishing Group
through the Chiness Connection Agency, a division of The Yao Enterprises, LLC.
天津市版权局著作权合同登记：图字 02-2017-2970

自由社会主义：以罗尔斯和马克思为基础的另一种社会理想
ZIYOU SHEHUIZHUYI YI LUOERSI HE MAKESI WEI JICHU DE LINGYIZHONG
SHEHUI LIXIANG

出 版	天津人民出版社	
出 版 人	刘 庆	
地 址	天津市和平区西康路35号康岳大厦	
邮政编码	300051	
邮购电话	（022）23332469	
电子信箱	reader@tjrmcbs.com	

策划编辑	王 康
责任编辑	王佳欢
特约编辑	郭雨莹
封面设计	回归线视觉传达

印 刷	河北鹏润印刷有限公司
经 销	新华书店
开 本	710毫米×1000毫米 1/16
印 张	17.5
插 页	6
字 数	140千字
版次印次	2021年8月第1版 2021年8月第1次印刷
定 价	89.00元

"世界马克思主义研究文库"总序

习近平同志指出，在人类思想史上，就科学性、真理性、影响力、传播面而言，没有一种思想理论能达到马克思主义的高度，也没有一种学说能像马克思主义那样对世界产生了如此巨大的影响。这体现了马克思主义的巨大真理威力和强大生命力，表明马克思主义对人类认识世界、改造世界、推动社会进步具有不可替代的作用。

从 1848 年《共产党宣言》的发表标志着马克思主义诞生，至今已经170 年了。尽管时代和环境条件发生了很大变化，但马克思主义像燧石一样，历经千磨万击，更加焕发出真理的光辉，其基本原理依然是科学真理，我们依然处在马克思主义所指明的历史时代。坚持马克思主义和发展马克思主义相辅相成。发展 21 世纪马克思主义、当代中国马克思主义，必须立足于中国，以宽广的世界眼光，深刻认识马克思主义的历史意义、世界意义、时代意义和现实意义。

当前世界形势正在发生深刻复杂的变化，世界正处在百年一遇的历史大变局之中，产生了大量错综复杂的现实难题和全球性问题，提出了大量亟待回答的理论课题。这就需要我们加强对时代和当代世界的研究，分析把握其出现的各种变化及其本质，深化对资本主义和国际政治经济关系深刻复杂变化的规律性认识，把握全球化发展的趋势和新科技革命的机遇及挑战，探寻世界和平与人类发展进步的可靠路径。马克思主义是正确揭示人类历史发展规律、实现无产阶级和人类解放、追求人的自由而全面发展的科学理论，具有与时俱进的理论品质。坚持和发展马克思主义，必须用宽广的世界视野，全面把握世界马克思主义发展的历史和整体现状，及时跟踪当代世界马克思主义思潮，密切关注和把握国内外马克思主义研究新成果，从而推动我们对当代世界与中国发展中的重大理论和重大实践问题进行系统的、全面的、深入的研究，进一步坚定"四个自信"。

综观当代世界马克思主义思潮，不少学者对资本主义体制性危机困境、结构性矛盾以及生产方式矛盾、阶级矛盾、社会矛盾、治理困境等进行了多层次、多角度的批判性揭示，对资本主义危机、资本主义演进过程、资本主义新形态及本质进行了深入分析，对社会主义制度的发展和完善、社会主义现代化的实现路径、人类命运共同体的构建进行了积极探索，对中国特色社会主义思想进行了深入研究，对各马克思主义流派之间的对话和批判进行了科学探讨。这些研究有助于我们正确认识资本主义的发展趋势和命运，准确把握当代资本主义的新变化、新特征，加深对当代资本主义变化趋势的理解，同时也能彰显社会主义制度的优越性，推进马克思主义中国化时代化大众化。学习研究当代世界马克思主义思潮，有利于我们立足于时代特征，更好地运用马克思主义观察时代、解读时代、引领时代，真正搞懂面临的时代课题，深刻把握世界历史的脉络和走向；有利于我们以正在做的事情为中心，深入总结中国特色社会主义实践，更好地实现马克思主义基本原理同当代中国具体实际相结合。

在具体实践中，马克思主义在西方文化语境中已经与各种批判理论相结合，我们应当对其进行批判性认识。20 世纪 70 年代以后，西方马克思主义涌现出众多与特定的批判理论相结合的流派，主要包括分析的马克思主义、生态学马克思主义、女权主义马克思主义、文化的马克思主义、发展理论的马克思主义、后马克思主义，等等。这些流派研究方法各异，立场也不尽相同，甚至存在着对马克思主义的误解、误读与曲解。对此，我们既不能不加甄别地囫囵吞枣，也不能囿于教条故步自封，而是要放眼世界，对世界马克思主义研究成果概而观之，才能对其优劣长短作出富有说服力的判断，从而做到吸收其精华，剔除其糟粕。马克思主义已深深嵌入当代世界文明的发展之中，经过一代又一代学者的传承，成为把握时代精神并且引领世界思想潮流的话语体系。随着中国经济的迅速崛起及2008年资本主义金融危机的爆发和蔓延，我们在新时代面临的诸多问题使国际思想界更加重视对马克思主义的研究，马克思主义已经成为国内外学者，尤其是左翼学者理论建构的重点。这为在全球化的背景之下，深入研究新时代中国特色社会主义的理论与实践提供了更丰富的思想资源。

基于新时代所提出的新要求以及马克思主义理论发展本身所蕴含的实践性和开放性研究要求，为推动马克思主义研究，特别是世界马克思主义思潮的研究，我们决定编译出版"世界马克思主义研究文库"。本文库从国内外马克思主义研究的经典文献和最新成果中，选择具有重要理论和现实意义的作品，持续推出系列成果，其中的部分作品将在已有译介的成果基础之上重新加以整理和译校。

本文库秉承经典与前沿并重的原则，内容涵盖以下四个专题：

一是"马克思主义经典文献系列"。我们将通过对一些原始文献进行权威而准确的翻译，适当填补国内相关文献译介的空白。这一方面可以推进我们对马克思主义发展史的研究，彰显马克思主义理论的连续性和丰富性；另一方面也有助于我们回顾历史，反思社会主义发展过程中的经验和教训，进一步坚定马克思主义信仰和社会主义信念。

二是"西方马克思主义经典系列"。西方马克思主义包括由卢卡奇等人开创的解释路向及其后获得发展的诸流派，是在当时的历史背景下对西方社会主义道路的理论探索，为马克思主义的发展提出了一系列重大理论和实践问题。这些思考无疑推进了马克思主义的理论阐发，并且彰显了马克思主义理论内在的生命力。回归相关经典，有利于我们理解西方马克思主义与马克思主义之间的关系，也有利于推进对马克思主义传播的研究。

三是"马克思主义的当代阐释系列"。一方面，西方资本主义出现了许多新现象、新变化，2008 年爆发的金融危机使世界上很多有识之士深刻反思当代资本主义的危机和弊端；另一方面，中国作为世界上最大的发展中国家，在经济快速崛起的同时，也在走近世界舞台的中央，在全球治理中发挥越来越重要的积极作用。因此，关注国内外学者关于马克思主义的新近研究成果，了解他们如何看待资本主义的危机以及如何回应新自由主义的挑战，将有助于我们在把握资本主义新变化的同时，推进对马克思主义经典文本的当代解读，进而更好地回答一系列人类所共同面对的全球性问题。

四是"马克思思想研究系列"。马克思、恩格斯科学理论的创立，对各理论学科和专业，以及世界社会主义运动产生了广泛而深刻的影响。当我们在新的时代背景下再次回到马克思的经典思想，我们仍能深刻感受到马克思与时代同行的脚步。马克思的理论无疑是一座博大精深的思想"富矿"，通过引介当前国外学者对这一思想"富矿"不断深入挖掘所取得的理论成果和收录国内权威、新锐学者的经典或前沿作品，借以呈现其对马克思思想阐发的多重视角，将有助于我们拓宽研究视野，进一步推进马克思主义及其中国化的理论创新。

在选编和选材的过程中，我们力求体现出以下三个特点：

一是理论性。我们将选取具有重要理论意义和学术价值的研究成果。

尽管研究者运用的方法、材料和数据不同，一些观点和理论也不尽相同，甚至相反，但都充满着理论逻辑和理论探讨的火花和灵感。当然，书中的观点和立场并不代表选编者的观点和立场，相信学术同人自有正确的慧眼和判断。

二是综合性。世界马克思主义流派纷繁复杂，国内外研究马克思主义的相关成果涉及方方面面，包括经济、政治、文化、社会、生态等各领域，我们力求选取有代表性的研究成果。

三是前沿性。正确的理论是对历史、时代、实践提出的问题的科学回答。实践的变化发展必然会提出新问题，产生新情况，这就要求马克思主义者必须站在时代前列，反映时代进步的要求，必须抓住时代主题，回答时代提出的问题。我们将选取具有理论创新性、学术前瞻性、反映当前热点和焦点问题的一些研究成果。

党中央高度重视马克思主义理论研究和建设工作。随着中国特色社会主义进入新时代，随着马克思主义理论研究和建设工程的纵深推进，中国共产党不断开辟马克思主义理论发展的新境界。马克思主义理论研究不断取得新成就，学科体系、教材体系、话语体系建设不断取得重要成果，国内外学术交流日趋活跃，研究成果不断涌现且质量日益提高。本文库由中央编译局的有关专家学者和相关高校、科研院所的专家学者通力合作，编译出版国内外研究马克思主义的代表性成果，力求为推进马克思主义事业做出应有的贡献。

季正聚

2017 年 12 月写于北京

罗尔斯正义理论与社会主义经济民主思想的融合

——亨特自由社会主义的独特之处

　　要了解亨特的自由社会主义理想,首先要注意其基本前提,即亨特力图在大体正义、总体中等繁荣的未来社会中实现这样的理想,他是为中等繁荣的民主社会制定可实现的社会理想。亨特认为,美国并不是总体中等繁荣的公正社会的代表,因为美国收入排在前十分位和后十分位人口的收入差距比为15:1,虽然财富和收入的平均水平很高,但许多人仍处于绝望的贫困状态。北欧社会则接近总体中等繁荣的公正社会,收入排在前十分位和后十分位的收入差距比为5:1,赤贫人口数量并不显著(见本书第114页)。但是北欧社会仍然并非亨特的大体正义、总体中等繁荣的社会,因为这些社会仍是以资本主义为基础的。亨特的总体中等繁荣民主社会虽然是以西方发达国家的繁荣现状为基础的,但又不同于以新自由主义为理想的西方发达国家,因为它普遍富足,没有人处于赤贫状态,机会、收入和财富的差异并不像新自由主义社会那样悬殊。

一、亨特关于自由社会主义的基本正义观点

如前所述，亨特的自由社会主义是要在大体正义的社会里实现的，所以自由社会主义存在一个正义前提，即存在着关于正义或公正社会的基本看法。

首先，分配正义或社会正义是真实且不可回避的问题，罗尔斯的正义原则是社会公正与否的评价标准。在亨特那里，分配正义或社会正义是关于基本权利和自由、权力和机会、收入和财富，以及自尊的社会基础等基本益品①在公民之间的公平分配问题。亨特指出，西方舆论往往以假定的效率成本为由放弃平等或公平的问题，从而轻视分配正义的重要性。这样的舆论往往体现为两种观点。一种观点强调效率与公平非此即彼的关系，公平的增益是以效率的减损为代价的。另一种观点认为效率比公平更重要。亨特指出，在现实世界的市场上，税收等市场干预措施可能会纠正"效率低下"或福利损失的问题，如吸烟的医疗成本，从而反驳了第一种观点。至于第二种观点，亨特主要反驳了强调效率、以现代经济理论为依据的公共政策背后的一些未经认可的哲学思想。（第 46 页）

亨特指出，哈耶克（Friedrich Hayek）认为，分配正义或社会正义是虚幻的理念，只存在涉及个人错误行为（wrongdoing）的完善可靠的正义观念，即调节正义或惩罚性、纠正性正义，后者才是唯一真正的正义观。亨特反对哈耶克将正义等同于调节正义或纠正性正义的做法，以及他对分配正义问题的轻视。亨特举例说明，盗窃是未经合法所有人许可而取得物品的行为，但人们也必须关注被盗者是否有资格享有自己所拥有的东西。亨

---

① 根据罗尔斯的观点，基本益品等同基本权利和自由、权力和机会、收入和财富，以及自尊的社会基础。见第 59 页。

特认为,要使调节正义或惩罚性正义成立,那么确定正义资格(谁有资格拥有某种东西,而侵犯该资格是违法的)的分配正义必须成立,也就是说哈耶克所肯定的调节正义实质上预设了分配正义的存在。被哈耶克视为虚幻形式的分配正义必须成为现实,才能把完整的形式赋予他认为是所有法律的基础的调节正义。(第54页)

亨特还发现,虽然诺齐克(Robert Nozick)意识到关于分配正义的这些问题,但是诺齐克通过转移和获得正义原则,说明不能以关涉结果正义的分配正义为由反对资本主义自由市场经济的结果,认为资本主义社会的自由市场必然公平。(第50页)诺齐克实质上跟哈耶克一样,认为分配正义不是真正的问题,因而将效率问题放在公平问题之前。诺齐克的转移和获得正义原则认为,如果一个人是通过这样的资格——保证财产从别的合法所有者转移到他身上的合法性——获得某项财产的,那么这个人就有权拥有该财产,正是这样的原则确立了分配的正义。亨特认为,诺齐克的问题在于,私有财产可以被正义地获得并不意味着它被正义地持有。(第55页)

亨特继而指出,罗尔斯(John Rawls)和诺齐克都认为,某项财产的正义是其产生方式的结果。罗尔斯认为,按照分配的纯粹程序,正义的结果大体上是公正的,而在分配上没有独立于结果产生方式的结果正义标准,这跟诺齐克的转移和获得正义原则类似。因此,分配正义问题是通过公平程序的规定和执行得以解决的,公平的程序会有公平的结果。(第58页)不同的是,罗尔斯进一步指出,程序要满足差异原则才是公平的,分配正义的成立还需要差异原则。差异原则要求,不能为了其他社会地位代表性占有者获取基本益品的利益,而强制要求某些社会地位的代表性占有者,对基本益品的获取程度低于他们在最有利于最弱势者的规则下的获取程度。这意味着,一个正义的基本结构将排除剥削制度或压迫制度,其中剥削制度允许一些群体以牺牲他人利益为代价而受益，而压迫制度则允许某些人压制他人的基本自由。（第60页）在罗尔斯那里，差异原则所允许的任何不平等不会破坏机会的公平平等、公平的政治自由平等，以及所有人对自尊的社会基础的平等获取。因此，在合理繁荣的民主社会里，其正义制度首先遵循基本自由平等的原则，然后是机会的公平平等原则，最后是差异原则。亨特认为，罗尔斯的正义原则可以帮助我们评价任何社会的正义程度。（第110页）

其次，资本主义是不公正的，而罗尔斯的自由社会主义是一种公正的社会形式。亨特指出，根据罗尔斯的观点，只有"财产占有的民主"和自由社会主义才能符合机会公平平等的要求，以及罗尔斯正义原则的其他要求，所以这两种社会形式才是罗尔斯眼中的公正社会，才是亨特所提的大体正义的未来社会形式。（第62页）罗尔斯明显地区别了财产占有的民主与资本主义，认为只有当一个制度内部的某些个人能够仅从企业——雇佣听从于管理特权的工人——投资中获得舒适的收入时，该制度才是"资本主义"的。（第90页）"资本主义"指少数人拥有大部分生产性财富的制度，财产占有的民主虽然以私有财产为基础，却是指私有财产分布广泛但不是非常不平等的制度。这种定义与一些资本主义辩护者对资本主义的定义有所出入。例如，亨特提到，菲利普·范·帕里斯（Philippe Van Parijs）对"资本主义"采取一种宽泛的定义，涵盖任何基于私有财产的市场经济，包括罗尔斯财产占有的民主与资本主义。罗尔斯的自由社会主义则是以关键生产资料的财产公有制为基础的。（第62页）

亨特采用罗尔斯对"资本主义"的定义，他支持并辩护罗尔斯式的自由社会主义。在说明如何从罗尔斯的两种公正社会里选择自由社会主义之前，亨特首先要做的是，证明资本主义特别是新自由主义资本主义是不公正且需要被否定的。（亨特主要从西方语境出发，以资本主义为主要批判对象,并未谈及现存社会主义国家的情况。)因此,自由社会主义等公正社会理想就会成为选择之一。

亨特通过证明资本主义违反了罗尔斯的上述正义原则,来说明资本主义是不公正的。第一,资本主义允许破坏机会的公平平等的巨大财富和收入差异。机会的公平平等不仅仅是任何一代人如何竞争权威或优势地位的一个特征,还是后代不会因其出生时的社会地位(包括出生时家庭所处的阶层)而受益的一种要求。机会的公平平等要求世代更替保留平等机会,这意味着财富和收入的差异,不会大到使来自较富裕家庭的孩子比来自较贫穷家庭的孩子有更多获得技能的机会。(第 69 页)资本主义社会特别是福利资本主义社会可能会增加公共教育和保健系统投入,使收入和财富差距缩小,以减少出生在不同家庭里的孩子之间的机会差异。尽管如此,因为绝大多数人很可能仍然通过组建家庭养育子女以行使基本的结社自由,所以家庭仍然是孩子的主要抚养机构,孩子的机会公平平等的实现程度仍受制于家庭背景。(第 61 页)

第二,资本主义否认所有公民政治自由的公平价值。资本主义使政治自由对于绝大多数人来说过于空洞,因为富裕的资本家能够控制大多数思想生产和传播的手段。对于罗尔斯来说,"政治自由的公平平等"要求公民拥有发挥政治影响的平等机会,而当巨额财富的私人所有者主宰政治代表的资助并控制政治议程时,这一点是不可能的。(第 69 页)因此,罗尔斯否认(福利)资本主义可以满足机会平等原则要求的可能性,因为资本家的相对政治力量会阻碍公共教育和保健系统的全面发展,并阻止限制财富和收入差距的制度变革。(第 62 页)

亨特指出,我们这个时代的传统观点似乎是,任何在资本主义社会里流行的不平等现象的减少会降低总体产出,从而使最弱势者的前景黯淡。(第 71 页)此外,罗尔斯的观点——资本主义的财富和收入差异破坏了机会的公平平等和政治自由的公平价值——依赖于有关政治平等条件和优势差异不会世代相传的条件的偶然事实，因此反对资本主义的理由并不够强烈。（第68页）为了反对这种传统观点并进一步批判资本主义，亨特借鉴了马克思关于资本主义的如下观点，即资本主义的一个基本特征是劳动力后备军制度，并说明资本主义这个内在特征违背了罗尔斯的差异原则，从而证明不正义是内在于资本主义社会结构里的。在马克思看来，劳动力后备军的存在给那些寻求就业或正在就业的人带来了压力，比起在对最弱势群体最有利的社会里，他们被迫更多地为了雇主的利益而工作，因为最有利于弱势群体的社会里没有马克思的劳动力后备军。（第96页）在没有劳动力后备军的情况下，工人不会担心没有就业机会，也不会担心因为拒绝为雇主的利益过分努力而被解雇，工资和就业条件也比在资本主义社会里要好。这说明，资本主义基本结构的规则强制要求工人阶级为满足资产阶级的要求而拥有较少的基本益品，少于他们在对最弱势群体最有利的社会里所拥有的基本益品，因此资本主义违背了差异原则，本质上是不公正的。

罗尔斯正义理论与马克思资本主义理论的结合是亨特此书的重要特色，对资本主义的非正义进行更为有力的批判，因为它比两者单独用来批判更具说服力。它为罗尔斯的观点——任何形式的资本主义，包括福利资本主义，都是不公正的——提供了合理而非决定性的理由。同时，罗尔斯的正义理论支持了马克思的观点——资本主义以对雇佣劳动的不公正剥削为基础，使它更加连贯且令人信服。（第99页）

二、亨特关于自由社会主义的正义框架

亨特旨在为一个可实现的、大体正义的社会勾勒一种正义观念，作为自由社会主义等公正社会的正义框架。这样的框架是罗尔斯正义理论的一种变体。

亨特指出了罗尔斯关于分配正义的两个重要理念：一是分配正义根本上涉及不能还原成个人交易公平问题的社会合作的公平条款。社会合作的公平条款不仅需要个人之间的公平交易，还需要个人之间合作的集体组织基本结构，以确保他们的养育环境、不同的自然优势，以及生活中不同的财富与他们在一生中和代际间对社会合作负担与利益的要求之间的公平平衡保持一致。二是就纯粹程序正义而言，不能依赖社会合作的负担和利益的公平个人份额的标准来调整社会合作过程，从而使其结果变得公平。必须安排好基本结构的公正有效规则，使得结果可以通过规则的公平标准被判断为公平的。（第118页）亨特赞同第一个理念，主要针对第二个理念来修正罗尔斯的正义理论。

亨特指出，收入和财富分配的纯粹程序正义尚未考虑那些最贫困者的各种需求的问题，或者一般来说，如何处理在每种社会地位上不具有代表性的特殊需求的问题，也没有考虑到未能履行义务的人是否应该跟能履行义务的人享有同样的结果这个问题。（第119页）因此，一个完整的政治正义理论必须包含除了分配的纯粹程序正义原则以外，对特殊需求或严重不幸进行回应的原则。此外，人类本性的经验表明，没有哪个社会能将公平社会合作条款的问题与对错误行为的正义回应问题完全分离，所以完整的正义理论还必须包括处理错误行为的原则。（第119页）亨特认为，在大体正义而不是良序的社会中，上述两种原则涉及应该将多少社会的收入和财富用于解决跟严重不幸或错误行为有关的易受伤害性，以及如何将这一数额在各种易受伤害性之间进行分配，这些都不是纯粹程序正义的问题。（第120页）亨特将这些原则视为补充和完善分配正义所需的调节正义原则。这样建构的调节正义原则超出了对错误行为的正义回

应,增加了对公民严重不幸的正义回应。这些不幸包括使人们不可能成为
社会合作的完全贡献者的不幸。它们包括内部或外部正常运作能力的丧
失,使人们的能力低于"正常范围"的能力。调节正义原则规定了公民为解
决各种不同的易受伤害性而集体地拥有的援助义务或责任。(第 129 页)
亨特认为,调节正义是这样一种正义领域,它并不取代罗尔斯纯粹程序正
义得出的迄今最优的初始分配,而是预设并完善了这种分配,从而对一个
理想的大体正义的社会进行说明,而这个社会就人类本性而言,比良序社
会更可能得以实现。(第 120 页)亨特的自由社会主义反映的就是这种大
体正义、可实现的社会,并非罗尔斯所说的良序社会。

亨特实质上辩证地综合了罗尔斯针对良序社会的理想理论和针对非
良序社会的非理想理论,将基于纯粹程序正义的分配正义与解决错误行
为和特殊需求所引起的易受伤害性的调节正义原则结合起来,从而为大
体正义而非完全正义的社会提供正义框架。调节正义和分配正义是相互
依赖的,因为没有代表性地位的纯粹程序正义分配规则,政治正义会太过
复杂而无法实现;而没有立法和行政措施来处理特殊案例,政治正义将无
法看到特定个人的行为和境况的道德意义。(第 131 页)

三、亨特关于自由社会主义的善观念

亨特关于公正社会的正义框架并不是只适用于自由社会主义,还适
用于财产占有的民主等公正社会形式,所以至此尚未解决的是亨特自由
社会主义是怎么样、有什么特点或哪些特征,使其不同于财产占有的民主
的问题。概括而言,亨特的自由社会主义是以生产性财产的公有制、个人
私有财产权为制度基础的社会理想,而体现这些制度特点的正是自由社
会主义的善观念。

亨特的自由社会主义是以罗尔斯的自由社会主义为基础的，但是罗尔斯却没有明确的良善社会（社会主义）观点，所以亨特仍需要建构这样的善观念，以达到为自由社会主义辩护的目的。为此，亨特主要借鉴马克思资本主义理论里关于良善社会（社会主义）的观点，从而形成强调合作和集体生活的意义、自由的实质性和有效性的自由社会主义善观念。它主要体现在如下三个方面：

第一，自由社会主义所承诺的自由，是集体活动的自由与个人良心和隐私自由的辩证综合，认为主观自由和客观自由的统一产生了一个更全面发展的幸福观，使得自利欲望与他涉的欲望融为连贯的理性整体。（第150页）当集体活动自由与个人自由冲突时，它并不像古典自由主义那样假定个人自由的一般优先性，即使古典自由主义也将社会秩序和个人安全的集体保护作为这一规则的例外。自由社会主义所表示的社会联合的统一也涉及多数人的共同承诺——以符合正义的方式发展集体自由，并不压制个人参与者。（第39页）

第二，自由社会主义重视他涉的集体活动领域，主张为了社会合作利益而做出公平的贡献，强调社会成员个人利益的有效表达和实现。这些观点综合地体现在马克思的自由集体活动中。亨特指出，马克思的社会理想把自由集体活动视为人类自由的最高表现形式。马克思的自由集体活动包括两种形式：一是在必然王国的自由工作，二是在人的全面自由、参与者可以在独立于生存要求的情况下自由地设定自己的目标。两种形式的自由集体活动都要满足两个条件：首先，参与活动的选择必须完全是自愿的；其次，参与者对其活动的控制必须仅受制于活动的技术要求，以及对参与者和整个社会负责，而不是对他们以外的某些私人利益负责的掌权机构。（第160页）马克思明确地将资本主义里的集体工作与自由集体活动区分开来，认为任何在资本家指导下的集体活动都是形式上专制的。大规模工业管理者从资本主义雇主的利益出发，利用分工和机器化手段对工人实施控制，实现对工人活力、自由和自主的压制。马克思认为，工人对自己的工作方式没有发言权，管理特权给予雇主对集体劳动的合法控制权。（第 159 页）

亨特观察到，先进资本主义国家新自由主义政策采取各种措施扼杀内部自由的集体行动。管理者利用罚款、降级或解雇的威胁来对雇员施加持续的压力，以完成管理层要求的任务。任命主管的权力属于高级管理层，而任何员工选举的要素都被夺走了。来自外部人士——如工会组织或政治力量——的所有影响被中断，因为与员工的见面受到了限制，内部的捣乱分子被淘汰。资本主义工作场所的一元主义就像明显缩小了的法西斯式合作主义，其中企业取代了国家。（第 165 页）

强调自由集体活动的自由社会主义首先要求工作场所的民主满足罗尔斯财产占有的民主或自由社会主义的正义条件。这包括根据"辅助"原则下放权力，使管理权力下放到与任何绩效方面有关的最低水平。其次，自由社会主义允许并鼓励独立的声音，使参与集体活动的任何人都可以在他们的个人利益似乎与他们所扮演的角色发生冲突的时候提出问题，即使维持该活动可能要求他们继续分享扮演各自角色的共同意图。最后，自由集体活动的结构需要规则，以获得对个人或团体利益的忠实且独立的表达。例如，必须在限制腐败的制度规则之下建立独立表达其成员利益的工会。（第 165 页）

亨特在书中暗示的是，在中等繁荣的自由社会主义社会里，自由的集体活动会激发人们的工作积极性。当人们没有受到剥削，或没有被迫不顾健康加快工作时，人们将为享受与他人的合作而工作，并为能给社会合作的利益做出公平的贡献而感到自豪。自由社会主义是以合作和集体生活的形式为主导的社会，人们追求自身的拥有与他人的拥有相一致的自由，这样个人之间互相冲突的理由会尽可能地减少。（第 166 页）自由社会主义采用施韦卡特的"经济民主"体系，尽管"经济民主"会有一些失业工人，但这些工人只会暂时失业，不会构成劳动力后备军。而且"经济民主"还有如下优势特征：①企业是民主管理的，②资源和消费品是通过市场经济来分配的，③新的投资是社会控制的，由资本资产税收筹集的投资资金按照民主的、符合市场的计划进行分派。（第 91 页）

第三，自由社会主义综合了自由的积极和消极条件，提供了实质有效的自由。亨特对比了新自由主义社会所提供的积极自由和专制社会所提供的消极自由。在新自由主义社会，言论、结社等基本自由往往没有限制，但常常缺乏行动的必要条件，即实现某种自由所需的资源，因此这样的自由就是空洞的。在专制社会里，如果如宣传所说，资源是平等地分配的，即人们拥有充足的资源，但是人们对这些资源的使用被封锁，也就是基本自由受到限制，那么自由就是一种假象。如果我们拥有自由的积极条件却缺乏消极条件，或拥有自由的消极条件却缺乏积极条件，那么不管我们的善观念如何，我们的自由就不可能有实质内容。（第 188 页）因此，自由社会主义不仅要求消极自由，还要求赋予我们相应的行为能力，特别是集体行动的能力的资源份额，以及自由社会主义角度下积极自由的良好价值。（第 192 页）

亨特强调，只有在每个公民的所有基本自由与任何其他公民的基本自由一样有效的情况下，公民才能享有他们所有基本自由的公平价值。我们需要一个确保有效的基本自由平等的适当标准。而这并不是说这些自由享有同等程度的资源，正如每个公民平等有效的政治自由并不意味着每个公民在政治自由利害关系上拥有跟其他任何人一样的资源那样，但是保证为每个公民提供了参与政治生活的大致平等的机会。（第 175 页）

此外，自由社会主义所包含的集体自由的良好价值将消除对自由集体活动的限制，例如限制工人自我管理的工作场所管理特权，并为自由集体活动提供资源，例如让员工通过独立的工会机构对他们的活动提出异议，或通过员工简报会和会议来制定他们的工作计划。自由社会主义下其他自由的良好价值所需的资源，将由大多数公民代表按照正义的要求来决定。（第 197 页）

四、亨特自由社会主义的选择和确立

亨特自由社会主义的选择和确立涉及其正义框架和善观点的选择和确立。首先，亨特认为，就人性本身而言，社会的公平基本结构不仅在逻辑上是可能的，在社会上也是可能的。这种基本结构的可实现性是人类将之变为现实的理性希望的基础。（第 22 页）在亨特那里，自由社会主义正义框架的可实现性在某种程度上体现在它的确立方式和必要性上。亨特跟罗尔斯一样，认为关于宪法实质问题和基本正义的共识应该取决于罗尔斯所称的"公共理性"领域而不是"至善论理念"（perfectionist ideas）领域的政治理由。（第 24 页）因此，基本正义框架是社会成员从他们自身的各种道德观点出发、在罗尔斯所称的"广泛的反思平衡"里确认的正义条件和原则。（第 32 页）亨特认为，构建并执行这样的正义框架是社会范围内全面自由社会合作的一个必要条件。这样的框架能以一种持久的方式被各种整全性道德学说（comprehesive moral doctrine）所接受，其中社会合作参与者至少在其一生中被视为自由而平等的贡献者，而且他们理性地认为这种合作是为了他们自己的利益。（第 121 页）因此，公民可以理性地选择将正义框架的公平社会合作规则强加于自己身上，因为这些规则实现了自由地持有自己的整全性道德观点的公民之间自由公平的社会合作的规范性要求。（第 163 页）所有公民都可以理性地采用公平合作的共同规则,并且只要其他人遵守规则,他们也遵守规则。所有公民都可以根据他们自由地采纳的道德观点,通过合作自由地追求自己的目的。(第 163 页)亨特认为,如果这些假设成立,那么中立的正义框架便是在社会上可行的,他为公正社会构建的正义框架也是可行的。

在亨特看来,任何现实社会就正义框架达成共识之后,还要解决如何生活的问题,这些问题并不能通过正义框架得以解决,所以社会必须超越正义的框架,就什么对社会有利的问题做出多数人会选择的决定,也就是选择以多数人所支持的善观念为基础的社会理想。但亨特强调,无须把这样的理想作为一项宪法根本或基本权利。(第 98 页)换言之,选择大规模生产的公有制或私有制的多数人的决定,也不会将公有制或私有制作为实践的基本权利。这样,以生产的公有制为基础的社会主义不是社会的一种宪法要求或一项基本权利,人们可以在达成共识的正义框架下通过民主政府的立法,选择自由社会主义而非私有财产经济。亨特承认,这会产生强制性的影响,因为赞成私有财产经济的公民将无法追求他们的理想,并将被迫支持他们不相信的制度。他们的自由将受到限制,尽管他们可以在由自由社会主义制度所主导的市场经济中个别地建立私人资本主义公司。(第 97 页)

然而亨特指出,虽然有这些强制性影响,但是选择自由社会主义跟排除只有少数人支持的计划而选择一项多数人支持的计划一样不具压迫性。支持私有财产经济的人被强制要求接受社会主义经济制度,就跟支持经济不受限制地发展的人被强制要求支持荒野公园保护支出一样,或跟社会主义者被迫接受生产资料私有制的主导地位一样,如果有大多数人支持的话,就不具有压迫性。(第 98 页)亨特强调,自由社会主义是一种社会理想,涉及投入大量资源来支持他涉的美德和参与公共生活的领域,但是它不规定参与公共生活是宪法要求,也不把未能确保这种参与视为对任何基本权利或社会合作负担和利益的公平分配的违反。(第 38 页)亨特也不排除这样的可能,即随着时间的推移,自由社会主义的采用所引发的抵抗压力可能导致新一批大多数公民采用不同的善观念所支持的社会理想,例如以生产性资源的私人所有制为基础的财产占有的民主。(第 197页)因此,自由社会主义善观念的选择和确定并不是通过宪法,而是通过多数人决定的一般立法,如果说关于自由社会主义的正义框架有宪法一样高的地位,那么其善观念则是有一般法律的地位。具体而言,一个公正社会确立了作为宪法基本权利和义务的正义框架之后,可以通过修改一般法律在自由社会主义制度和财产占有的民主制度之间切换,而无须修改其正义框架。

亨特认为,选择自由社会主义理想既符合罗尔斯的政治自由主义,又超越了罗尔斯的政治自由主义。一方面,罗尔斯明确指出,政治自由主义只在确定社会正义框架时排除了把任何单一的善观念或至善论作为立法基础的可能。一旦确定了社会正义框架,政治自由主义允许采取至善论去解决其他问题。(第 24 页)自由社会主义的选择和确立是属于宪法和社会正义框架以外的问题,因此多数人通过接受自由社会主义的善观念而选择自由社会主义是符合罗尔斯的政治自由主义的。另一方面,亨特认为,自由社会主义是一种比作为公平的正义更全面综合的道德观点,能指导社会对财产体系的选择。就民主社会里公平选出的立法者做出根本决定而言,自由社会主义比政治自由主义提供更强烈的指导意见。因此,由立法而选择的公民自由社会主义的社会理想显然超越了政治自由主义,同时预设政治自由主义是选择社会控制的正义体系的基础。(第 39 页)

总之,亨特的自由社会主义预设了一个大体正义的、总体中等繁荣的社会,还预先确立了判断社会公正与否的标准。在这样的标准之下,亨特的自由社会主义可以取代非正义的新自由主义,成为公正社会的理想。在此基础上,亨特综合他重构的调节正义与罗尔斯的分配正义,形成了适合大体正义社会而非完全正义的良序社会的可行且更现实的共享正义框架。亨特继而借助马克思的自由集体活动观点,阐发基于自由社会主义理想的社会如何在追求团体和社会的非生存性目标时,给予每个人追求自由集体合作的利益的机会,从而突出自由社会主义大规模生产性资料公有制所依据的善观念。

如果用更为通俗的说法,亨特的自由社会主义有注重民主、平等和市场的特征。这里的民主强调完全民主权利,赋予社会各阶层平等的发言权。它跟西方流行的"社会民主"(social democracy)是截然不同的。社会民主指的是资本主义社会和欧洲社会民主国家所支持的民主形式,还包括公共部门庞大但经济由资本主义企业占主导的北欧社会的民主形式。在以社会民主为基础的社会里,对公众有最大发言权和影响力的利益集团是资本主义利益集团。

亨特的自由社会主义不像马克思和恩格斯那样认为社会主义废除了市场,也不认为社会合作负担和利益的公平分配问题消失了,因而不会只关注技术和行政问题。自由社会主义的市场采用施韦卡特的经济民主制度,注重工人参与管理的权利和发言权,跟并不关注工人管理权的罗默(John Roemer)"市场社会主义"①有较大出入。可以说,现有大多数社会主义思想都没有考虑到工人管理权的思想,以及社会正义的观念。亨特的自由社会主义思想与以往所有社会主义思想最为鲜明的区别在于,将修正后的罗尔斯正义理论与社会主义经济思想相融合。也正因为这样,亨特没有像很多人所期待的那样,先梳理历来不同的自由社会主义思想,然后突

---

① John E. Roemer, 2017. "A Design for Market Socialism," Cowles Foundation Discussion Papers 2090, Cowles Foundation for Research in Economics, Yale University.

出自身版本的自由社会主义的善观念并加以辩护。相反,他先梳理其自由社会主义思想所预设的正义立场,再建构相应的正义框架,最后突出有关的善观念。

最后,需要记住的是,亨特的自由社会主义理想针对的是总体中等繁荣的未来社会,书中没有说明离这样的繁荣社会尚有较大距离的发展中国家跟这种理想的关系,因此书中有关效率与公平、工作激励措施的讨论能否应用到发展中国家,是需要审慎考虑的问题。

目　录

前　言

　　自十几岁起，我就在自己的工作经历中逐渐对工人阶级为维持生计的挣扎而产生同情，我开始追求一个更加公正的社会。尽管我希望自己现在的想法不像最初那样稚拙，但我的同情和对更美好世界的渴望一直存在。我的书提出一个更美好的世界，不仅是为了我的子孙后代，也是为了所有那些见证成功富足荒谬地成为少数人的"奢侈品"的人，而只有在我们的资源以更好的方式用于更好的目的时，许多人才能摆脱贫困和忧虑。

　　这些关于更好的社会合作方式，以及对普通人需求的关照的想法并非毫无争议的。但它们确实阐明了丰富而富有吸引力的公平与人类自由的观念，不管我们是否就新自由主义的弊端达成一致，这些观念都值得谈论，而且为实现一个更美好的世界而采取一些步骤是值得的。

　　许多人在本书的写作过程中为我提供了帮助，其中一些在参考文献中有所提及。我已获得施普林格（Springer）出版社的许可，在本书第三章采用本人的文章《为什么正义很重要》里的内容，参见 Ian Hunt, Why Justice Matters, Philosophical Papers, 38（2009）：157–81。我也获得泰勒–弗朗西斯出版集团（Taylor & Francis Group）的许可，在本书的第四章和第五章采用本人的文章《调节正义和分配正义》《马克思和罗尔斯关于资本主义正义的观点：一种可能的合题？》里的内容。①

我还想感谢一位匿名评论家对本书倒数第二稿的有益评论，同时感谢我多年来在各种会议、研讨会和在工作中交谈过的许多哲学家，包括罗德尼·艾伦（Rodney Allen）、理查德·阿尼森（Richard Arneson）、乔治·库瓦利斯（George Couvalis）、丽娜·埃里克松（Lina Eriksson）、克里斯·莫滕森（Chris Mortensen）、菲利普·佩蒂特（Philip Pettit）、托马斯·博格（Thomas Pogge）、伊恩·拉文斯克罗夫特（Ian Ravenscroft）、肖恩·塞耶斯（Sean Sayers）、克雷格·泰勒（Craig Taylor）和彼得·伍尔科克（Peter Woolcock）。

我还要感谢我的前任校长戴安娜·格伦（Diana Glenn）教授在我于弗林德斯大学（Flinders University）工作的最后几年里给予的休假支持。在此之前，我还获得格雷厄姆·图洛奇（Graham Tulloch）的支持。最后但并非最不重要的一点，我要感谢弗林德斯大学，让我有机会利用其学术地位所带来的宝贵支持。

我要感谢列克星敦出版社（Lexington Books）的克拉克（Jana Hodges-Kluck）及其编辑助手为本书的出版所提供的帮助。

最后，我将这本书献给我的妻子苏·梅瓦尔德（Sue Maywald），在我撰写本书时，她一直陪伴着我，并且一直不遗余力地支持着我，使我的生活充满意义。

---

① 参见 Regulative and Distributive Justice，*Journal of Value Inquiry*，44，1（2010）：1–16；Ian Hunt，Marx and Rawls on the Justice of Capitalism：A Possible Synthesis？，"*Journal of Value Inquiry*，47，1–2（2013）：49–65.

第一章

导 论

一、新自由主义和另一种社会理想

1 　　本书的目的是构建一种正当的社会理想，以作为当代先进资本主义国家之主导社会理想的替代方案。近年来，讲英语的富裕国家中的政治家和媒体专家坚持民主的新自由主义资本主义社会的理想。这种社会理想起源于亚当·斯密（Adam Smith）的思想和约翰·洛克（John Locke）的古典自由主义。它被奉为社会进化的最后阶段，因为其他与之竞争的理想没有受到重视。[1] 尼古拉斯·罗斯（Nikolas Rose）使用"先进自由主义"（advanced liberalism）这个术语来形容这种理想，并指出，讲英语国家中"左翼"和"右翼"政党之间就这一理想作为社会工程（social engineering）的基础达成了某种共识，并促使其他先进资本主义国家采用这种理想，至少是部分加以采用。[2] 根据这一共识，一个理想社会要求政府在尽可能多的可行的商品和服务生产领域引入或加强市场关系，从而根据消费者的选择，最为有效地生产和分配商品或服务。这种社会理想的好处（good）似乎在于市场效率,或者在于根据特定资源的市场需求商品和服务的最大可行产出。

这引出一些重要的问题。一是社会是否应该只推广市场需要的商品和服务。例如,伊丽莎白·安德森(Elizabeth Anderson)质疑道,是否所有有价值或重要的商品都可以市场化或应该市场化。[3] 二是所生产的市场化商品是否应该公平分享。在这个问题上,关于上述社会理想的观点出现了分歧。一种观点认为,如果理想社会建立并实施公正的法治体系,而且这样的社会所出现的任何商品分配都不会产生进一步的正义问题,那么它就是足够公正的。另一种观点认为,商品的分配只要是在尊重权利的法治自由市场内个人自愿交易的结果,那这样的分配就是公正的。在任何一种情况下,只要市场关系参与者的权利没有被侵犯,就不能去抱怨任何自由市场结果的非正义性。三是社会正义是否必定在实践中可以实现。在这个问题上,新自由主义理想假定值得寻求的任何形式的正义必须是可以实现的。[4] 乌托邦理想是要被拒绝的。

这种社会理想的兴起改变了公平问题在公共辩论中的地位。大约两代人之前,弗里德里希·哈耶克抱怨道:

> 对"社会正义"的呼吁……现在已成为政治讨论中使用最广泛且最有效的论据……人们可能会质疑……"社会正义"是否需要(某个)特定的衡量标准。但认为这个标准应该指导政治行动的观点……几乎没有人质疑过。[5]

现在看来,这个抱怨似乎错了。对"效率"的呼吁已经取代了对"社会正义"的呼吁,成为政治讨论中有效论据的主要基础。的确,这只是泛泛而论而已。对"社会正义"的呼吁仍时有出现。同样地,哈耶克的抱怨也只是泛泛而论:一些对社会正义以外的考虑的呼吁是在哈耶克所谴责的政治气氛中被提出的。就正在进行的哲学辩论的一系列观点而言,政治讨论中的主流观点也没有告诉我们很多关于这些观点的东西。

事实上,新自由主义的社会理想不能等同于任何特定的公正或良善社会的哲学模型,尽管两种观点——罗伯特·诺齐克和哈耶克的观点——比其他观点更有影响力。毕竟,这样的理想是建立在关于公共政策或社会财富和收入分配等问题的公共辩论及对社会制度的价值的辩论上的。它的构建不仅来自公共辩论中的内容,还来自公共辩论所遗漏或排除的内容。

本书将阐明政治辩论所遗漏的部分内容,为未来的公共辩论提出一个新的哲学理想,这个新理想借鉴了马克思和罗尔斯对资本主义的批判。这些批判为当代资本主义社会中流行的社会理想的替代方案提供了一个令人信服的严肃依据。其他人也可能根据不同的出发点,甚至可能从马克思和罗尔斯那里得出与本书不同的结论,从而提出关于公正或良善社会的其他理想。

其中一个这样的理想是杰弗里·雷曼(Jeffrey Reiman)的马克思式自由主义理论。其中,雷曼捍卫了一种与当代自由企业所依据的自由主义相距甚远的自由主义形式。[6]然而它在某些重要路径上仍然处于当前公共辩论的范围之内。雷曼接受了这种观点,即当今世界正在发生的事情证明了马克思关于资本主义的不公正和压迫性的观点,但雷曼只是对社会主义进行了一种常见的批评,即社会主义会否认自由,因为它为国家本已危险的权力增加了生产资料所有权带来的权力。雷曼声称,只有当我们拒绝社会主义时才能避免这种危险,因为雷曼认为生产资料所有权相对分散的资本主义形式可以保护个人自由,正如相互冲突的宗教之间的休战可以保护宗教自由那样,使多种信仰得以被追随。[7]

这个类比是有缺陷的。如果其他宗教被迫以有利于自身的方式解决冲突,那么当没有宗教能够安全地以有利于自身的方式解决冲突时,不同宗教信徒之间的休战状态就会被打破。宽容的宗教在支持任何形式的宗教信仰并反对没有信仰的人这方面并没有强烈的共同利益,因此这些宗教团结起来反对无宗教信仰者的可能性很小。另一方面,尽管资本家之间在买和卖方面存在冲突,但他们在不提高工人工资方面有着强烈的共同利益,这与没有生产资料的工人的高工资利益形成冲突,因为这些工人别无选择,只能出售自己的劳动力,因此会为自己的劳动力寻求尽可能高的价格。资本家的这种共同利益只在销售普通消费品的资本家之间才成立,因为他们欢迎其他资本家支付更高的工资,这样前者更容易出售自己的商品。

尽管如此,雷曼可能认为这样类比是好的,因为他未来的公正和尽可能自由的社会就是继米德(James Edward Meade)之后的罗尔斯所谓的"财产占有的民主"(property owning democracy)。这个社会通过财产为私有的合作企业(cooperative)的股权或共同所有权在公民之间广泛地分配财富,并使这种分配不会过于不平等。虽然这个社会以私有财产为基础,但它不可能是资本主义社会,因为马克思和罗尔斯都将资本主义社会定义为生产性财富由少数人拥有的社会,而大多数人拥有极少或几乎没有生产性财富。因此,在财产占有的民主里,财产所有者可能不会与工人形成在资本主义社会里的那种对抗,因为每个财产所有者也是工人,每个工人也是财产所有者,因此很可能没有反对工人的强烈共同利益,并不比容忍彼此信仰的不同宗教的信徒在反对无宗教信仰者上的共同利益要强。

如果在财产占有的民主里,所有者和工人之间的冲突比在资本主义下的冲突更为弱化,我们还需要提问的是,我们是否必须始终担心国家财产所有权与国家政治权力的结合,正如我们有充分的理由担心在"实际存在的社会主义"或罗尔斯所谓的"计划经济下的国家社会主义"里出现的这种结合那样。雷曼从未考虑过他对社会主义的这种比较常见的反对意见,也可能在一种更民主和更分散的社会主义形式之下被搁置一边,这种更民主和更分散的社会主义被戴维·施韦卡特(David Schweickart)称为"经济民主",被罗尔斯称为"自由社会主义"。问题不在于社会主义本身,而在于在所有已知的国家社会主义形式下缺乏自由民主。这在现有的资本主义形式下也是一个问题,因为在这种形式下,国家权力显然是由资本家的代表所控制的。

因此,一个尽可能公正和自由的社会不需要抛弃社会主义,除非在可预见的将来,社会中的传统文化过于依赖私有财产,使这种社会里任何形式的社会主义都不能成为一种自由社会主义的形式。雷曼很可能认为今天的美国或在可预见将来的美国是这样的社会,而在这样的社会中,实际存在的社会民主对一些重要的少数群体和资本家利益而言是令人厌恶的东西,即使这些社会民主仍然是资本主义的形式,它们也永远不会赢得支持。

罗德尼·佩弗(Rodney G. Peffer)也从罗尔斯和马克思那里得出了与本书不同的结论,因为他首先关注的是对罗尔斯的正义原则进行修订,使社会主义里的正义所要求的东西正如马克思所设想的那样,在修正的罗尔斯正义理论下成为必需品。[8] 在接下来的内容中,虽然我们将证明佩弗的基本需求得到满足的原则隐含在罗尔斯的正义理论里,但我们主要关注的是,当罗尔斯的正义原则与马克思关于资本主义生产方式的观点相结合时,罗尔斯的正义原则在任何形式的资本主义下都不能得到有效实施,甚至在资本主义公共文化中也不能在直观上显得可以被接受。如果罗尔斯的正义原则只是以修正的形式实现,考虑到具有特殊需求而非代表性需求的公民的主张,那么这些原则只能在未来某种可行的社会中实现。

将马克思和罗尔斯的观点结合起来,以表明资本主义本质上是不公正的,这对许多人而言是一个不太可能的方案。柯亨(Gerald A. Cohen)已经非常显著地表明了这种方案的不可能性,因为他长期持续地反对他所认为的罗尔斯正义理论对不平等的支持和对资本主义非正义的辩护,他认为这种支持与辩护与马克思对两者隐含的道德谴责相反。柯亨没有明确地处理罗尔斯的如下主张,即自由放任资本主义和福利资本主义在他的正义原则下都是不公正的,但他显然认为罗尔斯在这方面是错误的。正如我们将要看到的,柯亨认为这在某种程度上是因为他误解了罗尔斯关于政治平等和机会的公平平等的观点。柯亨还想拒绝作为基本原则的罗尔斯正义观,因为他对正义持有完全不同的看法。

我们在研究罗尔斯的正义理论时会清楚地发现,罗尔斯所处理的正义就是大卫·休谟(David Hume)所说的"人为"而不是"自然"的美德。对于休谟而言,正义是人为的,因为我们必须让正义参与一个集体实践或集体制度,这样的实践或制度是社会随着时间的推移、为维持公民互利合作所必需的条件而形成的,尽管在公民对利益的竞争性要求上可能存在冲突,这些利益可以在社会成员中以平等或不平等份额进行分配。[9] 必须严格履行人为美德的义务,因为从任何人为美德的"拱顶"(vault)中哪怕取出一块石头,都可能使整个结构倒塌;而违背自然美德的责任就像从墙上掏出一块砖头一样,尽管违背美德留下了缺口,但只要没有太多缺口,基于这种美德的道德秩序仍是整齐的。[10] 罗尔斯的正义观与休谟的正义观有至关重要的差异,因为休谟只考虑在他那个时代的社会正义,那时的社会结构只作为竞争性利益之间的一种妥协而商定的;而罗尔斯考虑的是,在一个大体正义的社会中,鉴于可能的人类本质,正义可能是怎样的,这个问题将在他所谓的作为自由、权利和义务持续结构的一部分的"广泛的反思平衡"(wide reflective equilibrium)中,通过公民合理道德观的所有变化而商定解决。

罗尔斯关于正义的内在社会角色的看法与柯亨的看法完全不同。柯亨认为，重要的"不是我们应该做什么，而是我们应该思考什么，哪怕我们应该思考的东西也没有实际意义"[11]。第五章将会清楚表明，柯亨对正义的看法只是一种合理的综合道德观，这种道德观将在未来的公正社会中进行讨论，它可以在广泛的反思平衡中同意罗尔斯的正义原则，作为管理公正社会基本结构的原则。

柯亨自己将马克思的平等思想作为反对罗尔斯思想的正义基础。而与柯亨不同的是，艾伦·布坎南（Allen Buchanan）否定了马克思对拒绝了资本主义非正义的未来社会的看法，并将罗尔斯的正义原则视为至多是一种不完整的正义观念。他指出，罗尔斯的"良序社会"不可能成为一个可行的未来社会，因为它假设其所有成员在整个一生中都是社会合作的贡献者。下面提出的罗尔斯正义理论的修正版本认为，正义必须超越那些从事社会合作的人之间的互惠性，并考虑那些受到错误行为影响或有特殊需要的人的补偿要求，包括对那些无法终生为社会合作做出贡献的人进行支持的必要性。

布坎南也反对这样一种观点，即当今社会的大多数人可以自愿采取任何可能抵达社会主义的道路，正如马克思所设想的那样；然而马克思关于社会主义社会的观点尚未完全阐明，一方面是因为马克思认为这样的社会所需要的东西只会被那些必须建构它的人所理解，另一方面是因为他并不认为建立一个更好或更公正的社会的道德诉求是有用的。布坎南认为，除非工人能认识到可以有替代方案，否则不可能反抗资本主义。布坎南声称，如果没有一个零剥削和零压迫的未来社会的合理轮廓，工人"不反抗"是理性的，当福利国家使工人免于日益贫困时，寻求改变的代价对于大多数人来说都很巨大，从变化中获得更好的东西是非常不确定的。[12]接下来，当我们论述为什么自由社会主义可作为不公正的资本主义社会和国家社会主义集中计划经济体的公正的替代方案时，我们会找到理由证明更好的社会是可能的。

　　在人们越来越多地认识到效率主张的空洞性时，替代非正义的新自由主义社会的合理且公正的社会的理由就更加充分。虽然现在这些效率主张是评估公共政策的主要标准,但这种地位可能不会持久。新自由主义框架内的财富追求最近导致投机过剩、不可持续的债务和全球金融危机。所谓的自我调节自由市场的这种系统性危机与新自由主义社会理想的主张是不相容的。[13]

二、论证大纲

　　关于自由社会主义之社会理想的论证会从下一章开始，其中还有关于社会选择问题的讨论。如果新自由主义遭到拒绝,自由社会主义的理想就会成为众多选择中的一种。这种拒绝的理由将在罗尔斯的政治自由主义中寻找,但替代方案的理由则必须超出其政治自由主义的范围。这对某些人来说可能有些奇怪。然而自由社会主义是罗尔斯眼中的公正社会的两种可能形式之一。既然两者都是公正的,我们必须根据政治自由主义所包含的依据之外的某些理由做出选择，而政治自由主义只涉及具有合理道德观的公民之间正义框架原则的协商问题。罗尔斯认为,可以根据大多数公民的偏好做出选择,而选择将会是这样的,即自由社会主义是大多数人需要的一种"善"(good)。虽然必须考虑到公民的偏好，但更好的选择将取决于:就公民的各种道德信仰而言,哪种社会形式对公民更好。由于对另一种社会形式的信仰仍然是合理的,即使自由社会主义的理由很充分,这种选择的论据也不会是决定性的。

　　在公平和民主的选举里，个人或政党就商品生产主要是私有财产形式还是公共财产形式向公民提出建议，这样的选举可能会选择自由社会主义，或者考虑这个问题的公平和民主选举产生的代表可能会做出这样的选择。当选的代表必须就什么对社会有益而做出选择，这有时被认为与罗尔斯的"中立"正义观不相容。然而任何可行的社会都不可以将其立法者限制在"中立"问题上，因为它认为追求任何善的观念对那些并不追求这种善的观念的人来说是不公平的。正如罗尔斯自己所说，社会必须决定是否要保护荒野地区、促进科学发现或建立公共图书馆。这些都是就什么对社会有益而做出的选择，并且在那些认为失去原始荒野地区等同于个人丧失手臂的人和那些相信社会繁荣需要无限制地获取自然资源的人之间不会保持中立。我们认为自由社会中的立法者必须至少采纳部分善的理念，所以我们不由得认为，立法者可以根据他们大多数人一般赞同的最好的人类生活来选择对社会有益的东西。

第三章对新自由主义理想的哲学基础进行了批判，指出了作为这种理想之基础的资本主义制度中关于正义的关键问题。罗尔斯的正义理论被用作决定什么是公正的替代性基础，它发现资本主义是不公正的，因为资本主义不能为弱势公民提供有效的政治发声机会，并否认了儿童的机会公平平等权利。[14] 本章最后批评了其他人对罗尔斯关于资本主义不公正的结论提出异议的方式。这些争论聚焦的是，就罗尔斯的正义理论而言，所有形式的资本主义是否都必须被认为是不公正的，这说明了有必要证明资本主义本质上是不公正的。

第四章主张提出比罗尔斯所提供的对资本主义非正义的批判更为深入的批判，这种深入批判是从马克思的资本主义理论与罗尔斯的正义理论的结合中得出的。有反对意见认为，就哪种资本主义可以被判断为不公正而言，马克思没有提供一种正义观，我们可以回应说，马克思有一种隐含的正义观念，可以用罗尔斯的正义理论来加以支持。这种支持预先假定马克思的正义观念与罗尔斯的理论并没有根本的不相容之处。本章认为,马克思的隐性正义观和罗尔斯正义观之间的任何不相容性,都可以通过抛弃马克思对资本主义正义的批判及他对任何类型市场经济的异化批判里的一些不那么核心的内容来解决。

因此,将罗尔斯的正义理论与马克思关于资本主义制度再生产的先决条件的理论结合起来,在此基础上对资本主义的非正义所进行的批判,比两者单独用来批判更具有说服力。它还将完成马克思对资本主义和剥削的描述,从而回应了布坎南对马克思关于资本主义不公正地剥削工人的理论的一些反对意见。[15]

第五章首先对批判新自由主义理想所依据的罗尔斯政治正义观加以辩护。这一辩护搁置了对罗尔斯政治建构主义的辩论。柯亨对罗尔斯建构主义的反对是以正义作为一种理想的信念为基础的,无论这种理想是否可以在任何可行社会的实践里实现,都可以让社会承担责任。然而新自由主义理想和自由社会主义都预先假定正义必须是可实现的,这排除了建立一种在现实世界中只能向其更为靠近的理想的正义观。[16]两种反对意见仍然存在,第一个反对意见(也是最近提出的)是基于罗尔斯正义理论的任何社会理想与当今社会正义问题的相关性。第二个反对意见是依赖纯粹程序正义的任何正义理论,能否考虑到责任和特殊需求。[17]

要回应第一个反对意见,可指出罗尔斯的正义理论建立了在可实现的人类社会里"什么是公平的"这一理想,使我们能够评估任何社会的正义状况。这与如何使一个不公正的社会更公正的非理想理论问题是不同的。虽然我们必须超越罗尔斯理想理论的界限来处理这些问题,但试图对正义加以争辩只能关注现今社会可以达到的正义,只能作为对当今社会的非正义现象的某种辩护。许多人认为,罗尔斯自己提供了这种辩护,直至后来他比《正义论》第一版更明确地表明,根据他的正义原则,福利资本主义不可能是正义的,才说明他不是为非正义现象做着辩护。

要回应第二个反对意见,并维护罗尔斯政治正义理论,可转向其局限所在。一些批评者声称罗尔斯的理论没有充分考虑到公民公正资格(just entitlement)的差异,这些资格必须来自对严重不幸所引起的冤屈或需求的责任。一个回应是,罗尔斯的理论并没有试图解决这些问题,因为它只是针对良序社会的正义理论,而这种社会却排除了这些问题。然而这些问题很重要,而且与罗尔斯理想理论中处理的问题密切相关。

将公民的初始资格(initial entitlement)仅仅作为纯粹的程序正义问题的理论的局限性却指向了一个更完整的正义理论,其中初始资格在调节正义理论下被修改,调节正义理论解决了对大体而非完全正义的社会里的严重易受伤害性的公正回应问题。调节正义机制将罗尔斯的"转让部门"(transfer branch)的职能纳入了负责维护背景正义的机构里。调节正义需要一种对错误行为和不轨行为进行公正惩罚的理论,以及对严重不幸所带来的易受伤害性做出公正回应的理论。而对这些要求的非粗略描述超出了本书的范围。

在第六章中,我们提出了一种关于自由社会主义的"善"的理念,它将马克思的人类美好生活观作为一个出发点,这种美好生活观隐含在他的"异化"概念中。马克思的美好生活是他称为"必然王国"的一种自由活动,以及在"真正的自由王国"中尽可能多的自由活动,其中人的能力最终是为了他们自身的发展而表达出来的。[18] 这样的想法与马克思美好生活观的源头——亚里士多德和黑格尔的最优人类生活观念——形成对照。

在马克思关于美好生活的观点中,正如在自由社会主义下所表达的那样,自由集体活动能力的发展不应被压制,以支持最大范围的个人自由。集体自由在自由社会主义里所占的地位,比在美好生活中个人自由非常显著的公正社会制度里所占的地位要更为重要。这种对个人自由的限制不仅仅是公共生活的一个特征，因为这种限制存在于所有形式的集体生活中，包括家庭生活，即使已婚的异性恋伴侣的私生活经常被视为只提出个人自由而非集体自由的问题，因为传统上认为这对夫妇实际上只是一个人：男方。另一方面，集体活动的自由必须受到限制，以免对个人产生压迫。这在一定程度上是保证基本自由的问题，也是确保集体行动的参与者能自由行动的问题，即使他们并非总是按照个人的意愿去做他们最想做的事情。

自由社会主义理想的一个关键优势是，为集体自由提供的有效自由形式，比仅仅保障所有形式的政治自由主义下正义所要求的基本自由而提供的有效自由形式更为完整。自由社会主义的经济制度借鉴了施韦卡特的"经济民主"概念。[19] 这些制度内的权力和责任规则需要使集体工作活动成为一种自由合作的形式。制度应该让工人参与管理，但正如施韦卡特所指出的那样，许多管理形式并没有给工人一个有意义的发言权。这在一定程度上是因为工人可能会接受的是，竞争限制了他们对生产什么和如何生产的发言权。工人参与资本主义社会管理的局限之一是，市场力量对社会安排设定了看似自然的限制。

因此，工人参与管理只是集体工作成为一种自由合作形式的必要非充分条件。竞争性市场力量的影响也必须受到限制，这样的市场无法支持马克思所谓的"商品拜物教"。将要证明的是，通过将市场嵌入可抵消任何不断积累和扩大的收入和财富差异的背景制度，或确保市场力量的范围是在公平的政治制度下决定的，可以减少竞争的力量。

另一个必要条件是，当工作场所的少数群体认真地考虑多数人的决定会损害其重要利益时，而这些决定并不是保护多数人的重要利益的必要条件时，他们应该有对这些决定提出上诉的途径。同样必要的是，公民享有政治自由时，也必须拥有大致平等的政治机会，使这种诉求途径变得有意义，因为实施这些诉求的法律和制度可能会限制工人对其生产活动的发言权。

罗尔斯认为，政治自由有许多条件，包括公民将问题列入议程的权力，以及公众对政治进程的支持形式，以确保不同人或群体之间政治参与权利的机会大致平等。[20]马克思声称公民应该享有对其所选代表的召回权，这超出了如下要求，即所选代表是在享有公平的政治自由价值的制度里被选举出来的。这些条件似乎可以应对我们在实现自由合作方面所面临的挑战，尽管在退出合作是所有人的合理选择的情况下，这些条件不需要继续适用。是否还需要满足其他条件，这是一个悬而未决的问题。

第七章认为，作为一种表达集体活动之自由形式的公民自由社会主义的美好生活，并不仅仅是由公正社会在政治自由主义政治正义观下所提供的积极自由所支持。尽管正义似乎只能提供消极自由，但财富和收入的公正分配给所有自由带来了一定的价值，尽管这些价值在某些情况下似乎对那些寻求某种特定善观念的人而言并不充分。罗尔斯认识到消极自由作为政治自由下的权利的局限性。如果政治参与、获取信息和自由政治表达的权利对大多数人而言是空洞的，只有少数人才有效享有，那么与所有其他公民以正式平等地位参与政治的权利，将无法保证公民在管辖他们生活的法律里具有大致平等的发言权。罗尔斯拒绝在其他基本自由的情况下要求自由的公平价值，因为他指出，为所有宗教提供同等资源的企图会使社会分裂。

罗尔斯只是假设，对于其他基本自由，例如宗教自由，每个人自由的公平价值等于社会基本结构下提供的优先宗教活动成本的平等份额。信仰一种宗教的自由和信仰另一种不同宗教的自由都是宗教自由。然而它们在性质上也是不同的自由，这从锡克教与它所汲取的主要宗教之间的比较可以清楚地看出来：印度教和伊斯兰教。性质上不同的社会自由之间的平等的一般标准要求我们在它们之间指定某种比较模式，根据这种模式，它们可以被排列为更大自由或更小自由。[21]

信仰一种宗教的自由与信仰另一种宗教的自由之间的平等，不需要同等比例的信仰成本的赞助，而只要求每种信仰不会因为缺乏资源或因为被限制而大为受挫，使得一种宗教的信仰者声称比另一种宗教的信仰者受到更大的宗教压迫，正如在内战结束后，罗马天主教徒在英格兰声称受到更大的宗教压迫。在此基础上，如果任何一个宗教的信徒没有比任何其他宗教的信徒受到更多或更少的压迫，那么宗教自由将是平等的。我们可以说，拥有平等的宗教自由就是拥有这种自由的公平价值。我们是否可以将其他基本自由的公平价值等同起来，这是一个悬而未决的问题。总的来说，使自由变得平等的基础转向了善的观念，尚不清楚的是，不同的善观念的追随者是否可能就一般的自由的公平价值达成一致，正如不同宗教的信徒可能会一致同意如下观点那样，即当不同的宗教信仰没有压迫时，他们的宗教自由是平等的。

仅仅靠公平的制度来充分实现自由社会主义的集体自由是不够的。而是只能通过能够为社会生活中的集体自由提供更有效机会的制度的多数立法来实现，因为如果要使那些相信个人生活美德的人不受压迫，集体自由的显著性就不能在宪法上或作为基本权利得到保障。在这种情况下，对于大多数想要自由社会主义的公民来说，我们可以将支持自由社会主义下的集体自由的积极自由的价值称为"自由的良好价值"。当所有公民都有同样的机会追求自由社会主义的美好生活时，这些价值对所有公民来说都是平等的。

在第八章中，我们提出的问题是，是否正如罗尔斯所说的，可能"他时他处之人会有希望"[22]。本章认为，我们的世界在不久的将来几乎没有希望，因为在发达资本主义社会，尤其是说英语的国家，公共政策似乎仍然

11

承诺新自由主义的非正义。这样的承诺在公众讨论中仍然屹立不倒,尽管这些政策导致了全球危机,对奢侈品消费的过度关注,以及最富裕国家为准备和发动战争而对施展权力手段的持续集体投入, 它们还使得公共政策主要是服务于新自由主义的富裕国家里出现了更多的疾病和教育机会的丧失,还使其他边缘国家或陷入贫困的国家的人民受苦受难,这些受苦的人民将他们在欧洲文明中的所见所闻与自身经历相比,感到异常羞辱,因而憎恶这种羞辱他们的文明。[23]

然而,后代可能组织起来,并鼓吹要结束新自由主义产生的非正义现象, 无论新自由主义在哪里盛行, 都会破坏日益增加的贫困人口自我尊重、接受教育和获得保健的社会基础。[24] 通过鼓动取得变革的政治组织也可以解决资本主义制度下不平等所带来的政治影响力的机会不平等。这将是在另一个时间为他人带来真正希望的关键。[25]

12 注释

1. Francis Fukuyama, *The End of History and the Last Man*, New York: Free Press, 1992.

2. Nikolas Rose, *Powers of Freedom: Reframing Political Thought*, Cambridge: Cambridge University Press, 1999, Chp.4.

3. Elizabeth Anderson, *Value in Ethics and Economics*, Cambridge, MA: Harvard University Press, 1993, 210–16.

4. 该理想的主要政治支持者玛格丽特·撒切尔(Margaret Thatcher)在遇到人们抱怨她的社会措施是不公正时,常常回应道:"别无选择。"(英文原文为"There is no alternative",缩写为"TINA"。)

5. Friedrich A. Hayek, *Law, Legislation, and Liberty*, Vol. 2, The Mirage

of Social Justice, New Edition, London: Routledge & Kegan Paul, 1973 – 1982, 65.

6. Jeffrey Reiman, *As Free and as Just as Possible: The Theory of Marxian Liberalism*, Chichester, UK: Wiley Blackwell, 2014.

7. Reiman, *As Free and as Just as Possible*, xi–xii.

8. Rodney G. Peffer, A Modified Rawlsian Theory of Social Justice: "Justice as Fair Rights," *XXII World Congress of Philosophy Proceedings* (2010).

9. David Hume, *Hume's Treatise of Human Nature*, ed. L. A. Selby –– Bigge, Oxford: Clarendon Press, 1888, 487.

10. David Hume, *Enquiries concerning the Human Understanding and concerning the Principles of Morals*, Second Edition, ed. L. A. Selby –– Bigge, Oxford: Clarendon Press, 1902, 305.

11. Gerald A. Cohen, Facts and Principles, *Philosophy & Public Affairs* 31, 3: 243. See also G. A. Cohen, *Rescuing Justice and Equality*, Cambridge, MA: Harvard University Press, 2008, Chps. 6–8. For an illuminating discussion, see Samuel Freeman, Constructivism, Facts, and Moral Justification, *Contemporary Debates in Political Philosophy*, eds., Thomas Christiano and John Christman, Oxford: Blackwell Publishing Ltd, 2009.

12. Allen E. Buchanan, Marx, Morality, and History: An Assessment of Recent Analytical Work on Marx, *Ethics* 98, 1(1987): 104–36 and, in particular, 117–18.

13. Joseph E. Stiglitz, *Freefall: America, Free Markets, and the Sinking of the World Economy*, New York and London: W. W. Norton & Company, 2010, especially Chp.9.

14. John Rawls, *Justice as Fairness: A Restatement*, ed. Erin Kelly, Cambridge, MA: Harvard University Press, 2001, 137–39.

15. See Buchanan, Marx, Morality, and History, 123–25.

16. 有关最新讨论，请参见 Mark LeBar, Aristotelian Constructivism, *Social Philosophy & Policy* 25, 1(2008): 182–213。

17. Will Kymlicka, *Contemporary Political Philosophy: An Introduction*, Second Edition, Oxford: Oxford University Press, 2002, 70–73. 关于与此相反的观点，参见 Samuel Scheffler, Choice, Circumstance, and the Value of Equality, *Politics, Philosophy and Economics* 4, 1(2005): 5–24, especially, 23–24。

18. Karl Marx, *Capital: A Critique of Political Economy*, Vol.3, trans. David Fern–bach, intro. Ernest Mandel, Harmondsworth: Penguin Books, 1981, 959.

19. David Schweickart, *Against Capitalism*, Boulder, CO: Westview Press, 1996, 66–77; and *After Capitalism*, Second Edition, Lanham, MD: Rowman & Littlefield, 2011, 47–83.

20. John Rawls, *A Theory of Justice*, Revised Edition, Cambridge, MA: Harvard University Press, 1999, 194–200.

21. Ian Hunt, Overall Freedom and Constraint, *Inquiry* 44, 2(June 2001): 131–48, and especially, 142–44.

22. Rawls, *Justice as Fairness*, 38.

23. "大多数时候，不是欧洲人鄙视我们。当我们关注他们时，事实是我们贬低我们自己。"Orhan Pamuk, *Snow, trans.* Maureen Freely, London, UK: Faber and Faber, 2005.

24. See Richard G. Wilkinson and Kate Pickett, *The Spirit Level: Why*

Equality is Better for Everyone, Second Edition, London, UK: Penguin Books, 2010; Joseph Stiglitz, *The Price of Inequality*, London, UK: Penguin Books, 2013.

25. 本章将讨论布坎南在文章《马克思、道德和历史》中提出的有力论据，以反对可能带来更美好的社会世界的革命进程的可能性。它还将涵盖大卫·施韦卡特对变革可能性的调查，参见 *After Capitalism*, 13–16, and Chp.6.

14

社会选择问题

一、罗尔斯自由中立性的有限形式

人们认为，为取代新自由主义而提出的新的社会理想，是可以在罗尔斯政治自由主义范围内获得支持的众多理想之一。有些人可能会问，考虑到罗尔斯在他的政治正义观和政治自由主义里所假设的善的理念之间的中立性，一旦接受罗尔斯那种容纳许多合乎情理的善理念的框架，又怎能支持上述任何一种社会理想？

这提出了如下问题：罗尔斯在将正义理念与善的理念分开时所承诺的是什么？这使得政治正义被视作"人为的"或者一种政治的建构，后者就任何部分整全性或完全整全性道德而言是独立的。[1]尽管如此，罗尔斯"人为的"正义原则应该是客观上真实的，因为它们正确地指导了自由平等政治主体之间公平、自由的社会合作，尽管政治主体有不同的道德观点，但他们就何为正义达成了共识。一个正义社会将允许互利的自由合作，在这样的社会里所有理性的公民（reasonable citizen）在他们认为是正义的条件下一起合作。

假设世代间自由社会合作的基础无限地往后延伸到遥远的过去,并往前延伸至遥远的未来,使得社会现有的力量平衡或现有合理道德观点的特殊要求,不能成为就基本结构里的正义原则达成一致的基础。如果罗尔斯的正义原则只能在某些时候使社会上不同的道德观点达成临时妥协,那这些原则的实现就不是中立的。这样的力量平衡不能成为一种持久的基本结构的基础,因为在任何时候如果社会上持有这种或那种观点的人的权力发生变化,这种平衡可能就会被打破。相反,正义原则之所以中立,是因为它们得到由许多不同的合理的整全性道德理论所达成的重叠共识的支持,这些道德理论是人们出于良知而选择并遵循的,他们同时允许其他人以同样的方式选择并遵循自己的道德理论。

确定公民基本权利和义务的社会框架,以及分配社会合作的负担和利益的制度,一般不能被政府任意地或不断地改变,因为公民应该能够形成对他们与别人在社会共同生活的前景的合理期望。这意味着社会秩序的某种稳定性,有些人甚至会认为这是一种保守主义,尽管它只限于构成一种公平的基本结构的自由和基本权利。

就人性本身而言,社会的公平基本结构不仅在逻辑上是可能的,在社会上也是可能的。这种基本结构的可实现性是人类将之变为现实的理性希望的基础。尽管如此,在当前人类社会本身中将之变为现实可能没有什么希望,所以在这样的社会里,人们不会有努力建立这种基本结构的道德义务。罗尔斯并没有解决这种基本结构如何实现的问题,因为他认为,它的起源与一个持久的正义社会在社会上是否可能的关键问题无关。真正的关键在于,人们是否可以随着时间的推移满足正义生活的要求,罗尔斯称之为"承诺的张力"(strains of commitment)。正义社会实现的任何方式都符合政治自由主义,哪怕它是靠运气实现的。[2]

16

由于罗尔斯认为良序社会里所有公民都有支持某个政治正义观付诸实现的合理道德观点，所以政府能就公民关于社会正义基础的观点在公民之间保持中立，前提是政府不以超越了公民所支持的作为公认的社会正义框架基础的原则的正义观点为基础。如果正义但不是良序的社会存在缺少合理道德观点的公民，那么即使一个大体公平的社会正义体系也可能不被公民的所有正义观点接受，哪怕这种体系在所有合理的道德观之间仍是中立的。

在不公平的社会里，罗尔斯期望某种行动会使社会随着时间推移而变得更加公平，即使这样做的确会使某些期望落空，甚至可能打破社会的稳定状态。[3] 通过不平等安排而享有特权的人对不公平收益的期望最终应该是落空的；而那些在他们现在的情况下只期待出现马克思在《资本论》里讽刺地称为"隐身"的人则应该期望社会变化会带来更好的结果。[4] 既然社会稳定是存疑的，那么使社会变得更好的尝试应该包括应对社会不稳定的方法，这样为达到更正义的社会而出现的变化就不太可能使社会更糟糕。休谟认为，任何社会变革的尝试将带来灾难般的不稳定性，不管变革的目标多么有价值；而其他人，如密尔（John Stuart Mill）和马克思，则表现得更为乐观。

在《作为公平的正义》中，罗尔斯提出了一个关于国家强制性权力作为公民共同意志的明显合适的观点：

> 正义的价值和公共理性的价值一起表达了自由主义的理想：由于政治权力是公民作为一个集体的强制性权力——每个人对这种权力都享有平等的份额——所以**当涉及宪法实质问题和基本正义问题**的时候，只有以有理由期望全体公民都能够赞成的方式，这种权力才能够加以施行。[5]

17

这种共同意志只适用于有关宪法实质问题和基本正义问题,这点在罗尔斯将这些问题与税法、财产法规、环境保护法规、国家公园建立或(偶尔开展或持续进行的)公共文化展览法规等进行对比时也强调过。[6]罗尔斯后来补充说,关于宪法实质问题和基本正义的共识应该取决于他称之为"公共理性"领域而不是至善论理念(perfectionist ideas)领域的政治理由。[7]

罗尔斯似乎感到了一种更广泛的中立性形式的吸引力,这使他认为"艺术或科学的大型计划"的立法以"广泛推动公民利益"的政治价值为基础更可取,尽管他只是想将这些计划的理由付诸投票决议,这样的理由包括只被大多数立法者持有的至善论价值观诉求。[8]罗尔斯明确指出,政治自由主义只在确定社会正义框架时排除了把任何单一的善的至善论观点作为立法基础的可能。一旦确定了社会正义框架,政治自由主义就允许采取至善论观点去解决其他问题。

因此,罗尔斯关于独立政治正义观的可能性的论据不是基于这样的观点,即独立的政治正义观是源自所有理性公民共有的假设;而是基于理性公民能够理解共同正义框架的政治必然性的想法,在这个框架里公民如他们所看到的那样,在平等的基础上与其他公民共同享有对其基本自由的保护,并且享有每个人追求各自利益所需资料的公平分配。

看到制定管理社会合作和互动的公平规则的政治需要,公民将会反思这些规则的可能形式,并确定能与他们所有合理的整全性道德观点达成一致的东西,不管这些整全性道德观是整体的道德体系,还是一堆意义尚未被充分挖掘的道德假设。在任何其他情况下,没有理由为了设定公平的社会合作条件而将不同道德观念的实际和解(accommodation)视为必要的,但同样地,我们也没有特殊的理由坚持认为在其他问题上不可能达成这样的共识。

18 二、无限制的中立性

乔纳森·昆（Jonathan Quong）认为罗尔斯的如下要求是武断的：要求在基本正义问题而非其他问题上达成政治共识，而在其他问题上可以用至善论的理由来支持或反驳相关政策。至少我们不能只因为公民可以理性地就善的问题持不同观点，就说在正义的问题上可能达成共识，但在善的问题上却不能达成共识，因为公民也可以理性地就正义及"什么是善"的问题持不同观点。"如果理性的人在美好生活问题上跟在正义问题上一样有意见分歧，那么为什么是至善论的理由而不是正义的理由被认为是国家行为的非法前提呢？"9

正如我们所看到的，罗尔斯并非认为至善论的理由可以作为国家行为的非法理由，他似乎赞成这些理由是完全合法的。昆认为，这对罗尔斯来说是一个错误，因为这会难以区分政治自由主义与自由至善论。昆认为，只有政治自由主义才会认为，道德观点的多样性排除了公民对至善论前提的共识。因此，昆认为政治自由主义应该有一些"原则性的理由"，从而排除公民以共同的至善论理由为基础所达成的对任何基本权利或宪法实质问题的共识，否则政治自由主义将缺乏与至善论抗衡的有效理由。10

昆在这方面的观点是错误的。政治自由主义可以在一个缺乏多种关于善的理性观点的社会中得到满足，前提是缺乏多样性这一点不是强加而来的。要强加比公民凭良心所愿意遵循的观点还要多的观点多样性，似乎就像强迫公民同意某观点这样的压迫性事实一样。多元道德观不是社会秩序乃至自由社会秩序的必需品。我们只能认为多样性是必须被允许的，无论什么情况下都不能为了支持任何一种"什么对社会有利"的观点而明确地解决分歧。任何时候，无论道德观的统一程度如何，如果人们被视为自由而又平等的话,那么他们就有权根据自己的信念持有不同观点。如果多样性是被允许的,关于某些至善论原则的偶然共识不是政治自由主义的重要问题。政治自由主义只是让我们承诺,在现代自由民主社会中,不论任何时候,共识的程度如何,都不应该企图压制更广泛的合理道德观点多样性,同理也不能迫使人们在合理道德观点上产生分歧。

昆对罗尔斯的观点——在公共理性领域的慎议只对达成关于社会正义基本结构的正义原则及其实现的共识是必要的——提出另一个反对意见:这使公共理性的领域只**限于**讨论宪法实质问题和基本权利,因此任意地限制了公共理性的范围。[11] 这样的限制可能是不合理的,但罗尔斯并不要求这种限制。关于宪法和社会基本权利立场以外的某些立场,是能找到所有人都可以接受的理由来支持的,但是罗尔斯明显不要求将其作为一般意义上政府立法的合法性的一个条件。

昆认为:"我们尊重人人自由平等的想法,认为一个人不能正当地对另一个人使用权力,除非他能够证明向权力实施对象使用该权力的合法性。"[12] 这可能意味着向自由而平等的人所行使的权力只有在他们认为是权力的使用合法时才是合法的,即使针对他们的权力的每次具体行使的目的没有得到他们的同意。昆似乎表达着一种更强烈的主张,即不论何时人们理性地拒绝对他们行使权力,只有这样的权力在任何特定的情况下从未向他们行使,他们才是自由平等的。

如果我们接受这个更强的主张,我们的社会生活中就没有多少人可以被认为是自由和平等的。宗教领袖经常向自己的追随者行使权力,而不曾认为他们应该解释向追随者行使任何具体权力的合理性,因为他们认为追随者接受了他们的权威。企业主或其代理人对其雇员行使权力时,声明有管理的一般权力,以证明让雇员开展不会伤害他们的工作的任何指令是合理的。

政治自由主义认为，具有理性宗教信仰的人将追随者视为自由而平等的方式是，仅仅承认追随者可以自由脱离或加入宗教。这也是雇主声称他们尊重雇员的自由和平等权利的方式。即使社会法律允许公民自己决定是否脱离宗教或公司，但如果宗教领袖能确实有效地威胁他们的追随者——如果他们脱教就彻底排斥他们，或雇员极需保住工作而不管雇佣条款和条件是否牺牲他们利益来维护雇主的利益，那么关于这种自由的实质性的问题就会出现。这将是下文的重要问题。

类似国家这样的机构不会像个人应该尊重他人的自由平等权那样尊重公民的自由平等权，因为国家对公民的政治权利跟个人对他人的权力极不相同。单独个体的权力一般是可以避免的，但国家的权力是自任何个人生命伊始就存在的，只有那些能够离开他们所出生的国家的少数人才能避免。任何单独个人都不能通过保护其他公民的基本自由，或确保每个人对社会合作的负担和利益的要求得到同等重视，来尊重自由和平等的其他公民。

20 　昆认为，国家不能仅通过公正地平衡公民保护自己基本自由的要求，以及公平分配社会合作的负担和利益的要求，来尊重其自由和平等的公民。国家也必须"避免就关于人类繁荣或价值的判断采取行动"，这意味着将会没有"禁止或限制赌博、卖淫、色情或娱乐性毒品使用"的法律。[13] 但是以这种方式限制国家权力的理由似乎包括了以下隐含的价值判断，即公民通过对国家权力的这种限制所实现的自由，应该优先于通过国家集体行动可能实现的任何其他价值。正如昆那样，反对说公民在他的政治自由主义版本下必须拥有的自由比伤害的预防更重要，这种反对显然就是一种价值判断。因此，这就是要求国家就关于人类繁荣或价值的判断做出行动。昆的这种观点——国家的所有决策应该如社会正义框架那样在公民之间始终保持中立——是不合逻辑的。

三、蕴含着民主的自由中立性

杰拉尔德·高斯(Gerald F. Gaus)起初似乎主张一种中立性形式,在这一形式下,国家可以为变革采取行动,但前提是没有公民可以理性地拒绝这种行动。高斯认为,任何法律的强制力(coercion)只能用公正的道德理由来证明其正当性,而这些理由是没有人能理性地反对的。因此,所有被证明为正当的法律应该与宪法实质问题或基本权利的法律一样中立,这与罗尔斯认为中立性不需要超过宪法实质问题或基本权利的范围的观点相反。高斯为了具体说明他的主张,指出可以在可行的选择之间合法地做出民主选择,而在这些可行选择上某个问题的法律不能代表共同意志,但有“决定性的理由”去制定某项法律。[14] 尽管如此,高斯认为这种形式的中立性以很多人认为“激进”的方式限制了国家行为,因为没有多少以公共政策的方式开展的国家行为能免受其限制。[15]

因此,高斯似乎接受了合法的国家行为的两个独立前提:①不能理性地反对国家执行某项法律;②当制定某项法律有决定性的理由但对所有可行的选择都有理性的反对理由时,要采取民主投票。国家行为的第二个前提似乎从根本上说明了高斯认为他的观点所暗示的政策 “激进性”含义,其中包括针对公开吸烟的禁令的非法性。诚然,吸烟者可能希望在任何地方都没有法律禁止吸烟,但如果有决定性的理由要制定一项法律来阻止吸烟者伤害他人,那么民主投票可以合法地选择一个可行法律在吸烟有害他人的地方禁烟以减少吸烟的危害,哪怕从这样或那样的道德观念上说有反对任何可行法律的合理理由。这种中立性如何彻底地限制政府行为, 将取决于在可以理性地反对任何法律的情况下制定某项法律所依据的决定性理由所覆盖的问题范围, 还取决于使制定某项法律的理由成为决定性理由的原因。

像高斯、克洛斯科（George Klosko）和昆所赞同的自由中立性始于这样的想法：政府力量的使用必须依据共同意志，只有以没有公民能合理反对的方式才能对公民施加强制力。根据哈耶克的道德观点，对政府行为的这种限制是可以接受的，因为哈耶克赞成一个被称为**"完整体系"**（cosmos）的自发演变的社会秩序，而不是一个由任何政府法律确立的秩序，其中保护自发演变的秩序所必需的最低限度的法律除外。[16] 然而从罗纳德·德沃金（Ronald Dworkin）等人的道德观点来看，对政府行为的这种限制是不可接受的。德沃金呼吁广泛的政府立法以抵消原生运气（brute luck）的影响，但仍然要求公民对自己的自由选择负责。[17]

正如苏珊·迪莫克（Susan Dimock）所说，任何自由中立性原则都将限制政府的权力。[18] 政府越是必须表现得中立，他们做出改变所受的限制就越多："约束政府的理论要求（政府）保证某种现状不受干扰，哪怕政府一旦尝试就可能改善现状。"[19] 然而人们并不总是以这种保守主义的意义本身来理解它。虽然理查德·阿尼森（Richard Arneson）反对自由中立性的观点，但他解释说，如果政府只使自由至上主义的洛克式权利合法化，政府就不会追求某个凌驾于其他善的理念之上的有争议的善的理念。[20] 这就假定，只使洛克权利合法化并不追求某个凌驾于其他善的理念之上的有争议的善的理念，或只限于洛克式权利的合法化并不阻止预设其他法律的其他善的理念的实现。在当今世界的某些国家排除任何形式的社会主义似乎不会引起争议，然而一个排除社会主义的政府却追求一个有争议的善的理念。限于保障自由至上主义洛克权利的法律也排除了福利资本主义和广泛且有争议的保护社会益品的要求，例如不破坏环境、在封闭空间禁烟或保护传统文化等，正如迪莫克和高斯所指出的那样，尽管他们有不同的意图。[21]

四、自由的中立性和至善论

罗尔斯只为其正义原则而主张的狭义中立性，并不会让所有善的观念不受影响。在作为公平的正义（justice as fairness）那里，阿曼门诺派（Amish）或其他正统宗教共同体的子女将接受使他们至少能够离开他们成长期间所在共同体的教育，这样一来，结社（association）自由对他们而言不只是具有形式价值，虽然阿曼门诺派本身也可能反对子女长大后必须继续按照父母的方式生活。这就意味着，阿曼门诺派的生活方式不能在作为公平的正义的社会里按照他们所希望的方式受到保护，因为公平性要求跟其他人一样聪明和勤奋的阿曼门诺派后代也跟其他人一样有着同等的机会。罗尔斯指出：

> 任何社会都无法在其自身内部囊括所有生活方式……诚如伯林长期坚持认为的那样，没有无缺陷的社会世界……我们可能不得不接受对儿童教育的理性要求所产生的各种不可避免的结果，尽管我们常常会感到后悔。[22]

这回答了史蒂文·沃尔（Steven Wall）的问题——是否有什么方法可以在罗尔斯所说的中立性与昆在其政治自由主义版本下所寻求的广义形式之间划界。[23] 主张狭义形式而非广义形式中立性的理由，以"一个正义的框架构成一个社会"为出发点。罗尔斯假设，公民都持有容忍其他合理观点的合理道德观念，而正义的框架必须把所有公民视为拥有自由、平等、能够理性地追求和修改自己的善（good）的能力。

如果这些假设成立，社会可以有一个中立的正义框架，其中所有持有合理整全性道德观点的人都可以出于自身的理由且以自己的方式接受正义框架或基本结构所实现的正义原则。我们没有类似的理由认为，即使理性的公民也必须像在构成社会的正义框架上达成一致那样在其他问题上达成一致，因为他们是自由而平等的，他们可能并不都就一个善的理念达成一致，而且与亚里士多德所说的相反，他们可以在不就某个善的理念达成一致的基础上组成他们的社会。[24]

在罗尔斯的政治自由主义那里，支持法律的至善论理由只是这样的政治决定——只要公民代表的大多数接受那些至善论理由就会持续存在的决定——的基础。政治自由主义不同于自由至善论，因为它认为，许多支持某个多数人赞同的政治决定的观点里，大多并没有支持这些观点本身的决定性理由。

沃尔所解释的至善论公共道德理念认为，人类繁荣的美好理想是可知的；在其他条件都相同的情况下，国家赞成这些理想是合理的；没有一般的道德原则禁止国家赞成这些理想并执行实现这些理想的法律。[25] 沃尔指出，自由至善论不一定认为只存在一个关于人类繁荣的美好理想。然而这些不同的理想属于不同的社会世界，所以选择一个世界意味着失去其他世界。对于任何一种社会可能采纳的价值世界来说，只有这个世界中最为可靠的观点才应被选为立法的基础。罗尔斯的政治自由主义与多元自由至善论不同，因为它声称在任何一个社会世界里，我们不会有决定性的理由让理性的公民在一系列善的观念中选择某种作为需要通过法律实现的观念。

跟沃尔一样，罗尔斯认为，敦促公民不要按照自认为可靠的价值或理想来行事是没有意义的。[26] 罗尔斯与沃尔的区别仅在于：罗尔斯认为，将关于人类繁荣的任何一种观念强行作为社会生活的永久条件，如果采取了另一种关于人类繁荣的观点来取代该观点，公民似乎就受到不公待遇。

23

这种强加对于那些迫切要求用另一种观点取代当前观点的人而言，将是压迫性的，因为没有决定性的理由可以支持当前观点。这些关于美好生活的替代性观点除了自由主义观点以外，还可以包括合理的非自由主义观点。在政治自由主义下，公民的大多数政治代表在一系列观点中选择支持某种合理观点的法律时，无法明确地表明他们的选择在道德上是错误的，就像从某个价值观世界里做出判断那样。这个立场显然不同于自由至善论，后者认为在所有社会中都有一个明显最好的生活方式，所以支持其他生活方式的法律是错误的。

有些人可能会说，政治哲学与没有决定性理由的美好生活理论无关，但在政治自由主义中，政治哲学仍然可以总体上阐明任何被广泛追随的美好生活观点的内容，可以提出接受它的最佳理由。这些理由对理性的公民而言远非决定性的，但是如果他们的大多数政治代表支持那种关于人的美好生活的理念，并颁布和执行法律来实现这种观点，这些理由可以澄清对这一观点的承诺所包含的内容。对于罗尔斯来说，民主是社会正义基本结构的重要组成部分，不仅在公共善（common good）的决策上要有民主，在公民就"什么对社会有利"而意见不一的其他问题上也要有民主。

虽然罗尔斯希望人们就正义基本结构的正义原则达成一致，但关于实现这些原则的制度和规则的细节可能仍然有争议。解决这种争议与解决什么是最合理的政治正义观的争议在方式上是一致的。这是在争取可以得到任何合理的整全性道德观点支持的广泛的反思平衡过程中为一种政治正义观提供理由的过程，这将使公平选出的公民代表能够解决正义原则细节和应用问题。虽然公共理性领域的基本任务被狭义地界定了，但其他问题出现时可能会使用其过程。一般来说，如果公民对某个结果有共同的利益，可以通过慎议民主过程就法律达成一致。[27]

不管公共理性或慎议民主的范围如何，这些程序不能被视为对"什么对社会有利"的民主决定的唯一模式，[28] 因为一些必须处理的问题不会产生所有合理的道德观点都支持的决定。就公共财产和私有财产的相对程度达成共识是不太可能的。一些公民及其代表可能会相当理性地强调私有财产对自主的重要性，而就通过市场关系私下协调利益相关方所遇到的困难而言，另一些公民则可能会理性地强调在避免这些困难时计划的重要性。

假定局限于所有理性的道德观点均能接受的范围内的法律仍然让人们自由地追求自己的生活，这就是假定这些生活是个人生活，或者这个传统（其中一个版本是哈耶克的"完整体系"）解决所有其他关系公民的集体生活问题。个人显然不能对私有财产和公共财产在社会中的角色做出决定。如果我们追求一个正义的社会，这样的决定也不应该留给传统。传统并不是持久的正义制度所需的"空白石板"（blank slate），在这种正义制度内，每个公民的要求都具有相同的重要性，与之形成对比的是，就现有道德观的多样性和权力的平衡而言，被社会成员视为社会和平生活的最佳选择的某种正义观。

在一个公平的社会里，我们现在所知道的生活传统并不决定公共财产和私有财产的角色，也不决定哪种财产形式应是规范对社会生产性资源的要求的主要制度。我们可以阐明公民在正义社会里决定私有财产和公共财产角色的方式，方法是看看两者各自在社会生产中扮演主要角色时所依据的最强烈理由。

现在，我们只看罗尔斯认为是正义的体系，正义的社会中可能会追求两种可能性。罗尔斯认为，一个正义社会可以在其所谓的"财产占有的民主"里以私有财产为基础进行财产安排，或者在其所说的"自由社会主义"里以关键生产资料的财产公有制为基础进行安排。这样，我们或者像雷曼那样以财产占有民主的形式追求正义社会的理想，或者追求自由社会主义这种替代性选择，我们在下面的章节将详细阐述这种选择。这种主张——认为在一个正义的社会里资本主义形式是可行的——也会被考虑，但是在任何资本主义形式都是不正义的前提下，这种主张会被驳回。

25 五、对于希望正义社会以私有财产为基础的人而言，选择自由社会主义是否是一种"压迫性事实"？

既然自由社会主义和财产占有的民主都与罗尔斯的正义原则是一致的，[29] 必须由民主政府在这些社会形式之间合法地做出选择，并遵循在作为公平的正义框架内如何理性地做出这种选择的指导原则。基本权利和确保公平分配社会合作负担和利益的规则如何实现的这些细节不需要完善。我们只呼吁这一点——建立控制生产性资源的财产体系所需的法律由一个立法机关通过，在该立法机关里，公民有公平当选的代表，后者可以对任何问题进行投票表决。我们可以把如下问题作为一个细节处理：这个永久性基本结构的某些内容要在宪法中规定，还是用立法的方式处理所有具体内容？[30]

其他就临时确定社会结构的部分内容的决定必须由立法机关的多数票通过。必须采取相应步骤公平地选出代表，这样不会在实践中为了少数人的利益而不可避免地做出影响许多人的决定。要解决为了少数人的利益而确定的法律和政策问题，不能仅仅是采取政府的民主形式（例如通过民主投票程序选举立法机关的权利）。正如罗尔斯所观察的那样，可以理性地认为，当代美国的形式民主体系在实质上并不比 1870—1945 年帝国时期的德国所采取的各种政府形式更为民主，当时的德国尽管有各种有利条件，但"缺少追求民主政体的政治意志"[31]。我们应该假定已经采取了这些步骤，这样的立法机关就不仅仅是形式上民主的。

在解决其他安排之前，代表必须解决的一个基本安排是私有财产和公共财产在社会中的角色。因此，代表们必须承担起检讨这些角色的任务，同时承认它们之后可能会发生改变的事实，如果改变指从财产占有的民主变成自由社会主义，或从自由社会主义变成财产占有的民主，而不是涉及前任少数统治者的政权丧失——正如从封建主义向资本主义过渡中已经出现的政权丧失，以及从资本主义转变到其他制度会出现的政权丧失——的转变，这样的改变是相当可行的（正如我们稍后会看到的那样）。

让我们假设立法者在比较黑格尔采取生产性资源私有制的理由与马克思采取生产资料公有制的理由之后再解决选择问题。这种比较不能仅仅依靠原始资料。例如，黑格尔关于私有财产的论证是相当精简的。马克思在《资本论》第一卷中旨在提供一个关于资本主义如何成为剥削性社会体系的科学论述，这样我们也必须依靠没那么充分阐述的资料来阐明他赞成公共财产而非私有财产的理由。

就私有财产的理由而言，让我们假设立法者决定借鉴杰里米·沃尔德伦（Jeremy Waldron）对黑格尔论证的重构。因此，他们考虑到，如果公民缺乏否决行动——这些行动会消除他们因使用生产资料而对社会合作做出的贡献的持续记录——的权利，个人自主是否会得不到充分的认可。他们还考虑到，生产性资源的私有财产制度是否需要建立任何这种否决权。[32]

从公共财产的优势来看，立法者决定以乔治·马库斯（George Markus）对马克思异化概念的重构为出发点，将"人的本质"这一观点视为发展社会关系的总和，但是人类在基于私有财产的压迫或剥削社会中与这种人的本质相异化。[33] 公共财产的优势在于，它促进社会转变成一个以自由社会合作为基础的社会——其中社会关系的总和表达了什么"最无愧于和最适合于……人类本性"，而不是限制这种转变。[34]

立法者决定，虽然黑格尔和马克思的观点在私有财产权上存在极大差异,但在他们所考虑的解释之下,仍然有一个关于人类最好生活的大致相同的观点。尽管方式不同,他们都认为人类的最好生活体现了制定、修改和追求社会成员在独立于自然要求的情况下所选择的目的的能力。[35] 这样的生活充实地表达着罗尔斯"两种道德能力"的生活理念,即最好的生活认为人们在独立于自然要求时所选择的目的是重要的。大多数立法者也接受大体类似"人类最好生活"这一观念的东西。

假设在对私有财产和公共财产的优点进行广泛辩论之后,大多数人拒绝沃尔德伦的观点,即生产资料的私有制是一项普遍权利,要么因为让公民有权保护其对社会合作的贡献不需要这种制度,要么因为承认自主权不需要公民的这种权利。[36] 大多数人也认为,广泛的生产性资源私有权将会阻碍自由社会合作的发展,在这种自由合作中一个他涉的集体活动领域可以发展得更充分,从而使公民能够过上最好生活。因此,他们决定采取一种自由社会主义的形式,其中参与他涉的集体活动领域得到制度上的支持。这个社会可能被视为"公民人本主义"的表达,不过是以自由主义的形式表达出来的。[37] 我们称之为"公民自由社会主义"。

在这里,公民不被强制要求参与公共生活,尽管法律强制要求他们为支持他涉的集体活动领域内的制度的公共资金做出贡献。虽然任何一个公民都可以理性地认为在这个领域发挥积极作用,只是其个人利益的一小部分,但大多数公平地代表公民的立法者选择建立促进公众参与的制度。[38] 我们也可以假设少数立法者不仅是对多数人的选择漠不关心,还在信念上反对这种选择,立法者之间的这种差异相应地代表了公民之间的差异。

这种选择所依据的善的理念并不是罗尔斯政治正义观的组成部分。[39] 因此,不能只在政治自由主义本身的条件内做出促进善的理念的社会立法选择。然而做出这种选择的社会,其基本结构似乎与罗尔斯的政治正义观相符合。

然而罗尔斯认为，"公民人本主义"与作为一种政治正义观的公平的正义并不相容。[40] 当然，如果"公民人本主义"被视为社会基本宪法特征或社会基本权利的基础，并作为这样的基础在社会上实施，那么这两者就是相容的。公民将被强制要求在公民人本主义——作为一种比政治自由主义更全面综合的道德观点——之下团结起来。罗尔斯反对这种立场，认为它不符合政治自由主义的要求，哪怕公民被强制要求在康德或密尔的合理自由主义学说下团结一致，它也未能符合政治自由主义的要求。[41]

认为政治自由主义与公民人本主义互不相容的这两个理由，在公民自由社会主义面前都站不住脚。推动公众参与制度的决定，并不强制要求每个公民参与其中。参与其中不是社会生活的一个要求，而是一个机会，尽管所有公民都被强制要求去促进这样的机会向所有公民开放。公民自由社会主义的作用在于它是一种比作为公平的正义更全面综合的道德观点，指导社会对财产体系的选择，正如上述假设的例子那样。作为政治自由主义的一种政治正义观，作为公平的正义有一点未做表态，就是政府是否应该以多数人对公民自由社会主义的支持为基础而立法。然而正义的社会里公平地代表公民的政府必须在作为公平的正义本身未做表态的所有立场上表态。

立法者仍然面临一个问题。就宗教而言，如果大多数公平地代表公民的立法者相信某个特定宗教，并决定为之提供公共支持，其他宗教支持者或无宗教信仰的人可以理性地认为这一决定是压迫性的。[42] 诚然，立法者不强迫整个社会遵循他们多数人信仰的宗教信仰。这一要求可能涉及"官方犯罪……残暴和残酷，其次是宗教、哲学和科学的腐败"[43]。但是正如罗尔斯在提及任何确保宗教自由的平等价值的意图时所说的那样，对多数人信仰的宗教的特权式公共资助很可能导致"深刻的宗教争议（如果不是内乱的话)"[44]。

然而就科学、艺术或保护荒野地区的公共支持问题而根据多数人意愿制定法律似乎也没有错,即使这违背了成员众多的少数民族的强烈主张。当罗尔斯考虑这样的例子时,他指出,政治自由主义要求任何依赖于特定整全性道德学说的立场都不应成为一个社会的宪法实质问题或基本权利的一部分,这样的立场是社会强制执行的一个长期特征,这一点可能不会被立法者的数量过半所改变。[45]

尽管这样的选择只反映了多数人的观点,强制性地为这些目的提供公共资金也不会构成压迫性事实,虽然有与此相反的自由至上主义观点。自由社会主义是一种社会理想,涉及投入大量资源来支持他涉的美德,以及参与公共生活的领域,虽然它不规定参与公共生活是宪法要求,也不把未能确保这种参与视为对任何基本权利或社会合作负担和利益的公平分配的违反。似乎没有理由认为,这对赞同追求私人利益的自由理想的人而言,是一种"压迫性事实"。相反,正如我们将看到的那样,结合了罗尔斯政治正义观念之修订形态的自由社会主义的公民人本主义形态是一种连贯而合理的社会理想。

为了表明这是一个有吸引力的理想,有必要提出赞成它的善的理念的依据。虽然社会要成为公民人本主义的一种形式,但它的善理念与古代社会公民责任之善明显不同。首先,它没有类似公民美德这样的承诺。亚里士多德认为,好的实践生活表达了公民的美德,尽管他也认为最好的生活将主要致力于"思考众天神和整个宇宙的秩序"的目的。[46]公民自由主义社会主义并不假定这一点:实践生活通常涉及对大多数人认为是好的社会生活的贡献,因为这些贡献使他涉的自由集体活动繁荣发展。

公民自由社会主义不需要,也不那么强制要求每个人都参与他涉的集体活动。人们接受罗尔斯如下观点:人类的美好生活预设着作为社会联合的统一（social union of social unions）的社会，其中所有人都认为自己具有建立正义社会体系的共同目标。[47] 然而公民自由社会主义拒绝罗尔斯的进一步（至少是隐含的）主张，即积极参与公共生活应该在一个正义的社会联盟里及大多数公民的善观念里占有较低的地位。[48] 公民自由社会主义也不接受罗尔斯对"自由人的自由"而非"古代人的自由"的偏爱。[49]但它不是对古代人自由的承诺。正如我们将在第六章中看到的那样，公民自由社会主义只致力于将这两种自由形式结合起来的自由，拒绝在一种观点中隐含的对集体活动的约束程度，同时也拒绝在另一种观点中隐含的对个人良心和隐私的约束程度。

公民自由社会主义假设，在一个善的观念被自愿采纳的社会里，大多数公民会非常重视他们在他涉的集体活动领域里的作用，尽管这些活动不占用他们的绝大部分时间。它也假设社会合作并非主要是私人追求的无意的副产品。集体活动自由的行使与个人自由冲突时，它并不像古典自由主义那样假定个人自由的一般优先性，虽然古典自由主义也将社会秩序和个人安全的集体保护作为这一规则的例外情况。公民自由社会主义所表示的社会联合的统一也涉及多数人的共同承诺——以符合正义的方式发展集体自由，并不压制个人参与者。

因此，由立法而选择的公民自由社会主义的社会理想显然超越了政治自由主义，同时预设政治自由主义是选择社会控制的正义体系的基础。就民主社会里公平选出的立法者做出根本决定而言，自由社会主义比政治自由主义提供更强烈的指导意见。虽然超越了政治自由主义，但正如任何有具体形式的社会都必须做到的那样，它保留了对宪法的选择和基本权利立法的指导。现在，我们可以为作为现代主流的新自由主义理想的替代性选择的正义体系和人的美好生活的发展奠定基础。首先，我们会在下一章表明新自由主义的主要理据是很弱的。

注释

1. 这里的"人为"一词仅表示休谟声称正义作为社会手段或社会的建构而与自然美德不同时所采取的观点。David Hume, *Hume's Treatise of Human Nature*, ed. L. A. Selby Bigge, Oxford: Clarendon Press, 1888, 487.

30　　2. Cf. Fabian Freyenhagen, Taking reasonable pluralism seriously: an internal critique of political liberalism, *Politics, Philosophy & Economics* 10 (2011): 327.

3. 虽然应该以更公平的社会为目标，但通往它的道路可能涉及一种改变,该改变最初会使社会变得不公平,但是随着时间的推移会使社会变得更加公平。参见 A. John Simmons, Ideal and Nonideal Theory, *Philosophy & Public Affairs* 38, 1(2010): 5–36, and especially, 23–25。

4.《资本论》第 2 版第 1 卷第 9 页。See Karl Marx, Capital, Vol.1.

5. [美]约翰·罗尔斯:《作为公平的正义——正义新论》,姚大志译,中国社会科学出版社,2011 年,第 229 页。See also, Rawls, *Justice as Fairness*, 190.90–91.

6. Rawls, *Justice as Fairness*, 91.

7. Rawls, *Justice as Fairness*, 152.

8. Rawls, *Justice as Fairness*, 152, footnote 26.

9. Jonathan Quong, *Liberalism Without Perfectionism*, Oxford: Oxford University Press, 2011, 192–93.

10. Quong, *Liberalism Without Perfectionism*, 200.

11. Quong, *Liberalism Without Perfectionism*, 278.

12. Quong, *Liberalism Without Perfectionism*, 2.

13. Quong, *Liberalism Without Perfectionism*, 4.

14. See Gerald F. Gaus, Liberal Neutrality: A Radical and Compelling Principle, in *Perfectionism and Neutrality*, eds. Steven Wall and George Klosko, Lanham, MD: Rowman & Littlefield, 2003.

15. Gaus, Liberal Neutrality, 21.

16. F. A. Hayek, *Law, Legislation and Liberty* New Edition, Vol.1, Rules and Order, London, UK: Routledge & Kegan Paul, 1973–1982, Chp.2.

17. Ronald Dworkin, *Sovereign Virtue: The Theory and Practice of E-quality*, Cambridge, MA: Harvard University Press, 2000.

18. Susan Dimock, Liberal Neutrality, *The Journal of Value Inquiry* 34, 2–3(2000): 189–206, especially 43.

19. Joseph Raz, *The Morality of Freedom*, Oxford: Oxford University Press, 1986, 110.

20. Richard J. Arneson, Liberal Neutrality on the Good: An Autopsy, in *Perfectionism and Neutrality: Essays in Liberal Theory* eds. Steven Wall and George Klosko, Lanham, MD: Rowman & Littlefield, 2003, 210.

21. Gaus, Liberal Neutrality, 157–58.

22. 译文引自[美]约翰·罗尔斯:《政治自由主义》,万俊人译,译林出版社,2000 年,第 209~212 页。Rawls, *Political Liberalism*, 197–200.

23. Steven Wall, *Liberalism, Perfectionism and Restraint*, Cambridge: Cambridge University Press, 1998, 49. 沃尔没有参考罗尔斯的《正义论》修订版,也没有参考他作为公平的正义的论述。

24. Aristotle, *The Politics of Aristotle*, trans. with introduction, analysis, and notes by Peter L. Phillips Simpson, Chapel Hill: The University of North Carolina Press, 1997, 11(1253a15).

25. Wall, Liberalism, *Perfectionism and Restraint*, 8.

26. Wall, Liberalism, *Perfectionism and Restraint*, 73–78.

27. Seyla Benhabib, Towards a Deliberative Model of Democratic Legiti macy, in *Democracy and Difference*, ed. Seyla Benhabib, Princeton, NJ: Princeton University Press, 1996, 69–70.

28. David Estlund, The Democracy/Contractualism Analogy, *Philosophy & Public Affairs* 31, 4 (2003): 387–412 and, in particular, 409–10.

29. Rawls, Justice as Fairness, 138.

30. 罗尔斯主张在宪法中规定一些基本权利,而沃尔德伦认为这会给少数特权群体——最高法院的成员——在解释宪法保障的基本权利上的不成比例的话语权。参见 Jeremy Waldron, *Law and Disagreement* (Oxford: Oxford University Press, 2000), 222–23。

31. [美]约翰·罗尔斯:《作为公平的正义——正义新论》,姚大志译,中国社会科学出版社,2011年,第163页。Rawls, *Justice as Fairness*, 101, fn. 23.

32. See Jeremy Waldron, *The Right to Private Property*, Oxford University Press, Oxford, 1988, Chp.7.

33. George Markus, *Marxism and Anthropology: The Concept of "Human Essence" in the Philosophy of Marx*, Assen, Netherlands: Van Gorcum & Company 1978.

34. 《资本论》第2版第3卷第927~928页。Karl Marx, *Capital*, Vol. 3, 959.

35. See Rawls on his "two moral powers", *Justice as Fairness*, 18–19.

36. Aldron, *The Right to Private Property*, 375–77.

37. See Alan Patten, *Hegel's Idea of Freedom*, Oxford: Oxford Univer-

31

sity Press, 1999, 38–41, 170–76.

38. Rawls, *Justice as Fairness*, 143.

39. John Rawls, *Political Liberalism*, Expanded Edition, New York: Columbia University Press, 2005, 203.

40. Rawls, *Justice as Fairness*, 142–43.

41. Rawls, *Justice as Fairness*, 34. See also: Rawls, Political Liberalism, 37.

42. Rawls, *Justice as Fairness*, 34.

43. Rawls, *Justice as Fairness*, 34.

44. Rawls, *Justice as Fairness*, 151.

45. Rawls, *Justice as Fairness*, 151.

46. Aristotle, *Athenian Constitution, Eudemian Ethics, Virtues and Vices*, trans. H. Rackham, Cambridge, MA: Harvard University Press, 1981, 213(1216a 10–15).

47. Rawls, *Theory of Justice*, §79. 罗尔斯将这种联合与"私人"社会进行对比, Theory of Justice, 457–58.

48. Rawls, *Justice as Fairness*, 143.

49. Rawls, *Justice as Fairness*, 143.

新自由主义的哲学基础

一、正义重要吗？

在《为什么社会正义很重要？》一书里，布赖恩·巴里（Brian Barry）在开始讨论社会正义时，提起哈罗德·品特（Harold Pinter）在 1997 年伦敦集会的演讲总结语：[1]

> （如今）广泛的宣传……称社会主义已经死了。但是如果成为一名社会主义者意味着要相信"公共善"和"社会正义"这两个词是有意义的；如果成为一名社会主义者意味着，要为掌权者、"市场力量"或国际金融机构轻视数百万人利益时感到愤怒；如果成为社会主义者意味着，要决心尽一切力量来缓解这些不可饶恕的落魄的生活状况，那么社会主义就永远不会死，因为这些愿望永远不灭。

品特的激情反映了最近政治辩论中两种相反的潮流。一种是社会主义思想——包括主导大众传媒舆论报道和政治报告的"广泛宣传"里的社会正义思想——的退化；另一种是对来自政府政策的日益严重的不平等和漠视苦难的态度感到愤怒，因为这些政策集中于使来自可用资源的适销商品的产出最大化，而不顾及这种产出的分配方式。在某种程度上，这些政策所依据的理念是，自由市场在原则上与任何其他利用给定资源生产适销商品的方式一样有效。此外，它们还依据另一种理念，即认为对自由市场结果有意识的集体干预必然是轻举妄动并几乎总是适得其反。[2]

　　总之，这些观点意味着，市场经济中的最弱势（least advantaged）* 群体要想改善其相对地位，就很可能给总体财富带来损失。如果假定总体财富的损失使最弱势群体所得到的要更少，不管他们的相对地位如何改善，那么有利于总体财富增长而不管财富如何分配的政策也似乎体现了罗尔斯的理念——只有当不平等提升了社会中最弱势群体的前景时，不平等才是合理的，尽管罗尔斯不会说资本主义的不平等是合理的，如果这些不平等在其他方面不正义的话。

　　像巴里一样，我们应该同情品特，并希望扭转当前社会漠视不正义现象的局面。我们也应该赞同巴里的观点，即有必要阐明一种可以指导人们对社会不正义做出正义回应的社会理想。然而与巴里不同，我们不应该认为，由于政治和媒体专家未能弄清楚人们广泛持有的正义直觉，社会正义的理想已经被忽视了。[3]

　　这种忽视反映了——至少在英语国家里——公共舆论的领袖如何被说服要把重点放在经济效率上，并以假定的效率成本为由放弃平等或公平。其中一些这样被说服的人可能会否认哲学在他们的思想中所扮演的任何角色。正如他们所理解的那样，他们只是根据现代经济理论对公共政

---

　　*　译者注：《正义论》的何怀宏译本将"the least advantaged"译为"最不利者"，本译文认为"最弱势者"更符合此译本的表达，故将其译为"最弱势者"。

策采取了理智且科学的态度。但是公共政策是规范化的，这一点无法改变。这些决策者的立场提出了一个问题，即为什么要在寻找决定社会主要的权利、义务和资格制度的政策时求助于现代经济理论？因此，我们必须首先解决他们规范化观点背后的任何未经认可的哲学思想。

要做到这一点，我们首先要理解效率与公平的理念。我们应该从"效率"开始，因为它是经济理论的术语。另一方面，可以用相当模糊的方式来定义"公平"——对可以在社会成员之间或按平等份额或不平等份额分配的利益和负担的竞争性要求的公平处理。随着论证的深入，我们将会探讨更为精确的公平理念。

二、效率与新古典经济学理论

如果一种经济的资源分配和商品的最终消费达到帕累托最优，那么它在理论上就是有效率的：再分配要提升任何人的福利，就要总体上同等程度地减少他人的福利。放弃公平考虑的倾向依赖于两种假设：一种假设认为，为了公平而对市场进行干预会有损效率——这是一种公平/效率的取舍，所以一方的增益是以另一方的减损为代价的。第二种假设是效率比公平更重要。

35　　第一种假设的基础是采用新古典经济学理论作为市场模型。在这个模型中，没有政府再分配措施的市场是最有效率的。如果包括资源市场和劳动力市场在内的现实世界市场，其运作方式与理论模型中的完全竞争市场的运行方式几乎相同，那么我们可以认为，由于"漏桶"（Leaky Bucket）效应，再分配会使效率低于其最大值。亚瑟·奥肯（Arthur M. Okun）声称，"平等与经济效率之间的冲突是不可避免的"，因为公平的再分配产生行政成本。[4] 它还会减少高收入者的财富积累和预期的投资回报，也会降低高收入者和低收入者努力工作的积极性。

认为再分配产生行政成本从而降低总体福利的观点，首先局限于通过税收转移等手段**再分配**市场收入提高公平性的情况。其次，它也受限于它暗含的对"经济效率"的重新定义，即经济效率意味着产生帕累托最优货币收入，或意义相同的假设，所有福利效应是货币化的且对货币收入再分配不敏感。因此，它排除了收入转移的任何福利效应：即使从高收入家庭再分配到低收入家庭的收入有一半用于行政成本，这种再分配从福利角度看仍然是更有效率的，如果总体福利——包括低收入家庭由于多出的一美元而获得的休闲——是高收入家庭从额外的一美元中所获得的总福利的两倍以上。最后，它局限于像新古典经济模型中的市场那样运作的市场经济（如果有的话）。

我们可以顺便指出，所有这些假设的理由都是非常薄弱的。公平性的提高可以通过再分配以外的其他方式实现。将富人的货币收入再分配给穷人，每一美元的收入可能会产生更大的福利。交易所得可能减少的因素包括信息获取方面的差异、不确定性、不能反映交易的福利成本的价格，以及买方或卖方易受伤害性的强迫性影响等。[5]一些福利所得和损失并没有反映在货币收入所得和损失中。

我们也可能会注意到，对价格供给反应的粗略假设为改变再分配激励措施的主张提供了依据。许多有很高市场收入的人在再分配税收降低时减少了工作，因为他们想在每小时挣到更多的同时有更多的休闲。许多低收入的人工作得更卖力，因为他们的需求更多地受到再分配税收的影响，而他们可以追求维持基本生计以外的更多生活方式。人们对长期的总收入感兴趣，而且这种兴趣的影响在简单的模型中被忽略，这些模型假设工作的提供就像市场上的香蕉供应那样。

36　　关于较高私人收入积累减少和私人投资回报减少的说法，是再分配税收的收入变化，以及依赖私人投资的经济体里更为常见的收入差异变小的必然结果。然而较少的私人积累导致较少的总体财富这一点，取决于较少的私人积累是否削弱了投资的积极性，以及所减少的私人投资的私人回报是否会减少投资。即使在以私有财产为基础的市场经济中，这些隐含的假设通常也是不正确的。

不仅是反对再分配税收的论据薄弱，而且更彻底的主张——把社会合作的负担和利益留给毫无约束的市场的总体利益的主张——也是没有根据的。完全竞争市场的新古典模型排除了一些影响交易收益水平并进而影响市场体系福利效率的因素。没有理论说明如何考虑这些因素，以便更全面地说明市场何时是最有效率的。我们也不能假定现实世界的市场越是接近完全竞争的市场，结果便越接近市场模型的结果，不管它们在日常意义上是如何高度"竞争的"，也不管它们如何不需要纠正市场失败所必需的干预以外的非经济干预。[6]

因此，新古典经济学理论并不像伽利略的斜面运动定律那样可靠。伽利略假设了一个完全光滑的斜面，是从适用于所有重力作用下在斜面上运动的物体的摩擦力那里抽象而来的。虽然没有完全光滑的平面，但是伽利略的抽象模型仍然可靠，因为斜面上的物体运动越是接近模型，斜面就越是接近完全光滑的斜面。

科学的抽象模型使我们能够在一个系统中找出某种趋势。当其他趋势可以被假定为对结果影响很小或没有影响时，或者当不同的影响可以按照某项规则加以复合（就像物理力学的构成规律那样）时，才可以接受这样的模型用作预测目的。在物理系统中，抽象在两种方式上具有预测性。电磁场理论说明了带电粒子在引力场等其他场稳定不变或可忽略不计时是如何表现的。当我们考虑一个受重力作用的带电体时，我们就可以利用重力定律和力的构成法则来预测：当物体被电磁场所施加的力与其重力完全抵消的时候,将会悬浮不动。

当其他经济因素保持不变时,抽象经济理论可以预测需求或供给变化后的价格变动。与此类似,抽象的生物学选择模型可以预测等位基因频率的变化,前提是变化仅影响一个等位基因的选择。然而与物理力学的构成规律相对应的生物力学或经济力学的组成规律是没有的。

这对经济体系的总体福利效应理论具有深远的意义。尽管需求或供给的孤立变化在任何一个体系内都具有可预测的福利效应,但是关于不同体系之间总体市场效率的主张是没有根据的。例如,我们不能像约瑟夫·斯蒂格利茨(Joseph E. Stiglitz)那样假设,选择"特定商品加以征税,如酒类、烟草和机票的消费税,会阻止人们购买这些商品,(从而)影响经济效率"[7]。这要么假设经济是完全竞争的,要么没有认识到在现实世界的市场上,税收可能会纠正"效率低下"或福利损失的问题,如吸烟的医疗成本。

尽管有这样的限制,一些人仍然认为应该假设应用于现实世界经济的新古典经济模型,否则就不能得出关于市场效率的明确结论。[8]然而由于这个模型不是可靠的,即使在竞争激烈的现实世界市场里,从模型中得出的推断可能是接近现实的,也很可能是不着边际的。没有理由认为,在现实世界市场上就公平对市场效率的影响做出没有根据甚至很可能是错误的决定,比完全没有做出决定要好。[9]

无论如何,关键的假设是相信效率是公共政策的首要关切。如果没有这个信念,政府可能愿意接受似乎是为了公平而包含一些效率损失的公共政策措施,就像他们经常接受诸如水污染等各种外部因素所导致的效率损失一样,因为很难量化污染的成本,也很难把责任归咎于提供稀缺岗位的行业。

似乎有两个特别有影响力的哲学观点认为,效率比公平更重要。一个来自哈耶克的《法律、立法和自由》，另一个来自诺齐克的《无政府状态、国家和乌托邦》。这些书是否应该如此有影响力是值得商榷的，但是不论是直接的还是间接的，尤其是在政府官僚机构和媒体专家中，它们的影响程度是不容置疑的。[10] 巴里所拒绝的当代政治共识的两个特点反映了这种影响。一方面，通过法律和秩序形式追求正义的承诺是强烈的，甚至是过度的。另一方面，有一种观点认为，可以不批评自由市场的结果是不正义的。因为这些结果反映了市场贡献所衍生的资格。以"社会正义"之名无视这些问题，要么是未能承认自由经济活动体系的公平性，要么是情绪化地甚至守旧地依附于与竞争体系价值观不相容的价值观。我们在下文将看到，将正义等同于惩罚性、纠正性正义，或者等同于被广泛地定义为"调节"的正义，以及对社会正义问题的轻视，正是借鉴了哈耶克的观点。而认为资本主义社会的自由市场必然公平的观点则取自诺齐克。

三、哈耶克对分配正义的拒绝和对调节正义的支持

哈耶克认为，社会正义理念是一种幻想，它被用来证明对资本主义社会自由市场的结果的破坏性干预是合理的。[11] 根据哈耶克的观点，这样的干预经常不能产生所预期的"正义"结果，因为自发演变的市场体系有不可预测的复杂性。因此，哈耶克认为"社会正义"是一种危险的幻想。

哈耶克提出了两个论据。首先，他认为抱怨市场结果的不公平跟抱怨有人不公平地遭到雷击一样，是没有意义的。正如许多人所指出的那样，这忽视了人们需要集体地为未能避免一些伤害而负责的可能性。[12] 当然，在雷击的情况下，除了确保人们知道如何使被雷击的风险最小化之外，人们能单独地或者集体地做的事情很少。比较两个社会：一个社会强制执行这样的规则——要求每个人都接受关于雷击风险的教育，所以人们认识

38

到,如果一个人是所处环境里最高的物体,就很可能被击中。建筑法规还要求建筑物接地线。在另一个社会中,没有提供任何信息,也没有实施建筑规范来减少雷击风险。在第一个社会里,规则减少了被雷击的风险。在这两个社会里,遭受雷击主要是可能性的问题,而在每个人的可能性都较低的第一个社会里,集体安排回应了人们在自然灾难面前的易受伤害性,而另一个社会则集体地无动于衷。

在其他许多情况下,个别行动的非预期后果也可以通过集体行动加以解决,那些可以防止伤害但是没有这样做的人应该受到谴责。例如,两个村庄之间的自发贸易可能在它们之间留下一条部分地段存在危险的道路。任何个人——包括那些从村庄之间的贸易中获益的人——都不能负担得起改善道路的费用,哪怕道路更安全使他们获益。如果乡民代表会负担得起费用,却维持道路原状,那么他们会为不作为地采纳了默认的规则——村庄之间的所有商业风险都是由通行者承担的,尽管通商的利益让所有村民受惠——而负上责任。因此,我们可能会归咎于两个乡民代表会,因为他们要求两个村庄之间的通行者承担不公平的商业风险份额,虽然他们不对道路危险地段跌落的特殊状况负责,不像他们如果命令雇员把人推开就需要负责那样。

哈耶克认为社会正义是幻想而加以拒绝的第二个理由是,没有任何单一的结果正义标准,例如应得(desert),能够理性地用来确定一个人的市场结果是否没有另一个人的市场结果那么公正。其他标准,如需求、贡献或对他人的服务价值则可以被认为与结果的正义有关。即使应得可以被视为结果正义的唯一标准,但应得的形式如此之多,很难大体上认为一个人比另外一个人更应得,因为每个人可能通过自己具体的方式使得自己比他人更应得。例如,没有人知道如何将一位伟大画家的优点与一位伟大作家的优点进行优劣排序。

39

无论如何,认为分配正义不能以优点、应得、贡献,或对他人的服务价值为标准进行确定的一个决定性理由,不是由哈耶克而是由罗尔斯注意到的。罗尔斯指出,一个人的生活发展得多好的一个重要决定因素是他出生时的社会地位。[13] 这些社会地位的不平等具有潜在的深远影响,而且这种不平等不可能根据优点或应得等标准进行合理解释,因为一个新生的孩子还没有做出任何使其应得的社会合作利益份额与他人不同的事情。贡献或对他人的服务价值等标准亦是如此。[14] 当然,人们可以说,出生在这个世界的孩子应该依照如下标准来决定他们的命运:他们应该有同样的生活前景,因为他们在优点或应得上没有什么不同。但是这意味着,他们要么不是在家庭中长大,要么在家庭中长大,但他们父母的地位应该平等化,这样不管父母应该得到什么都不会影响孩子。

诚然,分配正义的一些其他标准,例如满足需要、平等份额或提供平等福利机会的份额都可以用来评估生活中相对初始地位的正义。然而我们的正义直觉不仅要符合这些标准的使用以实现正义的分配,而且正如哈耶克所指出的那样,它们所产生的秩序不应该在道德上或智力上因为要求过高而失效。[15]

哈耶克貌似有理地声称,平等的份额将会毁灭性地破坏回应市场信号的动机,并且需求可能不会比优点更具可衡量性。哈耶克也否定"职业向人才开放"以外的任何形式的机会平等,因为任何"真正的机会平等,甚至对具有同样能力的人的真正机会平等"的需求,都会使政府政策处于"滑坡"状态,滑向控制"所有人的整个物理和人文环境"的"完全虚幻的理想"。[16]

因此,哈耶克提出强烈的理由认为,我们不能通过优点或应得的标准来确定社会合作的负担和利益的份额正义,并且提出了一些理由认为其他标准的一般使用也不起作用。但是我们不能进一步认为社会正义已被证明是虚幻的,除非我们也认为只有采用某个这样的标准才能对结果进

40

行判断。

既然人们可以集体地对他们用以管理生活的规则负责，那么以对日常天气报道并无意义的方式来判断这些规则正义与否却是有意义的。哈耶克拒绝评估结果的标准，但这并不排除这样的可能性——存在评估确定结果的规则的公平性的可接受标准，所以他未能证明分配正义是一种幻想。[17]

哈耶克的立场不仅缺乏充分的理由，还是前后不一致的。哈耶克认为，社会正义这种虚幻的理念应该与涉及个人错误行为(wrongdoing)的完善可靠的正义观念相比较。也就是说，哈耶克认为，唯一真正的正义观是调节正义或"纠正性"正义。这个术语来自亚里士多德，他区分了两种特殊正义的形式：第一种是我们现在所说的分配或"社会"正义。[18] 亚里士多德认为，当我们在益品、权利和荣誉等可以在公民之间或平等或不平等地分配的东西上拥有不公平的份额时，我们是在第一种意义上抱怨不正义。第二种正义形式指资格受到侵犯时的正义回应，亚里士多德称之为"纠正性"正义或"调节性"正义，它为个人交易提供纠正性原则。[19]

亚里士多德尖锐地指出，在这些例子中，实现正义的原则并不考虑当事双方的特点或地位，而只考虑一方对另一方所做事情的性质。[20] 然而我们不能只关注盗窃等不法行为。由于盗窃是未经合法所有人许可而取得物品的行为，我们也必须关注人们是否有资格享有自己所拥有的东西。毫无疑问，哈耶克是知道这一点的，但是他对这些资格的描述最终似乎是肯定的，尽管他反对如下观点：一条法律只要被适当签署就变得正义了。

哈耶克拒绝这样的观点——法律本身把特定事物分配给特定个人。哈耶克认为，法律只是规定了这样的规则——根据特定的事实决定某一特定事物属于谁的规则。[21] 因而哈耶克承认某些财产规则可能是错误的。[22] 他认为修改这些规则的唯一标准就是采用与总体规则的一般目标更为一致

41

的新规则,而他认为这些总体规则随着它们所维护的秩序一起"发展"。[23]
但是这并没有在道德上巩固财产法。取消赋予奴隶某些权利的法律可能
会使奴隶制度的法律更加一致,但不会使这些法律更加正义。哈耶克还拒
绝正义的自然义务,这使得他对正义法律只有一个"肯定"的论述,就像传
统公认为正义的法律那样。

如此,哈耶克回避了这样的现实:他所肯定的调节正义预设了对确立
正义资格(侵犯资格是违法的)的分配正义的先在说明。他认为虚幻形式
的正义必须成为现实,这样才能把完整的形式赋予他认为是所有法律之
基础的正义。下面我们将转向认识到这一点的诺齐克正义理论。

四、诺齐克对亚当·斯密"自然自由"体系中的正义的辩护

哈耶克认为社会正义是一种幻想的观点,将效率问题放在公平问题
之前,因为他认为后者不是真正的问题。另一方面,诺齐克支持效率重要
的观点,因为他认为理想的自由市场体系的正义是由构成这个体系的相
互作用的正义作为保障的。如果我们接受这一说法,那么我们就必须拒绝
再分配可能是正义的想法,因为再分配破坏了正义的结果。鉴于通过再分
配实现公平的努力是错误的,分配制度唯一可以接受的关切就是它们的
效率问题。诺齐克假定自愿交易的结果是正义的,而对这些结果的干预会
涉及对权利的侵犯:

> 个人拥有权利,不存在个人或团体对他们做的事情(是没有侵犯
> 他们权利的)……(这意味着)国家可能不会利用其强制性手段来实
> 现让一些公民帮助他人的目标。[24]

诺齐克认识到，哈耶克的立场是不够的。他认为，哈耶克虽然拒绝基于慎思后所选的模式进行的任何分配（不论是平等的还是不平等的），但他未能为资本主义自由市场社会里的分配正义提供非任意的基础。诺齐克认为，分配的正义存在于其内在的生成原则中，而不在于它符合任何独立于其生成方式而被判断为正义的模式。[25] 我们将会看到，这种分配正义观最初看起来并非不同于罗尔斯的正义观，但诺齐克很快就宣称他所思考的生成原则是个人行为的目标，从而将他自己的观点与罗尔斯的观点区分开来。[26]

对诺齐克而言，分配的正义是这样确定的：反复将确立原初资格的个人行为作为个人拥有财产的资格的基础。[27] 如果一个人是通过这样的资格——保证财产从别的合法所有者转移到他身上的合法性——获得某项财产的，那么这个人就有权拥有该财产。如果这样的步骤无限地持续下去，那么财产链上任何人都不能通过这样——另一个人有资格拥有他们的财产才是合理的——被证明是合理的。这个步骤链要证明任何财产是合理的，它就必须以某项财产的原初获得为终结，而这种原初获取本身无须预设任何的财产在先资格就使某人有资格获得该财产。

这一解释至少包含两个基本问题：首先，诺齐克仅仅假设完全正义的步骤的累积（非预期）效果也是正义的，但是他把每一个步骤都视为正义的理由都不能是这些整体的连串步骤被视为正义的理由。[28] 其次，正如诺齐克本人所言，对有用产品的要求不能基于一个人对其有用性的贡献，如果"一个人不能分辨出不同个人的贡献，（这样）所有事物是所有人的共同产品"[29]。

诺齐克试图通过解释如何将个人贡献与共同产品相分离来解决这个问题。如果团体通过社会分工和商品交换以外的方式进行合作，诺齐克认为个人对集体劳动产品贡献的边际产品可能会将它们分离，但他没有给

42

出理由认为，如果贡献者在所有其他贡献保持不变的情况下增加他们对共同产品的贡献，他们的公平份额应该跟他们所产生的盈余成比例。诺齐克坚定地指出，对共同产品的贡献的边际产品并不是这些贡献的实际结果。[30] 因此，个人贡献者的边际产品不能说是揭示了他们共同贡献的产品的公平份额。

诺齐克可能会反驳说，如果一个人接受罗尔斯差异原则背后的正义理念，他确实有理由确立与个人贡献者边际产品成比例的个人贡献者的资格。应该以这种方式确立资格，否则贡献者将缺乏提高他们的生产力从而最有利于最弱势者的激励机制。[31] 然而提高个人贡献者生产力的激励机制不一定采取与边际产品成比例的资格形式。这种资格形式对于这种激励机制是不够的。如果在生产线上，一个人的额外劳动投入在所有其他投入保持不变时只是导致其他贡献者的存货积累，则边际产品可能为零。这些情况不提供任何激励机制。另一方面，确立与边际产品成比例的资格并不是生产力激励机制的必要条件。这种激励机制只要求收入随着贡献者的生产力变化而变化。[32]

我们也不能认为，使市场经济总体生产力最大化预设了与边际产品成比例的资格。这在完全竞争市场的新古典抽象模型中可能如此。然而正如我们所见，完全竞争市场的抽象模型里会发生什么，并不意味着真实市场也会发生什么。在这些模型中，贡献者的资格有时必须高于抽象模型里所暗示的资格，因此偏离了边际产品，正如在管理者不能充分监督预期表现那样，因为他们不能按照市场经济新古典模型所假设的那样完全了解它。[33]

在社会分工采取商品生产和交换形式的情况下，诺齐克假设个人可以在这样的分工范围内利用他们的行为，支持对他们所交换东西的私有财产资格。亚当·斯威夫特(Adam Swift)这样讲述诺齐克的故事：只要自然世界的零星资源是反复地以初始获得为基础的，这样的财产可以合法拥有。错过拥有自然资源的人可能会自愿受雇于资源所有者。拥有资源并雇佣了工人的人可能会利用这个财产来生产和拥有其他商品。[34]

这一图景的困难在于，诺齐克假定商品生产最终以有用商品——仅是个人通过改进免费资源而生产的——的初始获得为基础。正如诺齐克所意识到的那样，这不是任何商品生产的历史基础。诺齐克可能会说这不成问题。我们可能会问，在市场上的商品里隐含着哪些生产阶段。诺齐克的说法是，任何商品的生产都是通过将其生产阶段追溯至免费资源的改进来最终确定的。但是我们没有通过以免费资源的改进为终结的商品而展开的商品生产体系里发现一系列的生产阶段。相反，我们发现，除了每个生产阶段的劳动投入外，始终存在剩余的(尽管总是在减少)商品投入。[35]因此，任何被生产商品的劳动内容都不能还原成劳动和仅由个人在无主的自然界零星资源上的劳动所生产的剩余商品。

也许我们可以表明，从历史上看，商品可以通过最终以个人对免费资源的改进为基础的步骤而为人所拥有，就像诺齐克试图削弱无政府主义对国家合法性的反对那样，他证明了国家能够以不涉及侵权行为的方式出现，哪怕从历史角度看每个国家都伴随权利被侵犯的情形出现。[36]不幸的是，关于商品持有的正义并不能通过以下说法获证，即商品可以根据诺齐克的转移和获得正义原则而出现。私有财产可以被正义地获得并不意味着它被正义地持有。如果是这样，小偷就可以声称他们有权获得他们的违法收益，因为他们可以说明收益是通过成功的赌博获得的，而不管收益的真实起源如何。

社会分工内个人贡献的区分本身就是社会资格结构而不是贡献基础的反映。当一个商品生产和交换体系被看作将生产技术应用到原材料的过程时，它仍然是一种社会合作形式，尽管某些个人贡献可能以自我为导向，并且在时间和地点上与他人的贡献分离。一旦我们考虑如果别人不再发挥他们的作用会发生什么事情时,这是显而易见的。当一个人单独制作某个产品所用的原材料用完时,他就不能再生产该产品了。这表明,一个通过商品交换调节工作的人与通过行政协调工作的人参与社会合作的程度是一样的。因此,商品生产条件下个人贡献的分离揭示了资格,因为分离预设了资格。它不能表明它预设的资格结构是合理的。

哈耶克和诺齐克提出了一些看似合理的理由,呼吁不同的受众接受同一个有限的结论:没有人能够明智地以结果的正义为理由,反对资本主义自由市场经济的结果。不管他们的影响多么大,他们对这个观点——正义需要措施来提高市场结果的公平性——的反对是毫无根据的。我们现在谈谈应该用什么样的社会正义理念来影响政策制定者和媒体专家。

五、效率与社会正义

如上所述,如果生产力的最大化取决于竞争性市场经济,似乎需要在效率和收入平等之间做一些取舍。假设一个生产力最大化的经济体依赖于现实世界的市场竞争,而不是"完全竞争",以确保资源和地位分配给那些最好地利用它们的人。[37] 一个必然结果是,那些资源管理得不太好或技能较差的人会失去对资源的控制权或者无法获得重要地位,因此与那些表现良好的人相比,他们的收入前景会更差。

45   在竞争规则下这种不平等如何能够被证明是公平的呢? 罗尔斯提出他的理论来解决这个问题。从上文可知,罗尔斯赞同哈耶克的观点,即个人结果的正义可能不是通过诸如优点或应得等标准来判断的。罗尔斯提出,按照分配的纯粹程序正义的结果大体上是公正的,而在分配上没有独立于结果产生方式的结果正义标准。[38] 因此,罗尔斯也赞同诺齐克的这种观点:某项财产的正义是其产生方式的结果。事实上,根据诺齐克的定义,罗尔斯的正义理论是一种资格理论。[39] 我们可以临时将罗尔斯的正义原则等同于在获得和转移过程中的正义的原则。这表明，如果一项财产的持有者按照公平"基本结构"的规则获取该财产，或者如果该财产是按照公平"基本结构"的规则转移给持有者的，那么该财产就是被正义地持有的，其中"基本结构"由分配权利和义务，以及分配社会合作的负担和利益的制度组成。

根据罗尔斯的说法，一个公平的体系是有效率的，因此可以说是包括市场竞争的。然而罗尔斯并不是提出一种关于特定结果之间关系的正义目的论，而是提出了一种基于社会基本结构规则公平性标准的道义理论，这种标准限制了可以产生这种高效率结果的不平等的种类。[40] 由于罗尔斯认为正义要求尊重个人（这是他与诺齐克都持有的一个假设），所以公平地平衡竞争性要求的标准要求社会制度的规则在对社会合作利益和负担的竞争性要求之间建立公平的平衡时要尊重个人。[41]

罗尔斯通过"原初状态"的设置模拟了这种平衡。[42] 这个想象状态中的各方考虑他们都可以采用什么作为管理社会制度规则的可接受原则，这些制度负责世代更替中"基本益品"（primary goods）的分配。各方作为社会成员的代表选择他们的原则，这些代表被假定为自由而平等的，拥有罗尔斯所说的两种"道德能力"，并且对他们自己获得基本益品感兴趣，但对其他公民获得基本益品不感兴趣。[43] 因此，原初状态中的各方只可以在罗尔斯所谓的"无知之幕"背后代表公民。罗尔斯将无知之幕背后构成个人福利的"基本益品"定义为"社会条件和通用手段——（作为一种公民可以发展和运用）其两种道德能力并追求其决定性的善观念的必要规则"[44]。根据罗尔斯的观点，基本益品等同于基本权利和自由、权力和机会、收入和财富，以及自尊的社会基础。

46　　原初状态中的公民代表从无知之幕下做出如下决定：相比于可行的

替代性规则的影响，公民是否会接受关于他们获得基本益品的规则的强制性影响（而并没有考虑到这些规则对其他社会地位的占有者的影响）。这并不是假设公民本质上无视他人的利益。它只是为了排除对他人的嫉妒和任何为了他人而牺牲自己可获取的基本益品的责任感。个人可能会从他们自己特定的道德观点出发，心生妒意或相信这种责任，但这些并不能确定制度的规则是否公平。传统上妻子对丈夫和孩子的福利的适当关切就是一个很好的例子。即使一些个别女性可能为了她们丈夫和孩子而自由选择牺牲自涉（self-regarding）的利益，但公平的基本结构并不会强制要求已婚妇女这样做。代表性个人的结果在评估制度规则的公平性时显得很重要，但是由于特定的情况和选择，个人结果可能会有所不同。[45]

"原初状态"设置中隐含的正义制度规则标准，基本结构制度规则只有在下面这种情况下才是正义的：它们不会为了其他社会地位代表性占有者获取基本益品的利益而强制要求某些社会地位的代表性占有者对基本益品的获取程度，低于他们在最有利于最弱势者的规则下的获取程度。这一标准意味着，一个正义的基本结构将排除剥削制度或压迫制度，其中剥削制度允许一些群体以牺牲他人利益为代价而受益，而压迫制度则允许某些人压制他人的基本自由。罗尔斯认为，在考虑合理繁荣的民主社会时，原初状态的各方会一致认为，这种社会的制度规则（在定义上是强制性的）将首先遵循基本自由平等的原则，然后是机会的公平平等原则，最后是差异原则，尽管罗尔斯认为社会的宪法或基本权利不能有意义地要求这样一个全球性要求得以满足。[46]

该标准排除任何并不同时作为提供平等福利结果的制度的帕累托改进（Pareto improvements）的收入不平等。[47]出于同样的原因，它在那些提供了平等份额的帕累托改进的制度中，排除了任何未能为最弱势个人提供最佳结果的制度。虽然这些安排将与代表性个人的各种福利结果相一致，但如果这些结果绘制在表示代表性个人福利分配的曲线上，那么它们的最低点将高于在具有不同规则的制度下曲线的最低点。因此，罗尔斯提出了财富和收入分配正义的部分"模式化"原则，如果不是诺齐克指责罗尔斯所持有的完全"模式化"原则。[48]

六、社会正义与社会秩序

如果我们将罗尔斯关于社会基本结构公平规则的标准应用于这个问题——社会规则是否可以正义地确保个人自出生起就有获得优势地位的明显不同的机会，我们立即就会为当今的社会现存制度的正义带来根本性挑战。我们可以认为理所当然的是，要求废除家庭作为孩子抚养机构的制度结构，会令人难以接受地限制结社自由这一基本自由，我们认为绝大多数人很可能仍然通过组建家庭养育子女以行使这一基本自由。因此，我们现在的社会制度所产生的财富和收入的巨大差异，将使在较富裕家庭中养育的子女比在较贫困家庭中养育的子女更有机会占据优势地位。

巴里呼吁作为他的社会正义方式一部分的充足的公共教育和保健系统，可以减少这种机会差异，但不能在最大程度上可行。[49]要进一步减少机会差异，可以要求更平等地分配财富，限制继承，并将竞争产生的不平等限制在竞争保持生产性所需的最小范围内。在强大的公共教育和保健系统下，这些制度所允许的收入和财富差距可能会小于罗尔斯差异原则自身所允许的差距，以减少出生在或多或少有优势家庭里的孩子之间的机会差异。尽管如此，正如罗尔斯所说，"机会平等原则的执行只能是不够完善的"，部分是因为它受制于自由原则，并且必须允许公民选择家庭作为养育孩子的主要机构，并且部分地因为我们无法完全控制的其他因素也会影响机会。[50]这认为社会规则只能可行地以不那么完善的机会平等为目标,从而转移了哈耶克这样的指责:完善的机会平等要求对生活和环境施加太多的控制,因而是不可行的。

尽管如此,比起当今资本主义社会的制度,符合机会公平平等的制度的平等性更加彻底。根据罗尔斯的观点,只有财产占有的民主或自由社会主义才能符合机会的公平平等的要求,以及罗尔斯正义原则的其他要求。虽然罗尔斯承认福利资本主义有公共教育和保健体系,因而在一定程度上减少了机会的不平等,但他强调关于如下这种说法的根本性变革:根本性变革将排除任何形式的资本主义,因为资本主义是一种基于私有财产的市场体系,其中投资的财富集中在相对较少的个别私人所有者中,他们可以按其所选进行大量投资,以增加财富。[51] 这种说法似乎与菲利普·范·帕里斯(Philippe Van Parijs)对"资本主义"的辩护不一致,但他使用"资本主义"这个词的广义来涵盖任何基于私有财产的市场经济,包括罗尔斯的财产占有的民主——私有财产分布广泛但不是非常不平等的,还包括资本主义本身——少数人拥有大部分生产性财富。[52]

48

罗尔斯否认福利资本主义可以满足机会平等原则要求的可能性,即使福利资本主义的执行没有那么完善,因为资本家的相对政治力量会阻碍公共教育和保健系统的全面发展,并阻止限制财富和收入差距的制度变革,而变革会使出生时占有不同社会地位的人的机会差异减少,少至不明显超过其他差异,也不再是基本结构的持续特征。[53]

罗尔斯认为正义需要机会的公平平等,对这一主张有两个重要的反对意见。托马斯·博格(Thomas Pogge)认为,实际上在原初状态不会选择机会的公平平等。[54] 他声称机会的公平平等可能会削弱最弱势者的地位。假设只对出生于富裕社会地位的孩子进行教育,他们将占满所有必需的优势地位。[55] 那么教育所有孩子以使他们有公平的机会占据优势地位的成本不会带来收入的补偿性增加,因为在任何情况下没有平等机会都这样。

此外,机会的公平平等会减少生产力提高的激励机制,因为这些激励机制不再包括为自己的孩子获得相对优势。在这种情况下,总福利将会减少,而且伴随既定的收入差异,总福利将为最弱势者提供更少的福利。根据博格的观点,原初状态里最弱势者会拒绝为了给他人提供更公平的机会而减少自己的收入。一种反对意见认为,最弱势者与他人有同样多的理由想获取机会,这种反对意见可能被驳回,因为根据定义,他们可能拥有的任何机会必定对增加其相对优势毫无用处,否则他们就不会成为最弱势者。

这种论证很奇怪,因为罗尔斯打算用自己设置的原初状态来取消任何代表富人或最弱势者的特殊辩护。原初状态下的代表并不代表他们认为是最弱势的个人做出决定,因为他们不知道他们所代表的人的社会地位。[56] 他们也不知道一出生便优势的人可以占满所有优势地位,因为他们不知道他们社会的特定经济状况。[57] 他们也不能认为:除非个人有尽可能多的激励机制来提高生产力,不然总体产出将会减少。在原初状态里,问题只是基本结构的规则是否确立了个人代表性阶级的地位,这些规则强制要求在这些地位的人为了他人的利益而牺牲他们获得基本益品的利益。

让我们假设基本结构的规则界定了相对优势和劣势的不平等地位。在这样一个基本结构里,两种地位分别代表那些出生在父母处于远非有利地位的家庭里并长大的个人,以及出生在父母更有优势的家庭里的个人。前一地位的占有者获得基本益品的利益将受到损害,因为基本结构的规则要求他们占据优势地位的前景远低于后一地位占有者的前景。在原初状态里,这样的规则会被拒绝,从而支持为这些地位的占有者提供机会的公平平等的规则。在这里,如果公民的天赋和内驱力(drive)大致相同,那么得以充分实施、符合所有人的机会的公平平等要求的规则会给每个公民大致平等的占有优势地位的机会。

因此,博格的论证只能表明,在某些条件下,一个社会尽可能多地包括可行的机会的公平平等,它可能无法使公民在正义的基本结构下"无悔"地追求自己的生活。一个出生在最弱势家庭的代表性孩子作为这种地位的占有者,会希望社会使他拥有优势地位的前景和其他人的前景平等化。如果他觉得所获的全部帮助毫无用处,因为他仍然是最弱势群体的一员,那么他可能会对自己所获帮助的代价感到后悔。

这种后悔并不会使他的生活前景获得初始帮助这点变得不公平,不管这种帮助最终会是多么的没用。布里格豪斯(Harry Brighouse)和斯威夫特(Adam Swift)似乎不这么认为。[58] 他们说,没有理由去偏向人们在机会方面得到公平对待的情形,而不是偏好对最弱势者更有利的不公平情形。他们对此所隐含的基础是关心"考虑到各个方面的福祉或者福祉的前景",他们认为这比任何公平性的考虑都更为重要。

对其他人来说,公平似乎比福祉更重要,特别是当最弱势者并不是极度贫困时。随着弱势群体优势的增加,对弱势群体优势任何程度的道德优先性肯定会减少。在考虑为什么会出现这种情况之前,我们应该提问的是,允许有优势者在生活里优先考虑自己子女的社会安排,对于改善最弱势群体的收入和财富是否真是必要的。布里格豪斯和斯威夫特假设,如果社会安排不允许优势群体的子女因优势地位而享有不公平的优先考虑,那么他们的工作将不会那么富有成效。然而正如他们所暗示的那样,下面这一点并不是人类心理的规律:人们在会阻止他们不公平地优先考虑自己孩子的社会安排下低效地工作。面对以可行方式尽可能确保机会的公平平等的社会基本结构,优势群体在这些社会环境中会尽他们所能为家庭争取尽可能多的东西。而尚不清楚的是,他们是否会仅仅因为他们的孩子缺乏他们在今天许多社会里会拥有的不公平优势而故意降低工作效率。优势群体可能会希望所有的孩子都获得公平的机会,正如瑞典或芬兰等国家的教育系统可能会给予的那种机会。[59] 因此,能干者子女的优先机会并不是使最弱势群体更有优势的合理必要条件,除非这种优先机会已经是主流社会文化的一部分。[60]

无论如何,能否说像美国这样的国家没有布里格豪斯和斯威夫特所说的"纯粹基本结构"下的瑞典等国家那么正义,这个问题作为对纯粹程序正义范围和局限的评价的一部分,将在第五章中讨论。与此同时,我们可以说瑞典没有美国那么不正义,因为它的不平等对机会的公平平等原则和差异原则的破坏并没有达到美国的破坏程度。美国和瑞典之间的比较,往往会使人更多地怀疑带有封建社会"贵族应有责任"特征的主张——优势群体的经济特权对最弱势群体利益而言是必要的,而不是怀疑纯粹基本结构的方法。

即使在一个社会安排不公平地偏好优势群体孩子的社会中差异原则能够得到满足,我们仍然可以问最弱势群体是否会接受那些为了他们自己更多的收入或财富而不公平地使他们子女的生活前景更黯淡的社会安排。最弱势群体哪怕很穷,很可能会认为,为了自己的一些好处而使子女的机会更少是有损他们尊严的。只有当最弱势群体极度贫困时,他们才有可能为了自己的生存而卖儿卖女为奴。在这些情况下,人们可能做的事情并不表明应该拒绝把机会的公平平等作为正义原则。它仅表明,在非理想情况下,当需要对严重不正义做出正义回应时,我们可能采取的措施会有损正义原则,其中包括应该适用于理想(或接近理想)条件下社会的机会公平平等。

51　　理查德·阿尼森(Richard Arneson)对机会的公平平等原则及其在罗尔斯正义理论中的优先地位提出了另一个重要批评。[61] 他声称罗尔斯的原则太弱,因为它不排除可能会降低一个阶级的抱负的社会化影响。它太强是因为它禁止无恶意的差别对待形式,比如建立一间只雇佣同性恋者的企业。最后，阿尼森明确认为总体利益最大化优先于机会平等考虑，便否认了罗尔斯对公平的强调。这包括拒绝罗尔斯提出的机会平等的"词典式序列优先性"，理由是它需要无限的资源才能在机会平等方面做出哪怕最微小的改进。[62]

阿尼森对机会平等的"词典式序列优先性"所持的异议跟安德鲁·梅森（Andrew Mason）的观点一致。梅森声称，机会的公平平等以词典式序列优先于差异原则，要求采取各种干预消除来自父母或环境或"自然能力"差异（或更准确地说，获得能力的自然能力）的机会差异。[63] 赋予机会平等严格的词典式序列优先性所存在的这些问题是真实的，但可能被搁置了，因为罗尔斯准备重新考虑词典式序列优先性，并承认机会的公平平等不能得到充分实现。[64] 根据词典式序列优先性制定的任何规则必须是可行的。如果纠正对学习的所有各种影响不可行，词典式序列优先性只需要减少机会差异，直到它们不再在由于特定的个人情况所导致的无数机会变化中引人关注。

因此，在可行的优先规则下，机会的公平平等将不会证明为任何个人机会的最小改进无限制地投入资源是合理的。它只需要粗略和现成的机会平等。机会平等也受制于自由原则和保护所有人自尊的社会基础的要求。社会很难将无限的资源用于机会平等方面的最小改进，如果这会破坏自尊的社会基础，以及维持自由原则优先性和基本结构稳定性的人人适度繁荣的境况。

一旦机会平等到足以确保优势地位或劣势地位不会从一代传到下一代，那么使机会平等进一步小幅增加就显得不合理，特别是如果粗略和现成的机会平等不会在由于特定的个人情况所导致的机会变化中引人关注。如果机会平等的小幅增加为当代人或子孙后代的福利带来巨大损失，那这种增加并不是正义的，哪怕严格的词典式序列优先性说这种增加是

第一位的。相反，我们应该将严格的词典式序列优先性修改为一种正义原　52
则高度优先于另一种正义原则，即使这使我们对正义社会的描绘变得模
糊，并且使我们无法对基本结构的特征做出完全明确的决定。

至于阿尼森的其他批评，他首先认为两个具有同等天赋的人同样强
烈地寻求不同职业的情况——一个可能会寻求低薪的宗教生活，而另一
个可能会找一个高薪的土木工程师工作——是没有问题的。[65] 如果这些
职业选择是合法无害的，那么为什么女性只追求成为家庭主妇的"自然利
益"这种社会化违反了正义原则呢？ 其次，阿尼森声称机会的公平平等太
强烈了，因为它似乎谴责这样的政策——让原本受到迫害的少数群体成
员建立一个只雇佣该少数群体成员的企业。[66] 再者，阿尼森声称把机会平
等放在最弱势群体的较高收入之前，是向精英阶层的投降。

阿尼森用个人结果检验罗尔斯的机会平等原则，因此未抓住这个原
则的重点所在。罗尔斯关注的是产生系统性差异的社会的结构特征。机会
平等所关注的不是对个人的歧视，而是要确保，如果存在优势地位，它们
应对所有人公平开放的，不管人们出生时的社会地位是怎样的。这种关注
是注重规则的总体关注的一部分，这些规则可能要求社会地位的占有者
为了他人的利益而牺牲他们获取基本益品的利益。

由于机会的公平平等只是陈述正义的必要条件，如果它与其他原则
结合并不能排除不正义现象，它只能是太弱了。因此，正义的规则不仅要
求人们的机会不受到其父母资源的限制，而且要求他们不会受到减少他
们职业选择自由、行动自由或思想和良心自由等基本自由的其他限制。[67]
性别角色社会化是其他规则所禁止的一个这样的其他限制，哪怕机会的
公平平等本身并不禁止它。

另一方面，在存在不正义的社会里，单独来看并不公平的规则可能会
被接受，因为它们纠正了其他不公平的形式，例如以性倾向为由对他人的

歧视。由于这个理由,建立一家只雇佣同性恋者的企业可能并非不公平。在一个正义的社会里,就业机会不会受到不公平的限制,只雇佣同性恋者的企业可能仍然没有错,如果这个雇佣政策只反映个人的决定而没有对其他人获得工作的机会产生系统性影响。

最后,阿尼森反对这样的观点:公平可能以总体福利为代价,特别是当这包括最弱势群体的福利时。然而牺牲(如果有的话)是为了公平,而不是为了精英阶层。我们可以总结说,机会的公平平等经得起这些反对意见的考验。

七、罗尔斯把资本主义排除在正义社会以外所导致的争议

根据罗尔斯的观点,资本主义不可能是正义的,因为它允许破坏机会的公平平等的巨大财富和收入差异。资本主义也不是公平的,因为它否认所有公民政治自由的公平价值。如果没有这个公平价值,公民就不能放心地认为,在制定法律时,他们的利益会跟其他人的利益一样,会受到大致相同的重视。对于罗尔斯来说,即使在福利资本主义里,财产所有权的不平等也会以"远远超过与政治平等兼容的东西"的方式影响媒体。[68] 对少数人投资水平的控制严格地把公共政策的选择限制在广泛有利于财产利益的选择上,以避免私人投资者失去信心,从而降低经济增长速度。[69]

认为资本主义并不正义的这一基础是有争议的,因为它依赖于有关政治平等条件和优势差异不会世代相传的条件的偶然事实。柯亨声称,资本主义在这些方面可能采取并非不正义的形式。柯亨认为,一些资本主义社会提供政治平等,哪怕这些社会非常不平等。柯亨还声称,机会的公平平等不能排除资本主义,因为资本主义巨大的不平等跟它是一致的。[70] 柯亨的说法反映了对罗尔斯"政治自由的公平平等"和"机会的公平平等"概

念的误解。[71] 对于罗尔斯来说,"政治自由的公平平等"要求公民拥有发挥政治影响的平等机会,而当巨额财富的私人所有者主宰政治代表的资助并控制政治议程时,这一点是不可能的。

机会的公平平等不仅仅是任何一代人如何竞争权威或优势地位的一个特征,还是后代不会因其出生时的社会地位(包括出生时家庭所处的阶层)而受益的一种要求。机会的公平平等要求世代更替保留平等机会,这的确意味着财富和收入的差异不会大到使来自较富裕家庭的孩子比来自较贫穷家庭的孩子有更多获得技能的机会。

其他人可能认为公共教育和卫生系统足以使机会平等。毕竟,罗尔斯承认,"实际上不可能保证天赋相似的人拥有平等的成就和文化机会",还说差异原则的一个优点可能是它会减少因不完善的机会平等追求而产生的不平等。[72]

我们已经了解到某种说法——如果财富和收入的不平等在对最弱势者最有利时是可以被允许的话,那么其他不平等(例如机会不平等)如果也有利于最弱势者, 也可能被允许。有些人就像戴维·埃斯伦德(David Estlund)那样认为,处于重要地位且有较高收入和财富的人在政治上不成比例的影响,可能会增强追求更多财富和收入的激励效应。允许更大的政治影响力或机会不平等可能会带来更高的生产力, 这反过来更有利于最弱势者。[73]

我们可以假设,相比穷人,富人为子女购买更好的健康保健和教育服务,或者在政治辩论上富人比其他人有更多的投入,因为他们可以买得起更多的广告。如果我们设想富人购买穷人的大学学位或者选票,那么允许上述假设可能会使该社会黯然失色。诚然,这些东西不是用于出售的。然而大学学位和选票不用于出售的一个原因是, 它们公开允许富人不公平地偏好自己的子女并获得不成比例的政治影响力。激励效应不能证明富人可能需要的任何安排的合理性。激励措施在提高经济效率方面很重要，但财富或权力的垄断地位所带来的更大个人激励效应并不仅仅是因为它们煽动人们寻求更多的财富或权力。为什么他们应该证明这一点的合理性，即通过更多的媒体资源和更好的教育获得不成比例的政治影响力和为他们的孩子创造更多机会？

埃斯伦德说，允许富人拥有更大的影响力可以增加对政治决策的投入，从而提高政治决策的认识价值。[74] 由于反对意见认为，对政治辩论的更多投入不一定提升其"认识"价值，埃斯伦德回应说，即使是重复且负面的投入也可加强认识，因为人们通过重复"事实、想法和理由"而获得更多的信息。[75] 奇怪的是，埃斯伦德并不认为虚假信息的重复、误导性的想法和似是而非的理由，可能会给公共政治讨论带来较少的"认识"价值。也许埃斯伦德认为，除了公共教育以外，富人都不会出于其他理由寻求更大的政治影响力。埃斯伦德后来指出，让富人兜售虚假信息是接受公民因抗议强大但意识形态化的政治影响力而罢工或采取其他不服从形式的理由，但他仍然未能看到这破坏了他的论点——政治投入的不平等是可以接受的，因为它会增加投入的整体数量，从而增加投入的认识价值。[76]

55　　然而正如埃斯伦德所说，许多人可能认为政治平等和机会平等是对正义分配的"太过严格"要求。诚然，罗尔斯认为资本主义不正义的观点不一定只依赖于这点——资本主义未能满足政治平等和机会的公平平等的要求。差异原则本身可能会排除资本主义的财富和收入的巨大差异。如果竞争性市场的生产力提高只需要适度的财富和收入差异，与资本主义的一些辩护者的说法相反，那么差异原则可能会在政治平等和机会的公平平等下限制财富和收入差异，而非政治平等和机会的公平平等在差异原则的允许下限制财富和收入差异，正如柯亨所认为的那样。

这也是非常有争议的：我们这个时代的传统观点似乎是，任何在资本主义社会里流行的不平等现象的减少会降低总体产出，从而使最弱势者的前景黯淡。为了反对这种传统观点，我们需要指出资本主义的某个基本特征，这个特征可以说是违背了差异原则，因为它不符合罗尔斯公平规则的标准：任何社会地位的成员都不会被强制要求为了其他社会地位成员的利益而牺牲自己获得基本益品的利益。如果可以找到这样的特征，认为资本主义不正义的理由会更有说服力，尽管这些理由并不具有让人无法辩驳的决定性。

在下一章中，我们将考虑马克思对资本主义的批判是否可以证明不正义是内在于资本主义社会结构里的。虽然这个证明将基于马克思对资本主义社会结构的论述——论述本身也存在争议，但它将为资本主义的不正义提供一个理由，它比罗尔斯的偶然主张——资本主义的财富和收入差异破坏了机会的公平平等和政治自由的公平价值——更有说服力。

注释

1. Harold Pinter, *Various Voices*, London, UK: Faber and Faber, 1998, 224, cited in Brian Barry, *Why Social Justice Matters*, Cambridge: Polity Press, 2005, 1.

2. 这是如下著作的主要主题：*The Mirage of Social Justice*, which is Vol.2 in Friedrich A. Hayek, *Law, Legislation, and Liberty*, London, UK: Routledge & Kegan Paul, 1973–1982.

3. Barry, *Why Social Justice Matters*, 234.

4. Arthur M. Okun, *Equality and Efficiency: The Big Tradeoff*, Washington, DC: The Brookings Institution, 1975, 120.

5. 囚徒困境说明了通过易受伤害性的强制作用造成福利损失的可

能性。

6. 这就是所谓的"次优"理论的结论。关于新古典一般平衡理论(e-

56 quilibrium theory)的局限性,可参阅 Joseph E. Stiglitz, *Whither Socialism?*, Cambridge, MA: MIT Press, 1994, Chps. 3, 4, 6, and 7.

7. Joseph E. Stiglitz, *Economics*, New York: W. W. Norton, 1993, 618. 对于斯蒂格利茨来说,这是不寻常的失误,但在经济学家中却很常见。

8. 例如 Nicholas Barr, *The Economics of the Welfare State*, London, UK: Weidenfeld and Nicolson, 1987, 99。

9. Ian Hunt, How the Laws of Economics Lie, *Journal of Applied Philosophy* 18(2001): 128.

10. 在道德和政治哲学家那里,它们的影响力要小得多。

11. Hayek, *The Mirage of Social Justice*, 66–67, 83–84.

12. Adam Swift, *Political Philosophy: A Beginners' Guide for Students and Politicians*, Second Edition, Cambridge: Polity Press, 2006, 20–21. See also Robert Goodin, *Protecting the Vulnerable: A Reanalysis of Our Social Responsibilities*, Chicago, IL: University of Chicago Press, 1985.

13. John Rawls, *A Theory of Justice*, Revised Edition, Cambridge, MA: Harvard University Press, 1999, 7.

14. Hayek, *The Mirage of Social Justice*, 76.

15. Hayek, *The Mirage of Social Justice*, 84, 86.

16. Hayek, *The Mirage of Social Justice*, 84–85.

17. Hayek, *The Mirage of Social Justice*, 100.

18. Aristotle, *Nicomachean Ethics*, Loeb Edition, revised, trans. H. Rackham, Cambridge, MA: Harvard University Press, 1934, 268–69 (1131a, 22–24).

19. Aristotle, *Nicomachean Ethics*, 267 (1131a–1131a10).

20. Aristotle, *Nicomachean Ethics*, 275(1132a–1132a10).

21. Hayek, Law, *Legislation, and Liberty*, New Edition, Vol. 1, Rules and Order, London, UK: Routledge & Kegan Paul, 1973–1982, 82, 108.

22. Hayek, *Rules and Order*, 109.

23. Hayek, *Rules and Order*, 54, 60.

24. Robert Nozick, *Anarchy, State, and Utopia*, Oxford: Basil Blackwell, 1974, ix.

25. Nozick, *Anarchy, State, and Utopia*, 158.

26. Nozick, *Anarchy, State, and Utopia*, 159.

27. Nozick, *Anarchy, State, and Utopia*, 151–52.

28. See Rawls, *Justice as Fairness*, 53–54.

29. Nozick, *Anarchy, State, and Utopia*, 186.

30. Nozick, *Anarchy, State, and Utopia*, 187.

31. Nozick, *Anarchy, State, and Utopia*, 188–89.

32. Philippe Van Parijs, Difference Principles, *The Cambridge Companion to Rawls*, ed. Samuel Freeman, Cambridge: Cambridge University Press, 2003, 203.

33. Joseph E. Stiglitz, The Causes and Consequences of the Dependence of Quality on Price, *Journal of Economic Literature* 25(1987): 4–6, 19–23.

34. Swift, *Political Philosophy*, 32–33.

35. Piero Sraffa, *Production of Commodities by Means of Commodities*, Cambridge: Cambridge University Press, 1960, 34–38.

36. Nozick, *Anarchy, State, and Utopia*, Chps. 2–6.

57　　37. Van Parijs summarizes some arguments for this conclusion in his "Difference Principles." 帕里斯(Van Parijs)在他的"差异原则"中总结了一

些关于该结论的观点。

38. Rawls, *Theory of Justice*, 73–77.

39. Nozick, *Anarchy, State, and Utopia*, 150.

40. Rawls, *Theory of Justice*, 67–72.

41. Rawls, *Theory of Justice*, 156–67.

42. Rawls, *Theory of Justice*, 116–67, 123–25.

43. Rawls, *Theory of Justice*, 18–19.

44. Rawls, *Theory of Justice*, 57–58.

45. Rawls, *Theory of Justice*, 116–67, 123–25.

46. Rawls, *Justice as Fairness*, 42–43.

47. Rawls, *Theory of Justice*, 13–17, 26.

48. Nozick, *Anarchy, State, and Utopia*, 157, 168.

49. Barry, *Why Social Justice Matters*, 5–6.

50. Rawls, *Theory of Justice*, 64.

51. Rawls, *Theory of Justice*, 137–38, 135–36.

52. Philippe van Parijs, *Real Freedom for All: What (If Anything) Can Justify Capitalism?* Cambridge: Cambridge University Press, 1995.

53. 关于该影响的讨论,请参阅 Brian Barry, Capitalists Rule, OK? Some puzzles about power, Politics, *Philosophy & Economics* 1(2002):155–84。

54. Thomas Pogge, *John Rawls: His Life and Theory of Justice*, Oxford: Oxford University Press, 2007, 126–33. This is also argued in Andrew Mason, *Levelling the Playing Field: The Idea of Equal Opportunity and Its Place in Egalitarian Thought*, Oxford: Oxford University Press, 2006, 82–88.

55. 参见 Elizabeth Anderson, Fair Opportunity in Education, *Ethics* 117 (July 2007):608–11。伊丽莎白·安德森认为这是不可能的,因为孤立的精

英将缺乏在他们的地位上表现出色所需的实践知识。这种观点有说服力，但本章无须赘述。

56. Rawls, *Justice as Fairness*, 15.

57. Rawls, *Theory of Justice*, 118.

58. Harry Brighouse and Adam Swift, Equality, Priority, and Positional Goods, *Ethics* 116(April 2006):485.

59. Brighouse and Swift, Equality, Priority, and Positional Goods, 492–93.

60. See Rawls, *Justice as Fairness*, 15. 其中罗尔斯指出，他在有利条件下解决了公平问题，不受任何时候人们所处社会的现有基本结构特征的不良影响。

61. Richard J. Arneson, Against Rawlsian Equality of Opportunity, *Philosophical Studies* 93, 1(1999):109.

62. Arneson, Against Rawlsian Equality of Opportunity, 81–82.

63. Andrew Mason, Levelling the Playing Field, 82–88.

64. Rawls, *Justice as Fairness*, 163, fn 44; Theory of Justice, 64.

65. Arneson, Against Rawlsian Equality of Opportunity, 78–79.

66. Arneson, Against Rawlsian Equality of Opportunity, 88.

67. Rawls, *Justice as Fairness*, 58.

68. Rawls, *Theory of Justice*, 188–89.

69. Richard Krouse and Michael McPherson, Capitalism "Property–Owning Democracy" and the Welfare State, in Amy Gutman ed., *Democracy and the Welfare State*, Princeton, NJ: Princeton University Press, 1988, 86–87. Also see Barry, Capitalists Rule, OK? 180–82.

70. G. A. Cohen, *Rescuing Justice and Equality*, Cambridge, MA: Harvard University Press, 2008, 385.

71. See Ian Hunt, How Egalitarian is *Rawls'Theory of Justice? Philo-sophical Papers* 39,2(July 2010):155–81.

72. Rawls, *Theory of Justice*, 64, 448.

73. David Estlund, Political Quality, *Social Philosophy and Policy* 17, 1 (2000):135.

74. Estlund, Political Quality, 144–47. Estlund calls this an "epistemic difference principle".

75. Estlund, Political Quality, 148.

76. David Estlund, *Democratic Authority: A Philosophical Framework*, Princeton, NJ: Princeton University Press, 2008, 192–96.

资本主义与正义①
——马克思与罗尔斯的理论综合

一、资本主义本质上不公正吗？

前一章已经指出新自由主义社会理想的理由是有缺陷的，这里将马克思的资本主义批判与罗尔斯的正义理论相结合，旨在提出强烈理由反对以资本主义为基础所构建的社会理想。罗尔斯拒绝资本主义，认为它是不公正的，因为它否认了政治平等和机会的公平平等。罗尔斯在其修订版的《正义论》和《作为公平的正义：重述》中明确认为福利资本主义是不公正的，并加以拒绝。有人反对说，罗尔斯大体上看到的资本主义不公正现象可能不属于某种特定资本主义形式的，可能与迄今所知的资本主义形式并不相同。还有人反对说，罗尔斯提出的正义条件过于严格，应该被较为宽松的正义条件所取代。

---

① 本章译文已发表于《国外理论动态》，2018 年第 5 期。

面对这些反对意见,将罗尔斯的正义理论与马克思的资本主义剥削理论相结合,可以强化罗尔斯认为资本主义是不公正的观点,因为这一结合表明资本主义不仅违反差异原则——因为其基本结构依赖于劳动力后备军,还使剥削雇佣工人成为可能。

乍一看,将马克思的资本主义剥削理论与罗尔斯的正义理论相结合,从而为资本主义正义提供强有力的批判,这似乎不太可能。一方面,马克思似乎拒绝正义的理念,认为它是意识形态的幻想。另一方面,正如罗尔斯自己所看到的,马克思的共产主义理想似乎与罗尔斯本人的政治自由主义不一致。[1]然而通过对马克思社会理论的某些欠缺部分进行相对较小的改变,并认为马克思至少有一种含蓄的正义理念——这可以用罗尔斯的正义理论来充实,我们可以实现上述理论结合的目标。

60　二、马克思的资本主义正义观

有种解释认为,马克思宣称资本主义在它自身的条件下是公正的,但是在一个隐含的"更高级"的正义观念下是不公正的,这预设了我们可以判断一个社会比另一个"更高级"的情况。[2]马克思似乎在几点上为一个比资本主义"更高级"的社会制定标准。其中一点是,马克思认为资本主义创造了一个"更高级的新形态"的要素,而新形态提供了更多的自由和更平等的利益分配。[3]未来的社会将有一个"主要原则",即"每个人的全面而自由的发展"。[4]根据市场买卖双方之间公平交易的资本主义管理标准,工人的雇佣只是一种公平交易,而与此标准形成对照的是"与商品生产完全相异化的标准",资本家则据此剥削雇佣劳动。

这些与商品生产"完全相异化"的标准似乎支持了马克思对资本主义制度的讽刺性道德评价,这些评价出现在《资本论》第1卷的关键阶段论述里。[5] 马克思显然希望《资本论》的读者认真对待他对资本主义社会关系的持续、系统且充满感情的批判，批判这种社会关系对工人阶级的侮辱和剥削："在资本主义体系内部……一切发展生产的手段……都变成统治和剥削生产者的手段。"[6] 马克思暗示资本主义是不公正的，因为他将剥削比喻为盗窃，并将统治比喻为诓骗的监禁。有重要的文本证据表明，马克思认为根据"更高级"的社会形态下可实现的正义理念，资本主义是不公正的，尽管马克思认为这种正义理念一般不可以在资本主义自身的内部被接受。

诺尔曼·格拉斯（Norman Geras）指出，也有重要的文本证据表明，马克思认为正义之谈是死胡同，因此放弃了这个话题。[7] 马克思认为，正义只是反映了社会生产关系，并且随着社会生产关系的变化而改变。[8] 格拉斯指出，马克思坚持认为，这种相对主义的观点是考虑正义问题的唯一重要的视角。[9] 格拉斯总结说，马克思本身感到困惑，"他明显的正义概念与他思想中隐含的更广泛的正义概念互相抵触"[10]。

艾伦·伍德（Allen Wood）试图指出，绝大多数文本都表明马克思把正义看作意识形态并放弃对它的讨论。根据伍德的说法，马克思谴责了资本主义对工人的生活所做的一切，但没有谴责资本主义的任何不道德之处。从道德目的论的角度来看，这种谴责似乎是道德上的，因为道德目的论认为，要根据行为或制度的后果来判断行为或制度是对或是错的，但伍德指出，马克思认为道德不管多么的意识形态化，它是这样的一种观点，即行为对错与否的标准是行为是否符合规则而不是看其后果如何。[11] 因此，伍德认为马克思接受某种跟康德分离道德和幸福问题的观点相似的看法，尽管马克思并不认可康德所赋予道德的地位。

尽管如此，伍德承认，马克思为资本主义剥夺了工人的非道德产品这一严格说法采取了一种"道德基调"。他还承认，马克思似乎在道德上谴责

61

那些对工人阶级的痛苦掉头不顾的人。[12] 伍德试图为这种道德化做出辩解。当马克思似乎要从道德角度进行解释时,他有时仅仅指出不符合资本主义社会关系的行为。在其他情况下,马克思谴责破坏任何社会生产关系的行为时,就像谴责背信弃义的行为那样。[13] 然而这不能说明马克思对工人的贫困或掉头不顾者的谴责背后的道德基调,因为马克思并不认为这种贫困和他人拒绝回应贫困的行为,是不符合资本主义社会生产关系的。马克思认为资本主义的社会生产关系倾向于使工人陷入贫困,尽管这种倾向可以在特定情况下被其他倾向所抵消。因此,伍德跟那些指出马克思至少含蓄地认为资本主义是不公正的人一样,都没有对文本证据做出较好的说明。[14]

艾伦·瑞恩(Alan Ryan)说,马克思认为资本主义隐含着不公正现象,因为马克思权衡了流通领域的正义与生产领域的非正义,认为按照资产阶级的标准,后者是更严重的非正义现象。[15] 一种更复杂的观点认为,通过表明自由交换正义中所蕴含的自由理念如何揭露出雇佣劳动者"双重自由"中更为深刻的非正义现象,马克思为资产阶级的正义标准提供"内在"或"内部"的批判。[16] 为对资本主义制度的正义进行内部批判,马克思必须认为资本主义自由交易是公正的观点之中隐含着强迫劳动。上述两种解释回答了马克思为何把资本主义说成是不公正的这一问题,但它们都不能说明为什么马克思的说法似乎也反映了马克思自己的道德信念。尚不明确的是,对资本主义正义的内在批判是否有凭有据,马克思是否认为自己提供了这样的内在批判。

没有任何关于马克思观点的解释可以轻易地与所有的文本证据相一致。尽管如此,下面这种观点——马克思认为,就"更高级"社会形态的标准而言资本主义是不公正的,但就资本主义自身的标准而言资本主义则是公正的——能够符合马克思认为正义是意识形态而明显放弃讨论正义的做法，以及马克思明显的相对主义观点。这也符合马克思的如下观点（哈耶克也赞同），即一个社会的道德及其规则在该社会中通常被视作公正与否，其判断依据是这些规则是否符合该社会整体规则体系的总体目标——维护规则所管理的社会秩序。[17] 这是一个社会学观察，而不是对马克思自身规范性承诺的陈述。

马克思关于道德的更为相对主义的响亮声明可能反映了这种社会学观察，正如马克思所言，"权利永远不能超出社会的经济结构以及由经济结构所制约的社会的文化发展"[18]。马克思明显的相对主义也可能反映了他的黑格尔式观点，即概念在历史中展开，这样正义通过在不同的社会中呈现不同的形式而得到发展。[19] 最后，马克思可能在某种程度上想要对正义轻描淡写，以拒绝采取"公平"的雇佣劳动而非公正的财产分配的政治策略。马克思反对纯粹或主要依靠道德诉求的政治运动，这种观点从批评乌托邦社会主义者的《共产党宣言》一直贯穿到他对《哥达纲领批判》及其后的作品中。这种良好政治策略的观点与认为资本主义是不公正的观点是一致的。

我们可以得出这样的结论：马克思在《资本论》里暗示了资本主义是不公正的观点，不管这是否表明马克思感到困惑，或者只是说他的正义理念还没有完全阐述出来。在这两种情况下，马克思的观点都需要澄清。因为马克思没有清楚地说明他的正义观，所以他是否因为资本主义违反了自我所有权（self-ownership）原则而从根本上谴责资本主义，这仍旧是他留下的开放性问题。[20] 马克思谴责资本主义的剥削犹如谴责盗窃，这似乎是基于以直觉权利为基础的正义观点，沿袭洛克对自我能力及其雇佣后的产品的所有权的解释思路。[21] 根据这一观点，工人有权拥有他们自己的劳动产品，因为他们拥有自己的劳动力。然而不管这种初步印象多大程度上暗示了这一点，马克思也认为洛克的立场与资本家只是从合法的交易机会中获益这一相反观点相一致。[22]工人成为资本主义生产资料的一部分，因为资本家通过劳动力市场的自愿交易而雇佣工人。根据洛克的观点，资本家有权享有他们企业的产品，因为他们拥有产品生产所需的资料，其中包括雇佣工人的劳动能力。而且如果马克思采取了洛克的立场，他要么必须解释为什么即使在社会主义制度下，劳动产品的任何扣减都是错误的，无论其目的多么合理；要么在左派-自由至上主义至左派-自由主义的一系列其他观点中引出另一种正义观，以解释哪些扣减是合理的。[23]

因此，马克思认为资本主义剥削是不公正的观点，要求哲学理论为其提供连贯合理的基础。[24]罗尔斯的正义理论可以提供这种基础，前提是我们可以证明罗尔斯正义理论的应用只会放弃马克思资本主义观点里并不重要的主张。

63 三、马克思的资本主义剥削理论能与罗尔斯的正义理论相结合么？

市场在罗尔斯的正义理论中起着至关重要的作用。在背景正义体制内的市场，允许分配在纯粹的程序正义下进行。这会产生代代相传的公平结果，而这些结果的产生无须参考某些外部正义标准，如应得或优点（merit）等。不管结果在背景正义所设定的界限内是怎样的，这些结果都会是公正的，因为产生这些结果所依据的社会程序是公正的。背景正义所设定的界限确保了社会程序公平地限制了市场累积的扩大结果范围的任何趋势，而这些趋势会使机会的公平平等或公平的政治自由价值消失。[25]

马克思还拒绝基于社会合作参与者的任何单一特征的分配正义标准，例如他们所付出的相对工作量，因为所有这些标准都属于"资产阶级权利（法权）的狭隘眼界"范围内。[26]马克思否认基于这些标准的分配，因为他所赞同的满足多种需要的分配除了支持可以比较个人结果的部分排序以外,不支持任何其他东西。但是马克思不会接受罗尔斯对纯粹程序正义的依赖,即使这是罗尔斯避免按上述马克思所反对的标准进行分配而采取的方式。[27] 依靠纯粹程序正义的分配体系不能从根本上依靠对公正结果的有意识导向,因为缺乏一个判断特定结果是否公正的独立标准。由于程序只有在最有利于最弱势者的情况下才是公平的,程序必须将资源和地位集中在那些对它们采取最佳社会应用的人手中,而不是根据公平标准有意识地导向特定结果。如果只有竞争性的市场经济才能做到这一点,那么它必须成为基于纯粹程序正义的公平分配机制的基础。[28]

马克思拒绝市场关系,因为它们以颠倒的方式内在地混淆并代表了生产者之间的真实社会关系。对生产资源拥有完全私有财产权的生产者将自己视为致力于自身利益的独立主体,而一只"看不见的手"[29] 则引导他们在实践中照顾他人的需求。因此,他们在社会合作中的地位事实上是对他们隐藏起来的,似乎作为一种限制——看上去跟天气一样不受人为控制——限制人们从市场交易中获益的方式。

马克思用另一种方式来解释:"这只是人们自己的一定的社会关系,但它在人们面前采取了物与物的关系的虚幻形式。"[30] 马克思宣称,在宗教里"人脑的产物表现为赋有生命的……独立存在的东西",而类似的拜物教则"同商品生产分不开的",这种拜物教在"自由生产者联合体"所实现的社会合作形式中消失,其中合作处于"(工人)有意识有计划的控制之下"。[31]

根据马克思的观点,宗教将控制自然的斗争想象成支配世界的虚构力量,"只有当实际日常生活的关系,在人们面前表现为人与人之间和人与自然之间极明白而合理的关系的时候",这些宗教想象就会消失。[32] 宗教拜物教反映了人类力量控制自然的真实局限。相应地,商品拜物教应是反映了社会合作的真实局限,马克思认为这些局限是一般商品生产所强加的。

马克思还认为，极明白易懂的社会合作是受到有意识有计划的控制的，就像个人可以做到这样的控制那样，但他不认为，如果没有对管理执行方式进行重大改变就不可能加强管理。[33] 许多人跟亚当·斯密一样，[34] 认为社会合作的巨大规模使协调问题难以用这种方式解决。我们可以注意到这个问题，但不需要对其进行辩论。马克思所提出的对社会合作的管理可能就足够了，但这不是让社会合作采取极明白易懂的形式所必要的。

经济活动的市场协调并不意味着，仅仅因为协调超出了有意识的集体生产协调范围而使自由减少。在不能对我们能力做出某些未来技术的提升的情况下，如果协调的负担不会过大，生产协调的某些方面必须超出有意识控制的范围。总体自由是否减少可能取决于在某些方向的有意识控制的限制——例如市场、分配程序或投票式分配等内在分配手段——是否超过对更重要或基本方面——例如社会合作负担和利益的公平分配——的控制。[35]

自由生产者联合体可以选择商品生产的范围和限制，如果分配正义在没有公平个人结果的独立标准下要求这种选择。联合体可能会选择不采用市场机制来进行某些方面的交换，例如教育或医疗服务的提供，在这些方面，现实世界市场不可能为完全竞争的。联合体可能会在人际关系对交换很重要或者历史传统而非新产品开发更重要的方面——例如传统食品和家庭用品的生产和消费，选择赠礼物的方式。

65　虽然马克思认为社会关系很自然地表现为事物之间的关系，正如浸入水中的一根棍子看上去自然会弯曲那样，但是合适的类比对象应是我们所站立的地球之外其他星球的明显移动，但是这种移动方式似乎并非我们所体验过的移动事物的方式。这不是一种视觉上的错觉，因为看到另一事物移动可能会使我们看起来好像自己在移动，这也提供了在地球静止的时候把其他星球看作移动的基础。[36] 市场的运作只为掩盖如下事实——市场是人类采用且可被人类改变的制度——的思维方式提供基础。

这些思维方式而非市场关系本身,结合资本对劳动力的权力,形成了商品的拜物教。有了最高的、可持续的社会最低收入而不是控制不满情绪所需的最小安全网,再有对高收入和财富集聚的限制,市场竞争看上去就不再是一种决定世世代代命运的不可磨灭的可怕力量。[37]

因此,马克思有理由拒绝采取资本主义生产方式的商品生产,但如果一个以市场为基础的自由生产者联合体能够进行社会化计划的经济活动,而不是由客观无情的力量所支配的经济活动,那么马克思可以接受这样的商品生产。在非资本主义市场经济条件下,自由生产者联合体的条件得到满足的前提是罗尔斯的如下说法是正确的:

> 竞争性体制在其运作细节上是客观自动的,其具体结果并不表达个人有意识的决定。但在许多方面,这是这种体制安排的优点。市场体系的运用并不意味着缺乏合理的人的自主性。[38]

四、对人的管理和对物的管理

罗尔斯在论证马克思对自由主义的批判不适用于他本人的自由主义批判时,认为马克思的未来社会超越了正义。[39] 马克思确实声称,"从按劳分配到按需分配"的原则将适用于超越了"资产阶级权利(法权)的狭隘眼界"的共产主义高级阶段。[40] 如果在这种社会中,正义的例证只是实现一个无可争议并因此非强制性的财富和收入分配,以满足每个人的需要,那么它没有给罗尔斯自由原则以外的正义观念留下空间。

　　我们可以认为马克思有点模糊的原则适用于一个完全富足的没那么乌托邦的社会。我们可以合理推测，一旦马克思的自由生产者联合体的劳动变成共产主义的第一需要，劳动会激发出一直超过生产的需求。[41] 如果情况如此，在共产主义下会有相互竞争的主张，正义的条件仍然适用。

　　此外，马克思"从按劳分配到按需分配"的原则提出了一种互惠性的理念，即人们尽其所能地承受社会合作的负担，就有权享有关于利益的公平份额。共产主义初始阶段的原则也依赖于互惠性的理念，但是要通过所完成的工作来衡量利益的公平份额。共产主义高级阶段的原则拒绝这样的衡量措施，认为利益的公平份额必须充分满足需要。由于在罗尔斯正义理论下的公正社会实现了互惠性和这一要求，所以这样解释的原则与罗尔斯的正义理论是一致的。[42]

　　诚然，罗尔斯关于充分满足需要的想法可能与马克思的不一样，我们也没有任何理由认为，除了这个原则——让尽其所能为社会合作做出贡献的人的需要被满足——之外，马克思会欢迎任何公平分配规则的原则。尽管如此，这是填补马克思对自由生产者联合体分配的概述的一种合理方式。

　　如果马克思的共产主义高级阶段不仅放弃了资产阶级的权利，还完全放弃了权利，那么它不会实现罗尔斯的正义观念。恩格斯认为，共产主义高级阶段并不需要权利，因为它放弃了"对人的管理"，只留下"对物的管理"。[43] 在马克思的自由生产者联合体中，国家衰亡了。

　　衰亡的国家是执行社会合作所依据的既定制度规则的机构，绝大多数致命武力最终支持对破坏规则行为的惩罚。罗尔斯声称，需要能实施刑事制裁的机构向公民保证公平的规则通常会得到遵守，尽管这些强制性机构几乎不怎么采取行动。[44] 我们只需要认为，国家之所以衰亡，是因为最终得到致命武力支持的执法机构将在很大程度上退回至罗尔斯所设想的那些在良序社会中实施制裁的机构的角色。尽管国家已经大大衰落了，正义和权利仍然有一席之地，即使马克思假定它们不会有一席之地。另一方面，集体自由地追求共同的和大多数人的利益的社会机构——在另一种意义上被称为"国家"——将在马克思的共产主义内蓬勃发展。

要用罗尔斯的公平基本结构规则的标准来支撑马克思对资本主义的道德批判，我们只需要对马克思的社会理论进行两个不那么重要的改变：抛弃马克思关于未来社会理想中的一些乌托邦元素；通过承认资产阶级权利之外有正义和正当（right）的存在，对马克思关于自由工人联合体会超越资产阶级权利眼界的主张设置限制。

五、罗尔斯正义论与马克思的资本主义理论

按照马克思的说法，从表面上看，资本的雇佣劳动似乎不会经不起罗尔斯基本结构分配制度的公平规则的考验："在流通领域或商品交换领域……那里占统治地位的只是自由、平等、所有权和边沁。"[45] 社会并没有给工人强加一种社会认可的责任，即为了占有其他社会地位的人的利益而不是为了自己的利益行事，就像封建制度或传统的婚姻制度一样。[46]

然而资本主义市场体系的制度规则，确实要求工人接受财富和收入分配的所有后果。罗尔斯认为，这破坏了政治自由的公平平等和机会的公平平等原则。如果马克思是正确的，那么这也违背了罗尔斯的差别原则，并且削弱了工人讨价还价的地位，使他们在工作中被剥削和被主宰。

资本主义社会实际上有很多种，它们现在正以多种方式在全球市场中彼此联系。例如，美国资本家企业的许多雇员不是美国公民，这一点在美国边境一侧的墨西哥国内的美国工厂里最为突出，墨西哥工人被雇来生产直接运回美国的产品。美国合法的常驻工人阶级规模接近劳动力的

50%，这比其他地方大约 70% 的比例要低一些。[47] 正如埃里克·奥林·赖特（Erik Olin Wright）所说，美国工人阶级的低比例可能是由于美国公司的全球分布所致。[48] 资本主义国家的其他变化来自资本主义生产方式与非资本主义生产方式相结合的方式，这在印度是最为明显的。鉴于这种多样性，我们需要用伽利略抽象（Galilean abstraction）的手段来确定资本主义生产方式的中心特征。[49]

在《资本论》第 1 卷中，马克思首先从中等阶级和其他生产方式的复杂性的角度，讨论了抽象的资本主义生产方式。在他所描绘的资本主义生产方式里，资产阶级以各种方式拥有雇佣工人阶级的企业，而这些工人缺乏个体经营的生产资料所有权，并且不可能找到其他就业形式，例如在政府或非营利组织的工作，更不可能成为现在的"个体经营户"。在《资本论》第 1 卷第 25 章，以及前 1 章第 3 和第 4 节中，马克思认为投资后的资本主义增长会导致大量求职人口失业。资本的私人所有者只会在预期他们的投资会持续获利的情况下增加他们对企业的投资，而且只有当他们认为剩余劳动力会持续出现时才会这样预期。[50]

如果资本主义企业私人投资的平均增长率低于劳动力供给的增长率，那么剩余劳动力很可能会出现，劳动力供给增长率的决定因素是每年社会内部家庭的成年子女人数，每年经济体里增长速度慢于其人口增长速度的其他非资本主义组成部分的人数，以及移民人数。另一方面，当预期劳动力短缺的企业投资于节省劳动力的技术变革，以抵消工资上涨所导致的利润减少的预期时，即使资本主义企业的投资率高于劳动力供给的增长率，剩余劳动力也很可能会出现。这种投资可以保证劳动力需求增长率低于劳动力供给增长率。[51] 马克思并没有声称需要某种形式的协调来这样维持劳动力的过剩，只是认为投资者期望从他们所投资的企业中获得跟其他任何投资一样多的回报，而且企业会单独应付威胁到投资回报率的劳动力需求的预期增长。[52]

这些私人投资者的银行政策和决定确定了投资的频率和形式，这样劳动力过剩成为资本主义的制度特征，尽管其规模可随着时间的推移而扩大或缩小。因此，马克思认为：

> 所以相对过剩人口是劳动供求规律借以运动的背景。它把这个规律的作用范围限制在绝对符合资本的剥削欲和统治欲的界限之内……使相对过剩人口或产业后备军同积累的规模和能力始终保持平衡的规律把工人钉在资本上，比赫斐斯塔司的楔子把普罗米修斯钉在岩石上钉得还要牢。[53]

尽管马克思的"产业后备军"可算作罗尔斯正义理论里的一种社会地位，但它不是一个像婚姻那样的官方既定的制度地位。马克思引用了皮尔（Peel）先生的例子，皮尔带着工人到西澳大利亚的斯旺河边上为他耕种，但最后工人反过来占据了土地，这表明劳动力后备军是一种资本主义制度。皮尔先生的失败例子揭示了"在殖民地"里的一个事实：过剩人口对资本主义来说如此重要，甚至不得不由政府政策人为地创造。[54]

69　　可以承认的是，临时失业者在劳动力市场上只是处于在一个雇主与另一个雇主之间的过渡阶段，并不是罗尔斯正义里的社会地位。这也适用于马克思所说的那些处在"赤贫境地"的人或所谓的"破落无产阶级"，因为马克思把他们的赤贫与无法就业联系起来，这表明他们可以被看作"失去阶级地位"的。[55]

人们也可以承认，劳动力后备军或"相对过剩人口"并不是每个可以称为"资本主义"的经济体系的特征。菲利普·范·帕里斯主张，他称之为"最优资本主义"的私有财产体系里，所有超过一定规模的工厂都是工人合作社,并不需要劳动力后备军。[56]帕里斯对"资本主义"采取一种宽泛的定义,涵盖了所有的私有财产市场体系,所以他所说的"最优资本主义"实际上是罗尔斯所谓的"财产占有的民主"的一个版本。但是罗尔斯明显地区别了"财产占有的民主"与资本主义,因为罗尔斯认为,只有当一个体系内部的某些个人能够仅从企业——雇佣听从于管理特权的工人——投资中获得舒适的收入时,该体系才是"资本主义"的。

马克思认为劳动力后备军是资本主义的制度特征,对于此观点,另一种反对说法是,如果真是这样,那么人们就会认为,只要劳动力供给超过了对劳动力的需求,工资就会继续下降。然而劳动和劳动力都不仅仅是一种商品,它们不能与卖方分离,而且如果工人是自由的,他们的收入不能如此低,低到让卖方在辛劳中饿死。

马克思认为,在存在劳动力后备军的情况下,工资会下降到仅能维持生存的水平,但正如斯蒂格利茨所言,其他因素也决定了均衡工资。[57]雇员工作监督管理的实际局限,以及对或多或少有些技能的劳动力的不同要求,可能导致某种均衡工资或不止一种均衡工资,且高于市场结算工资率并高于生存工资。支付更高的工资是为了让工人不太可能相信以下原则:"他们假装支付我们,我们假装工作。"[57]

资本主义劳动力后备军的压力降低了生存工资和市场结算工资率的溢价,这种溢价购买了有效资本主义管理下足够的雇员忠诚度或害怕被解雇的危机感。正如施韦卡特所说,资本主义企业仍然可以在资本主义制度之外存在,但前提是他们的高效生产力或特殊产品能够让他们支付更高的效率工资(efficiency wage)且能够获得可观的利润。[58]

把在资本主义制度下处于最弱势社会地位的群体视作马克思的劳动力后备军,问题在于其他可行的社会体系的最弱势群体是否拥有更多的优势。施韦卡特似乎理性地认为,他称之为"经济民主"的体系是可行的, 70

因为其最弱势群体比马克思的劳动力后备军更有优势。[59]经济民主提供充分的就业机会,国家更是作为万不得已时的雇主。[60]尽管经济民主会有一些失业工人,但这些工人只会暂时失业,不会构成劳动力后备军。

施韦卡特指出,"经济民主"的基本特征是:①企业是民主管理的,②资源和消费品是通过市场经济来分配的,③新的投资是社会控制的:由资本资产税收筹集的投资资金按照民主的、符合市场的计划进行分派。[61]

到目前为止,这与罗尔斯的"私有财产占有的民主"或"自由社会主义"是一致的,但罗尔斯对此并没有详细讨论。[62]财产占有的民主的最明显模式是工人合作社的体系,例如蒙德拉贡(Mondragon)合作社体系。[63]施韦卡特的"经济民主"似乎是罗尔斯自由社会主义的最明显模式,但这并没有在任何地方实现过,尽管施韦卡特声称蒙德拉贡体系在某些方面预示着经济民主或自由社会主义。[64]

施韦卡特认为,一个体系成为一种经济民主的进一步条件是,企业的生产资料将在政治民主下被社会所拥有,这使得经济民主成为罗尔斯自由社会主义的一种形式。施韦卡特表明,经济民主像资本主义一样高效和创新,尽管其对国内生产总值增长的推动作用要小。[65]

可以反对说,这种增长放缓将意味着,不管起点如何,在资本主义制度下最弱势群体最终会比经济民主制度下的最弱势群体过得更好。现在,包括资本主义社会在内的社会都无法以指数速度永久增长,因为这涉及对物质资源需求的指数增长。持续的指数增长可能会在服务业增长的基础上出现,而无须物质资源的需求相应地增长。即使这种经济增长形式很可能在经济稳定的情况下结束,但是变化仍然可能随着新产品取代了旧产品而出现。

无论如何,就马克思的资本主义理论而言,资本主义下持续的经济增长并不意味着工资或失业补助的持续指数增长。由于资本主义企业只追求自身增长的最大化,它只会意味着资本主义收入持续呈指数增长,但是如果资本主义消费不能维持对消费品的需求,就会出现稳定问题。

正如马克思引用皮尔先生的例子所说明的那样,高于失业者接近生存水平的收入会削弱资本家对实现资本增长率最大化所必需的工资和条件的讨价还价能力。对于资本主义持续存在的时代,资本主义下的经济指数增长只会导致社会其他群体与最弱势群体——马克思的"产业后备军"或中长期失业者——之间的条件差距越来越大。[66]

虽然布坎南说过,对市场社会主义的回顾不在他那时对马克思的资本主义批判的最近研究范围之内,但他声称,如果不说明会有比资本主义更具生产力的替代制度,这种批判将是站不住脚的。正如布坎南所言,我们没有像马克思所设想的那样,往共产主义社会的方向进行这样的说明。[67]然而施韦卡特给了我们一个关于市场社会主义的合理说明,认为它的最弱势群体比资本主义的最弱势群体更有优势,因而是可替代资本主义的制度。因此,我们可以理性地认为资本主义是不公正的,因为它违反了罗尔斯的差异原则。

从另外一个角度而言,资本主义在罗尔斯的正义理论下也是不公正的。根据罗尔斯的正义理论,如果一个基本结构的规则强制要求一种社会地位的成员,为满足另一种社会地位成员的要求而拥有较少的基本物品,少于他们在对最弱势群体最有利的社会里所拥有的基本物品,那么这个基本结构的规则就是不公平的。劳动力后备军的存在给那些寻求就业的人带来了压力,他们不得不接受以下条款和条件,即在法律所制约的情况下,他们要尽可能富有成效地努力工作以使他们所在企业的资本增长最大化。因此,比起在对最弱势群体最有利的社会里,资本家的雇员被迫更多地为了雇主的利益而工作,因为前者没有马克思的劳动力后备军。

当然,雇员就业的情况要比他们失业时的情况要好得多,但如上所述,他们的处境比在公正的基本结构里的处境要糟糕。因此,资本家的雇员受制于罗伯特·梅耶尔(Robert Mayer)所说的"二级剥削"[68],即受害人在现有社会安排下相对于其他情况而言的确获利,但是比在公平的社会安排下的处境要糟糕得多。资本主义法律制度的观点是,对于选择就业机会的雇员没有不公平待遇,因为他们比属于失业后备军要好得多:"贫穷从来不被视为公平救济的理由。"[69]

这类"二级"剥削因此以社会的基本结构为基础,它不同于许多基于特定条件的个别且常常是非法的剥削类型。这是马克思关于资本主义剥削的观点,而且马克思认为雇主不公平地利用雇员对失业的恐惧,使他们更加努力地工作并给他们更低的工资,所以马克思的观点意味着资本家的雇员受到梅耶尔所说的二级剥削。这可以通过描述梅耶尔的二级剥削类型和马克思所理解的剥削之间的关系来表明。

72

梅耶尔提出了三种剥削类型,在这些剥削类型中,受害者相对于他们在公平情况下的处境都显得更加糟糕,但是如果在他们不公平的社会环境中没有受到剥削,他们的处境不会更糟。马克思只关心在财富和收入分配方面利益的不公平获取,而不是梅耶尔所考虑的其他情况,例如因为未能为某些集体活动贡献公平份额而占了他人的便宜。[70]另一个例子是,不公平地利用人们为攀上权力位置或地位而产生的恐惧或愿望,即不公平地激发了这些恐惧或愿望,或提供虚假承诺,往往这些承诺在资本主义制度下的出现会给政治家一个利用公众的恶名。

从欺诈或勒索中获利也是在财富和收入分配方面采取不公平的优势,但是马克思关心的是另一种传统上被认为公正或可接受的制度形式,而不是那些通常被认为不公正并且根本上关乎个人之间特定关系的剥削形式。马克思的资本主义剥削是资本主义不可分割的一部分,这种剥削关系的根本承受者是由人组成的阶级而不是个人。虽然梅耶尔自己的二级剥削例子,例如血汗工厂或垄断,涉及人们被骗的案例,马克思却煞费苦心地争辩说,资本家的雇员通常根本就不是真正被骗。[71]

梅耶尔认为,马克思的资本主义剥削理论也涉及他所谓的"三级剥削",其中剥削者从不应该被交易的东西的交易中获益。梅耶尔比较了马克思的主张——资本家利用了买卖工人劳动力的做法——与阿奎那的主张——人们不应该放高利贷。[72]这可能是马克思剥削观念的一个要素,因为马克思认为没有什么(包括劳动力)会成为自由生产者联合体的一种商品,并可能认为劳动力在公平的社会中不会成为商品。

然而梅耶尔忽视了马克思的主要观点。对马克思而言,雇佣劳动是一种雇佣奴役。资本主义的所有权制度强制性地使工人拥有自己的生产资料以谋生的可能性极小,因此劳动力后备军存在的压力迫使他们按照有利于雇主的条款向资本家或任何其他雇主出卖他们的劳动力。马克思认为,尽管资本主义制度与历史上的奴隶制一样以强制占用为基础,如盗窃公共土地等,但它是一个自我再生产的社会体系,以不断扩大的规模,在生产资料上再生产资本家的财富和工人的贫困。

因此,马克思通过他所谓的"剩余价值率"来衡量剥削程度,以避免如下想法,即当工人获得的报酬低于他们所生产的价值时,他们被骗了。马克思的剩余价值率是某种关系的资本主义形式所特有的,马克思认为这种关系在每一个剥削社会中都存在的:

> 凡是社会上一部分人享有生产资料垄断权的地方,劳动者,无论是自由的或不自由的,都必须在维持自身生活所必需的劳动时间以外,追加超额的劳动时间来为生产资料的所有者生产生活资料。[73]

马克思对剥削的衡量方法受到了批评,一方面因为它作为衡量个体如何或多或少被剥削的方法,并不容易理解;另一方面因为它被认为与受到广泛批评的马克思的劳动价值理论有关。[74] 其中有些批评,包括柯亨拒绝把剩余价值率作为剥削衡量方法,在不同形式的剩余价值被区分时站不住脚,而且马克思的剥削在其根本形式上被看作阶级之间的关系,而不是个人之间的关系。[75]

无论如何,剩余价值率都可以作为剥削的衡量标准,不管是否还存在马克思劳动价值论的可辩护形式。因为不管价值是否或如何决定价格,我们都可以理解马克思的观点,即作为劳动生产率的倒数。正如艾伦·伍德曾经说过,劳动价值论是否属实,这本身对资本家剥削雇员的观点而言,既不是必要也不是足够的。[76]

马克思对资本主义剥削的衡量表明他认为剥削是这样的过程:当雇员的工资连同资本折旧和所用原材料的成本均由所生产产品的价值所覆盖时,工作日的时间长度超出了盈亏平衡点。对于工作日里超过这个盈亏平衡点的每一小时,所生产的产品将留下对应于该产品某部分——在盈亏平衡点之前用于支付工资的部分——的剩余。鉴于此,在不损害工人健康和工作能力的情况下,资本家将延长工作日时间(可能不到 16 小时),使所产生的最大利润提升到一个上限。因为劳动产品是商品,所以马克思用"剩余价值"形容上述工人生活再生产所必需的劳动之外的剩余劳动。所以剩余价值率是剩余价值除以工人生活所需的价值的比率。

74 尽管马克思的资本主义剥削论和梅耶尔的其他例子——引用了个人或非法行为的例子——有所不同,但是它是梅耶尔的二级剥削的一个典型。它是被以下条件所定义的,这些条件规定了它的社会基础,它对剩余劳动的占有形式,以及使占用剩余劳动成为可能的强制形式。

(1)作为财产所有者阶级的资产阶级购买工人阶级的劳动力,

后者缺乏独立生产的资料,必须出卖他们的劳动力来生活。而且他们被雇佣后,用资本家拥有的生产资料生产商品用于市场销售,必须按照雇主的条款和条件,不然就会被解雇。

（2）资产阶级直接占用工人生产的商品用于市场销售,也就是说,商品所有权没有事先得到社会承认,所以资产阶级在交换中不需要为商品支付任何东西。

（3）这种占用指从工人那里强制获取,获取手段不是靠公开的、社会授权的对违规的制裁,而是靠劳动力后备军的存在给工人带来的长期威胁,即如果工人不遵守资本家的条款和条约就可能失业,并且这也带来了恐慌,即一旦被雇佣后,如果工人不能按照指令工作就会被监督者解雇的。[77]

使剩余劳动的占用在这种剥削形式下成为可能的强制行为,在公正的社会环境下是不可行的。在没有劳动力后备军的情况下,工人不会担心找不到工作,哪怕这些工作的条款只是有利于资本家。他们也不会担心因为拒绝为雇主的利益过分努力而被解雇。如果没有这些担忧,工资和就业条件在公平的情况下会比在资本主义的情况下要好。因此,马克思的资本主义剥削是梅耶尔意义上的二级剥削类型。

我们只把罗尔斯的正义理论与马克思资本主义理论里已被某些经济学家证明是正当有理的部分结合起来,然而由于经济学还不是一门科学,所以甚至就某些非常基本的问题达成共识也是不可能的。[78] 马克思资本主义理论的其他内容,例如他的劳动价值论,在某些解释下可能是合理的,但我们不需要考虑这些,因为我们只关注马克思"使用价值"概念来衡量资本主义剥削的理论。

75　六、社会主义和政治自由主义

就应用罗尔斯的正义理论来支持马克思对资本主义的道德批判而言，最后还有一种反对意见，即马克思对社会主义的承诺与罗尔斯的政治自由主义不一致。这不是指佩弗所认为的粗陋主张，即马克思对集体组织形式的承诺与罗尔斯所认为的基本自由在有利条件下应该具有的优先权是不相容的。[79] 相反，这种反对意见应该是如下观点，即在多元社会中实行社会主义必然要对某些人进行压迫，包括那些认为私有财产是个人自治的重要条件的人。既然他们的这些观点可以被视为合理的道德观点，那么压制它们就会违背政治自由主义。

马克思确实声称，随着新社会取代资本主义，新社会的组织应有利于对资本主义私有财产的强迫压制。这个新社会只是被视作对资本主义不公正现象的公平回应。马克思认为新社会本身并不是一个公正的社会，因为从旧社会诞生的它被印上了旧社会的胎记。因此，马克思关于自由工人联合体的理想并不要求一个公正社会的宪法或基本权利排除私有财产。

只要社会主义不是社会的一种宪法要求或一项基本权利，就可以通过民主政府的立法选择自由社会主义而非私有财产经济，而这种选择不会与罗尔斯的政治正义观相冲突。这会产生强制性的影响，因为赞成私有财产经济的公民将无法追求他们这一理想，并将被迫支持他们不相信的制度。他们的自由将受到限制，尽管他们可以在由自由社会主义制度所主导的市场经济中个别地建立私人资本主义公司。

但是由于代替私有财产经济的理想只能通过与其他人的集体行动来实现，所以选择自由社会主义跟排除只有少数公民支持的计划而选择一项公共支出计划一样不具压迫性。支持私有财产经济的人被强制要求支

持对社会主义经济制度的公共资助，跟支持经济不受限制地发展的人被
强制要求支持对荒野公园的公共资助一样，或跟社会主义者被迫接受生
产资料私有制的主导性一样，如果有大多数人支持的话，就不具有压迫
性。此外，如果马克思更为至善主义的理念不是作为宪法要求或基本权利
而被强加执行的话，那么促进马克思社会理想里非异化劳动等其他方面
且获得大多数人支持的立法，也将与罗尔斯的政治自由主义相一致。

76　　　可能会有人反对说，罗尔斯不把对一种私有财产形式的压制视作"压
迫性事实"时，表现出前后不一致，因为他认为使公民坚持一种整全性道
德学说是一种强迫，哪怕这种学说与密尔的学说一样自由。[80] 如果对多数
人支持的宗教进行公共资助有效地压制了少数人的宗教，从而可能导致
"官方罪行……残暴和残酷"，那为什么对社会主义制度的公共资助不会
也导致这些结果呢？ 有些人可能认为，罗尔斯把良心自由纳入基本权利
里，但没有类似地把生产性财富的私有财产权也纳入基本权利里，这是罗
尔斯政治自由主义的缺点。[81]

　　　对于制定生活的目标并能够理性地追求或修改它们而言，个人私有
财产权可能是必要的，但是对于实现罗尔斯的两种"道德能力"而言，支持
以私有财产为基础的经济的生产资料私有财产权并非必要的。由于罗尔
斯并没有这样赋予自由优先权，或者认为投资的私有财产权是基本的，所
以国家采用自由社会主义对罗尔斯而言不会成为压迫性事实，正如国家
采用会损害思想自由和良心自由的多数人的宗教那样。

　　　正如罗尔斯所说，任何现实社会都必须解决如何生活的问题，而这些
问题不是通过就什么是公正达成共识而得到解决。[82] 社会必须超越正义
的框架，就什么对社会有利的问题做出多数人会选择的决定，而无须把这
个决定作为一项宪法根本或基本权利。选择大规模生产的公有制或私有
制的多数人的决定，也不会将公有制或私有制作为实践的基本权利，正如

我们对施韦卡特经济民主的讨论那样，就大规模生产由集体企业还是国有企业组织而言，从中做出选择可以不用大为干扰产业生产结构。

因此，使用罗尔斯的正义理论支持马克思对资本主义的道德批判，并不与马克思的至善主义承诺不一致，哪怕承诺远远超出了政治自由主义本身承诺的措施。有理由接受与社会正义相适应的社会善（social good）观点——如马克思的社会理想——的政治多数派，也可能会接受远远超出社会正义问题需要的措施。马克思社会理想的善是否可以在完全公正的社会中吸引大多数公民，这个问题还有待回答。

七、马克思和罗尔斯的资本主义正义观相结合的适用范围和局限

马克思资本主义理论的合理观点与罗尔斯正义理论的相结合表明，资本主义违背了差别原则，因为在资本主义下，私人富有者通过投资决策行使的权力创造了马克思称之为"劳动力后备军"的制度。[83] 它也表明，就 77 "剥削"的某种意义而言，资本主义企业所有者剥削了他们的雇员。

这强化了罗尔斯认为资本主义不公正而拒绝资本主义的理由。一方面，罗尔斯不需要明确指出福利资本主义是不公正的，以纠正《正义论》的观点。马克思的资本主义理论认为，在资本主义制度下雇佣劳动制度是不公正的，这为罗尔斯的观点——任何形式的资本主义，包括福利资本主义，都是不公正的——提供了补充理由。另一方面，罗尔斯的正义理论支持了马克思的观点——资本主义以对雇佣劳动的不公正剥削为基础，使它更加连贯且令人信服。

马克思对商品生产的批判强调了私有财产权破坏有意识的自由合作形式的可能性。商品交换预设了私有财产权的一些要素，赋予企业工人和管理者一定程度的独立性和主动性，以及接受行使其独立主动权利的某

些好或坏的结果的责任。由于这些私有财产要素不需要呈现完全理想的形式，这种独立性与对计划和投资的集体控制是一致的，就像在机构内部具有某种程度专业自主权的专业雇员仍要对这些要素负责一样。尽管如此，马克思认为私有财产要素对经济生活的自由集体控制施加的限制太大，使我们有理由对私有财产要素的适用范围持谨慎态度，我们也有理由在罗尔斯的正义理论下选择自由社会主义，而不是私有财产占有的民主。事实上，罗尔斯甚至承认这种选择可能是最好的。[84]

假设政治自由主义定义了一个公正的基本结构，在社会的正义体系确定之后，在做出以多数人为主的社会选择时仍然可以采取两种可能的路径，分别是"右翼-罗尔斯主义"和"左翼-罗尔斯主义"。罗尔斯可能会沿着右翼的路径做出他的选择，因为他知道他周围的文化非常强烈地支持私有财产，他认为大多数公民更喜欢私人生活而非公共生活。另一方面，马克思的社会理想可以沿着左翼的路径被采纳并发展起来。在我们选择社会理想时，马克思和罗尔斯资本主义正义观的综合并不阻止分歧的出现。

注释

1. John Rawls, *Justice as Fairness: A Restatement*, ed. Erin Kelly, Cambridge, MA: Harvard University Press, 2001, 177.

2. Norman Geras, Bringing Marx to Justice: An Addendum and Rejoinder, *New Left Review* 195(1992): 44–45.

3.《资本论》第1版第3卷第924页。Karl Marx, *Capital*, Vol.3, Harmondsworth: Penguin Books, 1981, 958.

4.《资本论》第1版第1卷第649页。Karl Marx, *Capital: A Critique of*

Political Economy,Vol.1,intro. Ernest Mandel,trans. Ben Fowkes,Harmond-sworth:Penguin Books,1976,739.

5.《资本论》第 1 版第 1 卷第 100、667、931 页。Marx,*Capital*,Vol.1,732. See also 301–2,448–54,548–50,730–34,738–43,792–94,798–99.

6.《资本论》第 1 版第 1 卷第 707 页。Marx,*Capital*,Vol.1,799. See also Norman Geras,The Controversy About Marx and Justice,*New Left Review* 150(1985):57.

7. Norman Geras,The Controversy About Marx and Justice,85.

8.《资本论》第 1 版第 3 卷第 379 页。Karl Marx,*Capital*,Vol.3,460–1;and Karl Marx and Friedrich Engels,–*Selected Works*,Vol.3,Moscow:Progress Publishers,1970,16.

9. Geras,Addendum and Rejoinder,63.

10. Geras,Addendum and Rejoinder,65.

11. Allen W. Wood,The Marxian Critique of Justice,*Philosophy & Public–Affairs* 1(1972):244–82;and Allen W. Wood,Karl Marx,(*Arguments of the Philosophers*),Second Edition,London:Routledge,2004,148–50. Steven Lukes,*Marxism and Morality*,Oxford:Clarendon Press,1985,类似地区分了法的道德与马克思的解放道德。

12. Wood,*Karl Marx*,155.

13. Wood,*Karl Marx*,153–55.

14. Allen E. Buchanan,Marx,Morality,and History:An Assessment of Recent Analytical Work on Marx,*Ethics* 98(1987):123–25,也批评伍德忽视了马克思如何反驳关于资本主义财富公平性的辩护，并且未能看到资本主义财富的影响（即使我们认为这些影响是公正的）也只有在可以避免的情况下才算是坏的。

15. See Alan Ryan, Justice, Exploitation and the End of Morality, in J. D. G. Evans, ed., *Moral Philosophy and Contemporary Problems*, Cambridge: Cambridge University Press, 1987, 125.

16. See Antii Kauppinen, Recognition, and Internal Critique, Inquiry 45 (2002): 479-98, and especially 482-84. 马克思提到工人的"双重自由", 参见 *Capital*, Vol.1, 272-73.

17. Friedrich A. Hayek, *Law, Legislation, and Liberty*, New Edition, Vol. 1, Rules and Order, London, UK: Routledge & Kegan Paul, 1982-1987, 54, 60.

18. Marx and Engels, *Selected Works*, Vol.3, 19. 关于以此为基础的论述, 参见 Philip J. Kain, *Marx and Ethics*, Oxford: Clarendon Press, 1988, 170.

19. Sean Sayers, *Marxism and Human Nature*, London, UK: Routledge, 1998, 123.

20. Gerald. A. Cohen, *Self--ownership, Freedom, and Equality*, Cambridge: Cambridge University Press, 1995, 12; see Geras, Addendum and Rejoinder, 53-54 and 59-61.

21. Cohen, *Self--ownership, Freedom*, and Equality, 146-55.

22. Marx, *Capital*, Vol.1, 301, 731.

23. Cohen, *Self--ownership, Freedom, and Equality*, 151-52; Nozick, *Anarchy, State and Utopia*, 253. Cf. Marx, Selected Works, Vol.3, 16-17.

24. Cf. Kai Nielsen, On the Poverty of Moral Philosophy: Running a Bit with the Tucker-Wood Thesis, *Studies in Soviet Thought* 33 (1987): 160-62. Paul Blackledge, *Marxism and Ethics: Freedom, Desire, and Revolution*, Albany: SUNY, 2012, 4, 19-43, 97-100, 阐明了与尼尔森观点相反的观点。

25. Rawls, *A Theory of Justice*, 243.

26.《马克思恩格斯全集》第 1 版第 19 卷第 22 页。Marx and Engels,

79

Selected Works, Vol.3, 18.

27. Rawls, *A Theory of Justice*, 74–75.

28. Philippe Van Parijs, Difference Principles, 203; and Stiglitz, *Whither Socialism?*

29. Adam Smith, *The Wealth of Nations*, Chicago, IL: Encyclopaedia Britannica, Inc., 1952, 194.

30.《资本论》第 1 版第 1 卷第 88 页。Marx, *Capital*, Vol.1, 171. See also 477。马克思指责资产阶级辩护者在谴责对生产的社会管理的专制性时所体现的虚伪，因为他们赞扬了资本主义对工厂的管理，从而暗示工人联合体里对生产的社会管理至少在技术上将类似于对工厂的管理。

31.《资本论》第 1 版第 1 卷第 88~96 页。Marx, *Capital*, Vol. 1, 171–73.

32.《资本论》第 1 版第 1 卷第 96 页。Marx, *Capital*, Vol.1, 173.

33.《资本论》第 1 版第 1 卷第 88 页。Marx, *Capital*, Vol.1, 171.

34. Smith, *The Wealth of Nations*, 194.

35. Ian Hunt, Overall Freedom and Constraint, *Inquiry* 44, 2 (June 2001): 144–48.

36. Marx, *Capital*, Vol.1, 165–66.

37. Rawls, *Justice as Fairness*, 158–62.38. Rawls, *A Theory of Justice*, 248; see also Rawls, *Justice as Fairness*, 176–79.

39. John Rawls, *Lectures on the History of Political Philosophy*, ed. Samuel Freeman, Cambridge, MA: Harvard University Press, 2007, 371; *Justice as Fairness*, 176–79.

40. Marx and Engels, *Selected Works*, Vol.3, 19. Although usually scrupulous, Rawls misquotes this precept of Marx by replacing "to" with "from" in "to each according to his needs,"尽管罗尔斯通常是严谨的，但他将"（从按劳

分配)到按需分配"中的"到(to)"替换为"从(from)",从而错误地引用了马克思的这一原则。see *A Theory of Justice*,268.

41. See A. M. Shandro,A Marxist Theory of Justice? *Canadian Journal of Political Science/Revue canadienne de science politique* 22(1989):27–47.

42. Rawls,*Justice as Fairness*,6;and *Theory of Justice*,244–45.

43. Marx and Engels,*Selected Works*,Vol.3,147.

44. Rawls,*Justice as Fairness*,8–9.

45.《资本论》第 1 版第 1 卷第 199 页。Marx,*Capital*,Vol.1,280.

46. See Carol Pateman,*The Sexual Contract*,Cambridge:Polity Press,1988.

47. Erik Olin Wright,*Class Counts:Comparative Studies in Class Analysis*,Cambridge:Maison des Sciences de l'Homme and Cambridge University Press,1997,Chp. 2.

48. Wright,*Class Counts*,109–10.

49. Ian Hunt,How the Laws of Economics Lie,*Journal of Applied Philosophy* 18,2(2001):121–24.

50. Marx,*Capital*,Vol.1,738–99,770–72.

51. Marx,*Capital*,Vol.1,769–71,781–85,788–91.

52. David Schweickart,*After Capitalism(New Critical Theory)*,Second Edition,Lanham,MD:Rowman & Littlefield,2011,71–79.

53.《资本论》第 1 版第 1 卷第 701 页。Marx,*Capital*,Vol.1,769–99,especially 792 and 799.

80　54.《资本论》第 1 版第 1 卷第 832 页。Marx,*Capital*,Vol.1,932–23. See also,938–89.

55.《资本论》第 1 版第 1 卷第 746 页。Marx,*Capital*,Vol.1,797.

56. Philippe van Parijs, *Real Freedom for All: What (If Anything) Can Justify Capitalism?* Oxford: Oxford University Press, 1995, 204–14, and 188. See also Marx, *Capital*, Vol.1, 792–94.

57. Joseph E. Stiglitz, The Causes and Consequences of the Dependence of Quality on Price, *Journal of Economic Literature* 25 (March 1987): 1–48. See also, Joseph Stiglitz, The Contributions of the Economics of Information to Twentieth Century Economics, *The Quarterly Journal of Economics* 115, 4 (November 2000): 1447 and 1457–61.

58. David Schweickart, *After Capitalism*, Second Edition, Lanham, MD: Rowman & Littlefield, 2011, 77–79.

59. David Schweickart, *Against Capitalism*, Cambridge: Cambridge University Press, 1993; and *After Capitalism*, Chp. 3.

60. Schweickart, *After Capitalism*, 75–76.

61. Schweickart, *Against Capitalism*, 68.

62. Rawls, *A Theory of Justice*, 239–42 and 247–49; and *Justice as Fairness*, 135–40 and 176–78.

63. See Schweickart, *After Capitalism*, 66–73.

64. Schweickart, *Against Capitalism*, 69; and *After Capitalism*, 67.

65. Schweickart, *Against Capitalism*, 87; and *After Capitalism*, 60–66, and Chp. 5.

66. See Thomas Pickerty, *Capital in the Twenty--First Century*, trans. Arthur Goldhammer, Cambridge, MA: The Belknap Press of Harvard University Press, 2014, Part Two.

67. Buchanan, Marx, Morality, and History, 118–19, 123–25.

68. Robert Mayer, What's Wrong with Exploitation? *Journal of Applied*

Philosophy 24,2(2007):137–50,see especially 144–46.

69. Lord Wedderburn,*The Worker and the Law*,Third Edition,Harmondsworth:Penguin Books,1986,144.

70. Mayer,What's Wrong with Exploitation,138–89. 在这种情况下，被剥削的人在不公平的情况下会更加糟糕,因为在这种不公平的情况下，剥削者拒绝公平地分担在公平的情况下需要分担的某些负担。

71. Marx,Capital,Vol.1,280,292,301–2. For discussion see Allen W. Wood,*Karl Marx*,Second Edition,New York:Routledge,2004,249–51.

72. Mayer,What's Wrong with Exploitation,146.

73.《资本论》第1版第1卷第262页。Marx,*Capital*,Vol.1,344.

74. See Gerald A. Cohen,The Labour Theory of Value and the Concept of Exploitation,*Philosophy and Public Affairs* 8(1979);and see also Gerald A. Cohen,More on Exploitation and the Labour Theory of Value,*Inquiry* 26 (1983).

75. See Ian Hunt,A Critique of Roemer,Hodgson and Cohen on Marxian Exploitation,*Social Theory and Practice* 12,2(1986):121–71.

76. See Allen W. Wood,*Karl Marx*,London:Routledge and Kegan Paul,1981,232–23.

77. See Hunt,A Critique of Roemer,Hodgson and Cohen,154–60.

78. See Joseph E. Stiglitz,*Freefall:America,Free Markets,and the Sinking of the World Economy*,New York:W. W. Norton,2010,Chp. 9.

79. See Rodney G. Peffer,*Marxism,Morality and Social Justice*,Princeton,NJ:Princeton University Press,1990,381–82. 佩弗认为罗尔斯需要另一种原则来保护生存免受自由影响,因为他认为罗尔斯宣称所有自由而不是基本自由仅优先于差异原则。

81

80. Rawls, *Justice as Fairness*, 34.

81. Rawls, *Justice as Fairness*, 46.

82. Rawls, *Justice as Fairness*, 34, 41, 91, and 151–52.

83. See Brian Barry, Capitalists Rule, OK? Some Puzzles about Power, *Politics, Philosophy & Economics* 1, 2(2002): 155–84.

84. Rawls, *Justice as Fairness*, 178.

分配正义与调节正义

——一种被修正的罗尔斯式政治正义观

一、一个关于正义社会的理想

本章对罗尔斯的政治正义观进行了辩护，认为它可以为替代新自由主义社会理想的自由社会主义的建立奠定基础。罗尔斯正义理论让人担心的一个原因是，它试图形成一种并非源自某个特定道德立场的正义观，这样它可以被并不试图在言行上压制其他道德观点的不同道德观点所接受。柯亨拒绝罗尔斯的政治建构主义（constructivism），因为它不基于明确认为不平等是不正义的道德观点。也是因为这个理由，柯亨还认为罗尔斯的正义理论为资本主义的不正义作出了辩解，他认为罗尔斯的这种做法——试图表明自己的理论暗示了所有的资本主义形式都是不正义的——是错误的。柯亨认为，需要从罗尔斯对政治正义理念的建构中解救出真正的平等和正义理念，因为他觉得罗尔斯的政治正义理念包容了资本主义的不平等和不正义。

柯亨认为，罗尔斯的正义理论只为人类各种可能的境况下的正义行为提供实用基础，因为它试图构建一个可以被所有理性的道德观所接受的政治观念。柯亨将正义的基本原则与他所谓的"管理原则"（principles of regulation）区分开来，后者阐明了我们根据人类可行的方式所应该采取的行动。[1] 相反，恰当的观念必须阐明，在完全独立于人类力所能及之事的情况下正义需要什么，这可能意味着人的生活在某些方面难免是不正义的。对于柯亨而言，正义的关键在于人人平等，这是被罗尔斯所破坏的正义理想，因为罗尔斯认为不平等的结果在最有利于最弱势者的时候是正义的。

84　　罗尔斯所追求的这种平等是由这样的社会所赋予的：其社会合作中的负担和利益分配规则，把同等的地位赋予对这些负担和利益的所有竞争性要求。此外，罗尔斯的正义理论所证明的结果不平等要远远少于柯亨所想到的结果不平等。这一方面是因为柯亨认为差异原则指出任何有利于最弱势者的不平等都是正义的，而罗尔斯采用差异原则只确定了公平的不平等的必要而非充分条件。另一方面是因为柯亨似乎认为，有技能的工人威胁说除非他们获得比工作不利条件的合理补偿要多得多的报酬，否则拒绝提供熟练劳动技能，从而要挟了最弱势者，只有这样他们才可以要求更高的工作薪水从而有利于最弱势者。然而正如斯蒂格利茨所表明的那样，有理由认为雇主支付给技术工人的报酬应该高于对工作不利条件的补偿，使求职者更有可能根据他们的相对技能竞争岗位，并且按照雇主的意愿工作，因为雇主无法根据其他方式以足够的知识选择那些最有可能拥有最佳技能的人，或充分了解他们的工作以直接监督他们。[2]

柯亨也误解了罗尔斯采用正义观的理由，认为这理由正如罗尔斯所言，"各种正义观念必须由我们的生活条件来证明其正当性，这一点我们可能了解，也可能完全不了解"[3]。柯亨认为，罗尔斯这样说时"并不旨在为终极原则——比并不依据（我们生活的）这些条件证明自身合理性的正义原则更终极的原则——的确定性留下空间"⁴。柯亨没有看到罗尔斯旨在给所有更终极的合理道德观念，甚至那些声称终极价值和原则上完全不取决于人类生活事实抑或任何事实的观念留下空间。罗尔斯只是认为，这些观念都不能强大到使其关于什么是正义的特殊观念及其对人们的行动要求强加于一个自由社会里。相反，问题是要构建一个社会正义的框架，它能以一种持久的方式被各种整全性道德学说所接受，而不管这些学说怎样以不会将其观点的特殊性强加给其他学说的方式进行确定。⁵我们必须抛开柯亨对这种政治正义观念的反对意见。

尽管如此，把罗尔斯的政治自由主义及其正义理论作为基础的社会理想仍然面临两种反对意见。第一种（也是比较新近的）反对意见是，任何以罗尔斯正义理论为基础的社会理想都会与当今社会的正义问题无关。第二种反对意见是，任何依赖纯粹程序正义的正义理论都未能考虑对错误行为和特殊需求的正义回应。本章认为，第一种批评是失败的，除非它依赖于第二种反对意见所揭露的罗尔斯正义理论的局限性。对这些局限性的恰当回应是补充罗尔斯的正义原则，形成一个修正的理论，使其涵盖

85 罗尔斯为解决他称之为"立宪民主政体的政治哲学基本问题"而进行抽象的正义问题。⁶

指出罗尔斯的正义理论在可实现的人类社会中树立了关于"什么是公平的"的理想，帮助我们评价任何社会的正义程度，我们便回应了第一种反对意见。这有别于一个非理想理论（non-ideal theory）的问题，即如何使不正义的社会更为正义。虽然我们必须超越罗尔斯理想理论（ideal theory）的局限性来处理这些问题，但是认为正义只能关注当下社会可以实现的正义的说法，只能作为当前不正义的一种辩解，有些人曾经认为罗尔斯的正义理论提供了这种辩解，至少直到罗尔斯强调，在他的正义原则

下福利资本主义不可能是正义的,这些人才不这么认为。

对罗尔斯政治正义观的第二种反对意见可以通过接受罗尔斯理论的局限性来回应。一些批评者声称,当对错误行为或严重不幸的正义回应是必要时,罗尔斯的理论没有充分考虑具体个人不同资格的正义要求。我们应该承认,罗尔斯没有充分考虑到这些问题。但是我们不应该以另一种不足来回应这种不足,即认为他的正义理论在根本上是错误的。他的正义理论只是适合良序社会,所以不能解决只出现在非良序社会里的问题,哪怕这些社会都是类似地大体上正义的。尽管如此,处理罗尔斯理论空白时出现了重要的问题,而且这些问题与他所处理的问题交织在一起,所以仅仅承认罗尔斯理论作为良序社会的正义理论的局限是不够的。

将公民的初始资格视为纯粹程序正义问题的理论,其局限性把我们导向一个更完整的正义理论,在这个理论里,初始资格在调节正义理论下被修改,而调节正义理论解决了大体而非完全正义的社会里对严重易受伤害性的正义回应问题。调节正义的机制将罗尔斯的"转让部门"功能纳入维护背景正义的制度内。调节正义需要一个对错误行为和不轨行为进行正义惩罚的理论,以及一个对严重不幸所造成的易受伤害性作出正义回应的理论,尽管这里没有详细说明所需的机制。

二、不可实现的理想和当前的正义之间

科林·法雷利(Colin Farrelly)阐明了正义观点的谱系。[7]在谱系的一端,"何为正义"被视为完全独立于它在实践中被提出的任何问题。在谱系另一端,要考虑的是在"目前情况"下实际能实现的是什么。[8]这个谱系涵盖了我们将正义原则视作何种程度上"敏于事实"的一系列观点。

法雷利指出,罗尔斯并不处于谱系上"不敏于事实"那端,因为他考

虑到了可行性。然而法雷利声称，罗尔斯仍然缺乏正义的现实乌托邦（realistic utopia）。根据法雷利的观点，罗尔斯关于"完全服从"（full compliance）的假设是一种理想化，它避开了在任何可行社会里，各种基本自由的行使和基本义务的履行应有怎样的优先性的问题。[9]法雷利还声称罗尔斯的理论并没有告诉我们应该怎样回应公民在任何可行的社会里可能面临的易受伤害性。[10]

这些说法有一些实质性内容。通过假设完全服从，罗尔斯从正义地履行责任，并保护权利免遭常见的错误行为侵害的问题中抽象出来。罗尔斯承认，必须建立处理错误行为的制度，以确保正义社会中的公民能够放心地认为，如果他们正义行事，其他人也会正义行事。然而当这些制度必须反对常见的错误行为时，如何确定资源的优先次序问题并不是罗尔斯所谓的"良序"社会的问题。而且，罗尔斯只在政治自由的情况下才要求自由价值的平等。即使维持了政治自由的公平平等，当一些人试图行使他们的基本权利和自由时，疾病或意外的降临也会不公平地削弱他们相对于其他人的能力。

虽然理想化原则上是好的，但它有局限性，特别是在"立宪民主政体的政治哲学基本问题"与其他正义问题分离的情况下。在这种情况下，理想化所告诉我们的，比伽利略的实验所告诉我们的要少，其中伽利略将斜面上的物体在重力作用下如何运动的问题与其他因素（如摩擦力对运动的影响）分离开来。在伽利略的理想化中，我们可以说，随着斜面越来越平滑，物体的运动越来越像理想情况下的运动。但是我们不能说一个向良序社会的制度安排靠近的社会必然会变得更加正义。我们也不能像说斜面平滑使斜面上的运动更好地符合伽利略法则那样，说什么样的调整过程可以使一个社会更接近良序社会。此外，作为公平正义的良序社会的要素都不是必然存在于所有缺乏正义的社会中，不像伽利略法则那样，不管有多少其他因素可能参与其中，却说明了斜面上任何球状物体运动的一个因素的情况。因此罗尔斯没有像伽利略结合牛顿力学提供了一种处理偏离无摩擦斜面运动的方法那样，提供如何处理不服从（non-compliance）问题的说明。并不存在像物理作用力构成规律那样的正义要求构成规律。[11]

承认罗尔斯理想化中的这一局限性并不支持法雷利的如下看法，即罗尔斯的观点——认为贫困是十分有限的，因此没有人会有用自由权利换取物质利益的动机——甚至是错误的。[12]法雷利告诉我们，尽管我们可以假定正义的条件成立,这样社会将比霍布斯式的自然状态（state of nature）更好,我们不能假定没有人愿意为了更多物质利益而放弃自由。法雷利的反对意见误解了罗尔斯的理念，罗尔斯并不是要制定一个在正义条件下适用于任何可以想象得到的社会的正义理论，而是为中等繁荣的民主社会制定一个可实现的社会理想，我们可以假设任何理想的正义社会都可以成为中等繁荣的民主社会。只要某个大体正义且中等繁荣的社会是可行的,罗尔斯正义论的一般规则就可以分为两个规则。[13]其中一个规则保证每个公民都有一套与其他公民共享的基本自由体系，在这个体系中,没有公民愿意为了物质利益而放弃任何基本自由。另一个规则认为，机会、收入和财富的不平等是不正义的。

法雷利似乎认为权利或基本自由的交易是"任何社会都必需的"，但他的含义并不明确。[14]他的主张可能是在任何可行的社会中,基本自由的不平等都是必要的。或者他的主张可能只是,在任何可行的社会中自由的限制或调整是必要的。即使是罗尔斯的基本自由，也必须加以限制或调整,使它们能被人们所共享。[15]虽然言论自由和结社自由都是基本的,但虚假或毫无意义的诽谤并不是一项权利，因为被诽谤者的结社自由权将受到不正义的限制。因此言论自由必须受到限制以维护结社自由。更大的限制可能会适用于没有完全服从的社会里一些基本权利的保护水平或范围,哪怕该社会是大体正义的,这仅仅是因为我们无法解释不计成本地全面保护权利免遭并非罕见的错误行为侵害的合理性。

在像美国这样的社会里需要严肃思考自由的交易问题,这点似乎是合理的。在今天的美国,财富和收入的平均水平很高,但许多人仍处于绝望的贫困状态。在这些赤贫人口中有人可能会放弃一些自由,甚至是基本自由,以换取更大的物质利益。然而美国收入排前十分位和后十分位人口的收入差距比为15:1,这样的社会并不是中等繁荣社会的代表。例如,北欧社会更加平等(收入排前十分位和后十分位的收入差距比为5:1),而且赤贫人口数量并不显著。罗尔斯可以理性地声称,在这样的社会中,基本自由与物质利益的交易不是必要的。与在北欧国家所实现的10%人口的粗略平等相比,在收入和财富更加平等的社会中,自由的交易显得更加没必要。

88　　对于法雷利而言,基本自由与物质利益之间的交易在原初状态中必须被接受,因为无知之幕背后的公民代表不能假定,最弱势者并没有贫穷到会为了减贫而出卖自由。可以让法雷利接受的假设是,正义条件生效,但他不认为原初状态的公民代表会假设他们所代表的公民居住在一个中等繁荣的社会里。尚不清楚的是,为什么他们不会这么假设。如果他们确实做出这样的假设,那么罗尔斯的正义理论将不适用于所有正义条件生效的社会里,而只适用于中等繁荣的社会。这不是一个缺陷,因为罗尔斯只寻求一个可实现的正义的社会理想,而不是解释我们找到了正义条件的所有社会的正义。在无知之幕背后的公民代表无法知道社会中不平等的特定结构,但是知道它没有不平等到在总体中等繁荣里有像美国这种社会那样的显著赤贫水平。代表们确实知道,正义条件生效且没有人需要处于赤贫水平。在罗尔斯无知之幕背后的原初状态里,对所考虑的社会范围的这种限制与在完全服从的良序社会中发展正义的社会理想的任务是一致的。

因此，我们无须接受法雷利的进一步主张，即想要处理罗尔斯尚未解决的问题，就要在原初状态上选择功利主义而非罗尔斯的正义原则。[16] 在原初状态里特别容易受伤害的个人的正义要求并没有体现出来。罗尔斯认为，像这样的问题将在立法和行政上得到处理，并不需要按照不受约束的功利主义所意味的那样，为了其他人的利益而牺牲一些人的利益。

戴维·施密茨（David Schmidtz）比法雷利更推崇一种敏于事实的正义理论，它对事实敏感到使它的正义要求必须能够由特定社会环境下可行的变革来满足。[17] 他以康德的方式提出了相反的探索路线：

> 想想就"符合（fit）"方向而言，在正义理论化的两种方法之间作出选择。第一种方法认为，我们的世界应该符合我们的正义理论，而且"不打破几个鸡蛋，就不能煎蛋卷"。第二种方法认为我们的正义理论应该符合我们的世界，"你可以打破很多鸡蛋，但仍然煎不了蛋卷"。第二种方法将正在运作的财产制度视为道德上最为根本的东西，而正义则是衍生物。[18]

这样，施密茨阐明了哈耶克关于财产持有资格理论的一个版本，而似乎没有意识到他可能会比哈耶克更多地限制关于正义判断的范围，因为施密茨认为当我们提出的安排比现在的安排更正义时，我们必须总要提问，我们如何能够从目前的安排转变成新提出的安排。另一方面，哈耶克似乎准备谈论一般的社会秩序，并认为在任何情况下，每个社会里更为正义的安排就是那些更能始终如一地保护服务于整体规则体系目的的活动的安排。[19] 施密茨似乎采取更为相对主义的观点，认为只能从我们现在的情况出发作出判断。对于哈耶克和施密茨来说，一条规则得以宣告并不能使它变得正义,而一条规则如果最符合整体规则体系的目的,那么它就是正义的。哈耶克和施密茨似乎都对整个规则体系的正义持有积极的看法,却拒绝针对任何特定规则的合法实证主义立场。

施密茨提到:"我们协调、合作和发展的需要形成了我们对所有正义原则——包括修正正义原则——的理解。"[20] 他也很清楚,我们协调或合作的条件是在"像我们世界那样的世界"里所发现的条件。我们谨慎地视为正义原则的只是那些最有利于协调与合作的管理规则体系的目的的正义原则,而这个目的就是规范行为,使得至少有些人或所有人可以在这样一个世界上根据某个假定的基准而兴旺发展。[21]

正如我们已经看到的,古罗马人会说,取消奴隶的权利会最好地服务于管理罗马公民之间协调与合作的规则体系。虽然对规则体系的这种改变会更好地服务于其目的,但它不会使古罗马社会变得更加正义。即使施密茨的正义观只适用于我们现在的世界,它也并不比哈耶克的观点有更值得推荐之处,尽管它在寻求充分的正义理论时有志于提出康德式的颠覆性观点。不过它确实提出了一个问题,即我们是否应该完全区分如何让我们的世界更加正义的问题,以及哪些制度会使一个社会大体上正义的问题。这是阿马蒂亚·森(Amartya Sen)的《正义理念》(The Idea of Justice)中的一个核心问题。

三、比较正义

森指出,罗尔斯没有提供森所谓的"比较"正义判断的理论。森认为,当我们谈论在社会不正义时应该用哪些原则(如果有的话)指导我们如何在不太正义和更加正义的社会安排里作出选择时,我们应该忽略正义的理想理论:"超验方法(如罗尔斯的理想理论)给出的答案……与人们参与正义和不正义讨论所关注问题的类型相比,是差异明显且距离遥远的。"[22]

对于正义的比较评价而言,理想理论既不必要也不充分。举例而言,《蒙娜丽莎》作为世界上最好的画作这一事实不能帮助我们将毕加索与凡·高进行先后排名,所以一个大体正义的社会的规范"并没有告诉我们很多"关于两个不太理想的正义的社会安排之间的比较。同样,知道珠穆朗玛峰是世界上最高的山峰,这对于正确判断乞力马扎罗山是高于还是低于麦金利山而言也是不必要的。[23]

我们可能承认,就判断罗尔斯所称的"非理想"理论(其中一部分是森的比较正义)里"什么是正义的"而言,理想理论既不必要也不充分。然而森可能同样反对认为一种社会安排比另一种社会安排更为正义的任何迄今最好的(pro tanto)理由。一种安排迄今最好的理由可能被另一种安排迄今最好的理由所推翻。就采用一种社会安排而言,一个迄今最好的理由既不必要也不充分,而这并不意味着它没有提到哪种社会安排更可取,或者在作出这种判断时应该完全忽略它。

罗尔斯承认,一个大体正义的社会中的正义问题乃是一个有别于比较正义的其他领域。罗尔斯也承认,他关于一个理想的正义的社会的观念并没有回答其他正义的问题。[24] 然而罗尔斯还认为,如果仅仅根据与迄今最好的理由相关的方法,大体正义的社会的理想与在不正义的世界里被视为正义的一切有关,这是他与森观点不同之处。

要看到这一点,不妨看看最近在许多先进的资本主义社会里对妇女和少数民族的歧视。罗尔斯的良序社会的正义原则告诉我们,这样的社会是不正义的,因为它们不存在机会的公平平等。仅仅将这样的歧视定性为违法的,可能不会使这些社会更正义,因为考虑到对妇女和一些少数民族的歧视不是历来就被视为不正义的,法律可能不会得到有效的执行。此外,由于资本主义社会的就业和晋升主要是潜在雇主的私人决定,因此几乎没有机会证明在任何特定情况下就业或晋升的歧视已经发生。如果过去的传统影响到人们,从各方面看来,社会采取措施优待妇女或少数民族成员的就业和晋升的做法可能是正义的。因此在理想的正义的社会里,不正义的关系在这种情况下可能就是正义的。非歧视的正义对于使带歧视传统的社会更加正义而言,既不必要也不充分;但它却提供了一个可以对正义作出判断的标准。这样的标准能否一致是要考虑的最后一个批评。

四、对罗尔斯正义理论的一个所谓的"内部"批判

罗尔斯关于分配正义的论述取决于两个重要理念。第一个理念是分配正义根本上涉及不能还原成个人交易公平问题的社会合作的公平条件。社会合作的公平条件不仅需要个人之间的公平交易,还需要个人之间合作的集体组织框架,以确保他们的养育环境、不同的自然优势,以及生活中不同的财富与他们在一生中以及代际间对社会合作负担和利益的要求之间的公平平衡保持一致。罗尔斯把这个框架称为"基本结构"。[25]

第二个理念是,我们不能依赖社会合作的负担和利益的个人份额的公平标准来调整社会合作过程,从而使其结果变得公平。尤其是,如果这种标准被用来维护代际间正义的话,对这种标准的任何要求简直太复杂了。相反,我们必须安排好基本结构公正有效的管理规则,使得它们可以通过规则的公平标准被判断为公平。遵循这些规则时,无论它们的结果如何,这些结果都是公平的。罗尔斯用一场公平赌博的结果(比如买彩票)说明了这一点。如果不管某人的彩票是否按照公认的彩票规则被选为中奖彩票,那么这个人接受彩票奖金是否公平?并没有标准可以对此作出判断。[26]罗尔斯声称这种形式的正义(他称之为"纯粹的程序正义")足以确定分配中的资格。[27]

威尔·金里卡（Will Kymlicka）阐述了他对罗尔斯的观点——即正义资格作为纯粹程序正义问题被确定——的"内部批判"。[28] 这种批评声称罗尔斯的正义理论没有充分解决特殊需求问题，也没有考虑到未能履行义务的人是否应该跟履行义务的人享有同样的结果这个问题。这种批评可以说是内部的，因为它认为罗尔斯在承认人的自然差异会影响生活前景时，却不能一贯地说出生时的社会地位不应该影响生活前景。可能有人认为，罗尔斯在承认履行义务的差异不会公平地影响结果时，也不能连贯地声称努力的差异会公平地影响结果。

这种内部批判指出了罗尔斯理想理论范围的空白之处，这些空白使罗尔斯的理想理论不能成为正义社会的完整政治正义理论。它为罗尔斯理想理论的不完整之处提出的补救方案是放弃罗尔斯的这种观点——即平等是对基本益品要求的平等尊重，取而代之的是为公民结果的平等关系作出界定的新尝试。例如，德沃金（Ronald Dworkin）提出，罗尔斯的正义原则应该被一种在资源平等理论中实现的平等待人的原则——其目标是"敏于人们的选择，却钝于人们的境况"的不受个人感情影响的（impersonal）资源分配——所取代。[29] 森与柯亨等其他人一起就什么样的个人结果平等算是公平的这个问题给出了一个恰当的答案。森认为赋予能力平等的分配是公平的。柯亨说，个人之间的公平分配会抹平超出个人控制范围的因素所导致的个人结果的差异，而且个人不可能对这些因素负责。

对罗尔斯的这种批评把未能解决错误行为和不幸的问题视为根本的不足，从而将分配正义的不完整性误解为纯粹程序正义的问题。批评声称，我们必须把责任原则和矫正（redress）原则作为整体分配正义的基础。相反地，我们应该将这些原则视为补充和完善分配正义所需的调节正义原则。正如罗尔斯的理想理论对良序社会而言是有限的，我们应该辅之以解决错误行为和特殊需求引起的易受伤害性的调节正义原则，从而为大

92

体正义的社会(尽管它们不会像罗尔斯的良序社会一样有完全的正义)提供政治正义理论。这样理解的调节正义显然会依赖于矫正原则和责任原则。其主张是,调节正义是这样一种正义领域,它并不取代罗尔斯纯粹程序正义得出的迄今最优的初始分配,而是预设并完善了这种分配,从而对一个理想的大体正义的社会进行说明,而这个社会就人类本性而言,比良序社会更可能得以实现。

就大体而非完全正义的社会里更可能实现的社会理想而言,不可以再说"配给正义(allocative justice)的理念与组织作为公平的正义所依据的根本理念是不相容的"[30]。尽管罗尔斯提出了正义问题涉及程序公平性而非特定结果公平性的重要例子,但不能仅以这些情况说明关于社会合作负担和利益的正义分配。我们假设,任何可行且可接受的社会都采取以下规则,即公民会被征税,从而为处理疾病做好准备,其中优先考虑增加个人寿命和社会功能。似乎只有在养老和促进人的社会功能之间公平划分政府支出,并在这样设定的可用资源的约束范围内最大限度地增加寿命和社会功能,这一规则才能实现。因此执行这一保健体系规则似乎暗含着公平配给的问题。有理由认为,在处理公民严重易受伤害性的规则中更普遍地隐含着这些问题,在这些规则中,社会地位占有者的标准份额无法解决特定的特殊需求,因此一个完整的政治正义理论必须包含除了分配的纯粹程序正义原则以外的原则。

93 五、罗尔斯的政治正义理论及其局限性

罗尔斯在他的正义理论中为自己设定有限但重要的任务,即解决如下难题:什么是世代相传社会的成员之间,持续地自由合作的政治强制性公平条件里最令人满意的规范? 其中社会合作参与者至少在其一生中被

视为自由而平等的贡献者，而且他们理性地认为这种合作是为了他们自己的利益的。[31] 罗尔斯的"自由合作"意味着参与者超越了仅仅遵循某个协调性权威的共同意图，以形成他们自己的利益而合作的共同意图。[32]

自由合作公平条件的规范是从假定的公正角度出发而形成的，因此它是由"清白历史"[直译为"清洁的石板"（clean slate）]构成的。这样其内容不是由现有的基本结构决定的，现有基本结构确定了在任何实际情况下的个人判断在这些情况下可得到的最公平合作条件是什么时所依据的基准。[33] 要回答这个基本问题，就要涉及其他正义问题的理想化和抽象化。罗尔斯的正义理论只是一种政治正义理论：它从政治上有组织的民族之间的公平问题或国际正义问题中抽象出来；它也从全球经济中的正义或全球正义问题中抽象出来；它还从参与志愿社团的公平条件或局部正义的问题中抽象出来。

因此"极度理想化"出现在只适用罗尔斯所谓"良序"社会理想条件的政治正义理论里。[34] 一个良序社会包含公民根据共同的政治正义观念做出公平的社会安排以促进互利合作的共同意图。[35] 每个人都知道并接受的是，人人都接受相同的正义原则，同时人们普遍知道基本的社会制度满足共同的正义观念原则。因为一个良序社会也涉及罗尔斯所说的"严格服从"，几乎所有的公民都通过这种共同的政治正义观实现他们的共同意图。[36] 尽管需要惩罚错误行为的制度，从而使公民能够相信其他人在他们服从的同时也会服从，这些制度几乎未曾起作用。[37]

由于人类本性的经验表明，没有哪个社会将公平社会合作条件的问题与对错误行为的正义回应问题完全分离，罗尔斯的政治正义理论似乎太有限了。诚然，对于让人们相信惩罚仅是罕见的错误行为可以充分实现维护正义的共同意图的制度来说，资源是必要的；而为正义配给所拨出的资源必须包括对不能成为完全的贡献者的公平措施，对错误行为的正义　**94**

回应的公平规定，以及对因为严重不幸而明显难以根据合作的公平条件利用资格来追求生活目标的，公民的易受伤害性的正义回应的公平规定。

罗尔斯的理想理论与非理想理论的关系可以揭示他关于良序社会的政治正义理论是否对可行的人类社会中的正义有重要意义。[38] 罗尔斯最初区分他的"非理想"理论与"理想"理论的途径是，规定非理想理论的原则分为两部分："一部分包括调整自然局限性和历史偶然性的管理原则，另一部分包括应对不正义的原则。"[39] 有些考虑自然局限性的原则，例如处理儿童自由或言论自由的原则，旨在应用于正义社会。[40] 后来，罗尔斯只说非理想理论处理基于种族和性别等自然特征的生活前景差异的不正义的正义回应问题，这些差异通常以不正义的基本结构为基础。因此罗尔斯后来似乎将非理想理论局限于不正义的社会基本结构的正义问题上。[41] 疾病和意外问题也有所讨论，但现在这些问题被认为是理想理论的延伸。[42] 然而，这为理想理论和非理想理论两者的范围之间留下了潜在差距。考虑一下是否可能有这样的社会，它们发生了并非罕见的错误行为，但如果这种错误行为没有经常发生，没有多到让正义广泛失效，这些社会就仍然被视为正义的。将理想理论的原则拓宽到可以涵盖它们，还是要在非理想理论原则下处理它们？

鉴于一个有公民并非完全的贡献者的社会仍然可以是正义的，那显然可以存在一个正义但不是良序的社会。互惠并非对一切形式的正义来说都是必要的。例如布坎南认为，一个人是否被公平地排除在完全的贡献者之外的问题，本身并不能成为完全的贡献者之间恰当互惠的问题。[43] 然而，罗尔斯认为作为互惠的正义并不等同于正义，并不包括正义的所有问题。罗尔斯承认，无法为社会合作做出贡献的人也有资格受到平等的对待。这承认了正义分配的问题超出了互惠问题的范围。[44]

对于为什么一定存在正义但不是良序的社会，还有一个不太明显的原因。那些缺乏严格服从但与良序社会（拥有惩罚错误行为的正义制度）有相同基本结构的社会,也应该被视为正义的社会,前提是它们内部的服从足以让我们认为其基本结构是得到了有效和公正的管理的。诚然,它们不会像良序社会那样完全正义,因为基本结构制度的正义是由制度在有效且公正的管理下所实施的程度,而不只是由它们规则的正义本身来判断的。尽管如此,只要社会相当有效地而非完全地执行了的正义规则,我们仍然可以认为这样的社会是大体正义的。[45] 在这些社会中,不服从只是个人行为不正义的问题,而不是社会安排中的不正义问题。尽管罗尔斯最初把这两个问题都归入非理想理论范围,但它们却显著不同。[46] 一方面,我们正在处理一个基本结构里已实现了的正义的不完善之处,否则它与理想理论的基本结构没有区别。另一方面,我们正在处理一个不正义的基本结构,因为人们太频繁地犯错,使得正义的规则没有得到有效或公正的实施,或者人们系统地犯错,使得他们的行为被视为一个社会制度的不正义规则的表现,而不管该制度是否有正式的认可。

为了说明这种区别,请考虑罗尔斯关于"不宽容和敌对宗派"的例子。[47] 一方面,不会显著地破坏有效且公正的正义管理的孤立、甚至数量众多的不宽容和冲突的情况,可以和正义的社会结构保持一致。另一方面,如果这些情况构成了对不宽容和对不宽容禁令的拒纳作出积极回应的系统、持续和有组织的做法,宗派不宽容和冲突会呈现可能合法却也不必合法的制度形式。例如在莎士比亚的《罗密欧与朱丽叶》中,尽管亲王（Prince）（维罗纳公国的君主）威胁要严厉制裁进一步的内乱,但长期存在的家庭社团和制度化忠诚继续使凯普莱特（Capulet）和蒙塔古（Montague）之间的不宽容和冲突持续下去。

能否拓宽理想理论,使其包含在缺乏完全服从的正义社会中对错误行为的正义惩罚问题？罗尔斯似乎曾经认为可以这样。罗尔斯在他的《正义论》里认为,正义地处理错误行为的原则是,当对违法者的惩罚所带来的自由好处超过实施惩罚或威胁要惩罚所涉及的任何损失时,惩罚是正义的。[48] 博格接受了这一想法并表明它具有令人不安的含义。[49] 在任何情况下,该原则的应用都必须依靠性质不同的自由的量化比较。由于罗尔斯承认,在自由性质不同的情况下,无法确定一些基本自由相比另一些基本自由而言是否为更大的自由,这种对错误行为作出正义回应的原则将不会起作用。[50]

就比较两种自由的分量而言,一种可能的建议是,这种比较通常取决于对一种自由的失去与另一种自由的获得两者的道德意义的权衡比较,尽管只谈论一种道德意义只属于社会上的一种整全性道德观点,而社会是有多种整全性道德观点的。[51] 如果我们认为这需要评估两种相互比较 96 的自由对罗尔斯两种"道德能力"的使用的重要性,就像罗尔斯使基本自由彼此适应的调整那样,我们可能会靠近一个共识。[52] 罗尔斯的道德能力是我们掌握规定了公平合作条件的原则并根据这些原则采取行动的能力,以及我们制定、追求,以及理性地修改善观念的能力。然而就惩罚的威胁来说,即使就犯罪分子而言,要证明通过增加他人对这些道德能力的使用来减少这些道德能力的使用是合理的,这似乎与对人的尊重并不一致。诚然,惩罚的一个可能合理的目标是减少守法公民在追求其生活目标时的不确定性和受伤害风险。然而,限制罪犯使用正义行事或追求所选善观念的能力的惩罚,似乎没有多大意义,因为这只会使罪犯更加依赖犯罪谋生,并更有可能违法犯罪。其他衡量自由道德意义的方法可能要诉诸罗尔斯理想理论范围以外的考虑。因此尚不清楚的是,我们是否可以仅从罗尔斯的理想理论中找到在正义而不是良序社会内部管理奖惩的原则。

进一步的问题是理想理论是否完全涵盖了收入和财富的正义分配问题。在理想理论中,分配问题通过规定公平的程序得以解决,公平程序会有公平的结果,因为这些结果是执行这些程序的结果。罗尔斯声称使用这一标准,如果程序满足差异原则,程序将是公平的,而还有一个前提是,差异原则所允许的任何不平等不会破坏机会的公平平等,政治自由的公平平等以及所有人对自尊的社会基础的平等获取。

根据理查德·克劳斯(Richard Krouse)和迈克尔·麦克弗森(Michael McPherson)的观点,差异原则所选择的安排是这样的:使社会基本结构所定义的最弱势社会地位的占有者或最贫困的代表者的平均长期预期最大化。他们的主张是,如果将正义限制在代表社会地位的人的公平分配程序上,就排除了"对有特殊需求的人的社会措施"。[53]他们认为,收入和财富分配的纯粹程序正义尚未解决以下问题,即如何考虑那些最贫困者的各种需求,或者说,如何处理在每种社会地位上不具有代表性的特殊需求。

尽管罗尔斯拒绝了配给正义的观点,但解决疾病或意外所带来的特殊需求的公平程序将会留出一些公平的确定的保健资源,并公平地配给那些需要这些资源的人。[54]这一程序的结果只有在程序实际执行了的情况下才是公平的,而它的执行意味着根据医疗需要进行公平的配给。因此公平程序可能更广泛地包括以公平结果标准为依据的配给。

这就产生了一个问题,即是否可以在纯粹程序正义下执行满足需求的公平配给。罗尔斯认为,在公平的基本结构的立法和行政阶段建立的制度,确定了这样的配给。[55]也许不管这种过程的结果怎样,它们都可以被认为是公平的,仅仅是因为它们是由一个平等地回应全体公民利益的公平政治体系所创建的。[56]但是即使一项法律或程序是由一个公平的立法机构以最好的意图通过的,我们也可以认为它应该被修改,因为它没有像其他替代性法律或程序那样公平地满足需求。政治和行政过程可能低估了,减少某个收入群体里有特殊需求的人与其他更具代表性的人之间的生活前景差异所需要的努力。

　　因此，我们似乎应该至少采用平等待人的进一步标准来评估一项法律或程序是否具有公平多样的代表性期望，以考虑到特殊需求。某些需求差异对生活前景的影响过小，难以让正义要求代表性期望的改变，从而落入人们对日常生活起伏期望的范围内。正如安德森所说，要把这些差异作为正义问题来解决，将意味着人们无法过上他们自己的生活。[57] 即使是那些认为日常差异原则上应该得到解决的人，如阿尼森，也承认它们不能总是在实践中得到解决。[58]

　　这仍然留下了对生活前景有更重大影响的特殊需求问题。罗尔斯认为，回应这些需求的措施来源于机会的公平平等原则。[59] 罗尔斯的这个观点来自丹尼尔斯（Norman Daniels）的理论尝试，即证明保健在使人从临时患病后恢复为社会合作做出贡献的能力上的合理性。[60] 因此对机会的公平平等的要求指在有限资源的合理要求范围内，尽可能地通过保健使意外受难者或患病者的机会大致恢复到代表人所享有的水平。罗尔斯还认为，需要照顾到疾病或意外，以保持我们利用自己基本权利和自由的能力。

　　正如罗尔斯认为的那样，在某些方面，适用于特殊需求的例子的考虑与对后代的考虑相类似。[61] 在原初状态里，把社会作为代际间社会合作的持续体系的人都不会接受的是，投资和易受伤害性的措施会让未来的孩子或弱势群体的孩子与其他孩子相比处于劣势。由于他们所代表的公民可能是至少有一位父母暂时或永久地不能成为完全贡献者的家庭里的孩子，所以在原初状态里没有人会接受让这些孩子比其他家庭孩子的机会明显要少的解决易受伤害性的制度规则。

　　在任何情况下，这些考虑都不能完全确定对健康和意外的正义关切。因为似乎只为有孩子的人解决易受伤害性的规则可以在原初状态被接受，因为这些规则可以确保那些不能成为完全贡献者的人的孩子能够获得与其他孩子相同的机会。其他考虑必须证明为没有孩子的人提供保健或为老年人等提供更多保健的合理性，对他们而言，正义并不要求占有优势地位和占有责任地位的前景是平等的。可以证明这点的是人们应能利用自己的权利和自由这一要求，如果这意味着自由应该对所有人都具有平等的价值。但是罗尔斯只有在政治自由的情况下才要求自由价值的平等，因此如果保持政治自由的公平平等，疾病或意外可能会严重削弱利用基本权利和自由的一些能力。最后，正如罗尔斯所承认的那样，尚未清楚的是，在极端情况下，罗尔斯的理论如何要求为那些不能成为完全贡献者的人的需求提供措施，尽管罗尔斯承认，出于常识，我们有责任关心所有人，无论他们是多么难以成为社会合作的完全参与者。[62]

罗尔斯承认，解决他的正义理论空白的方法有两种。其中之一是说明如何扩大其原则范围以弥补一些空白，关于这点他在后代的正义上取得了成功。丹尼尔斯认为，可以把遵循公认做法的保健视为正义的，仅仅因为它是遵循公认做法的结果，从而填补保健方面的空白。这个策略在解决正义但不是良序的社会里对错误行为的正义回应问题，以及特殊需求问题时并不奏效。在医疗保健方面，尽管遵循公认做法的保健不会被认定为刑事疏忽，但因为新的做法在各种标准下提供了更好的保健，所以它们成为公认的做法。如果医务人员没有使用最佳的可行做法，而这又对病人造成了伤害，病人受到了不正义的待遇，尽管这不会使医务人员承担刑事责任，但他们可能会被要求承担民事责任。拓展罗尔斯正义理论基本理念的另一种策略是用解决错误行为和特殊需求问题的原则来补充罗尔斯理论的核心。[63] 这种策略接受罗尔斯政治正义理论的局限性，甚至将这些局限性理解为比罗尔斯所承认的局限性还要大。

99　六、作为分配正义之补充的调节正义

　　罗尔斯的政治正义涉及什么是民主政体(polity)内执行权利和义务、分享社会合作的负担和利益的公平集体安排。因此它有必要的限制。制度在理论上或实践上根本无法处理罗尔斯所说的 "记录不计其数的各种环境和不断变化的特定个人相对地位"的"巨大复杂性"。[64]这指出了就政治正义对个人行为和境况的敏感性的限制。有了这个限制,一个政治正义体系只能为竞争性要求之间的平衡建立公平的集体安排。[65]这些安排的公平性必须作为纯粹程序正义的基础得以落实，而不是看它们是否只允许所有那些可以依据正义的某个价值论标准,(例如福利机会平等) 独立地被证明是正义的个别结果来落实。[66]

　　对政治正义范围的这种限制本身也是有限制的。在纯粹的程序正义下，我们只能处理作为社会基本结构所定义的社会地位占有者所代表的个人被认可的要求,尽管个人境况总是与有代表性的境况有差异。这些差异对于受其影响的个人来说可能是重要的，但如果它们对来自个人社会地位的资格所决定的生活前景的影响很小，那么它们就不是正义所关注的问题。如果受影响者的生活前景不会破坏我们对公平的直觉,更严重的差异需要代表性资格的修改。为了保护人们不受错误行为的伤害，一些罪犯享有的自由应少于社会基本结构地位代表性占有者资格所规定的自由。特别需要帮助的人可能有资格拥有更多,不然他们会容易受到剥削或压迫。

　　最初由罗尔斯正义原则所规定的公民资格，很容易遭受不幸抑或错误行为所带来的窘境。必须超越纯粹程序正义的限制来涵盖这些问题。我们可以采用"调节正义"这个术语来形容在社会正义基本结构范围内处理极易遭受不幸或错误行为伤害情况的原则。使用这个术语是为了表明这些原则的目的是降低或抵消各种偶然性的影响，这些偶然性使人们不能享有或较少地享有为社会地位的代表性占有者所规定的资格。

　　这个术语的含义与亚里士多德用来区分他称之为"特殊正义"（partic-　100
ular justice）的两种形式的术语意义相似，不过它在重要的方面对后者进行了修改。特殊正义的第一种形式就是我们现在所谓的"分配"正义或"社会"正义。亚里士多德认为，当我们在益品（goods）、权利和荣誉等东西（这些可以在公民之间以平等或不平等的份额分配）上拥有不公平份额时，我们在这种意义上抱怨不正义。[67]第二种形式涉及对资格被破坏的正义回应，亚里士多德称之为在个人交易中"提供了纠正原则"的"纠正"正义或"调节"正义。[68]

　　这个术语修改了亚里士多德使用它时所表示的含义，因为它也包括对严重影响在先的，或代表性资格获取的、错误行为以外的、偶然性的正义回应。如此构想的调节正义问题超出了对错误行为的回应问题，延伸至对使公民"易受他人行为［正如罗伯特·古丁（Robert Goodin）所言］伤害"的严重不幸的正义回应问题。[69]这些不幸包括那些使人们不可能成为社会合作的完全贡献者的不幸，它们包括内部或外部正常运作能力的丧失，使人们的能力低于"正常范围"的能力。[70]撇开对罗尔斯的批评——认为他笼统地忽略了在确定资格上的能力差异，我们可以假设正常范围内能力的差异可能会影响结果，但不会严重到成为正义问题。[71]调节正义原则规定了，公民为解决各种不同的易受伤害性而集体拥有的援助义务或责任。对各种不同的易受伤害性作出正义回应的问题不属于理想理论的范围，因此也暴露出理想理论的局限性。

　　在非理想条件下的调节正义原则与理想条件下分配正义原则之间的对比，并不旨在表明这些正义领域是完全分开的。正如我们所见，当在正义而不是良序的社会中考虑到严重的易受伤害性时，调节正义填补了纯粹程序正义中出现的空白。纯粹程序正义也为调节正义解决特殊需求的措施提供必要的参考点。因此这些原则构成了两个紧密相连的正义领域。

　　一方面，这两个领域以下面的方式相联系。首先，分配正义和调节正义的相似之处在于，它们决定了社会合作的负担和利益的公平份额，尽管它们的区别在于分配正义规定了社会基本结构中社会地位代表性占有者全部的资格或合法期望，而调节正义根据个人的选择和境况对这些进行修改。其次，调节正义的原则以广义上的分配正义原则为前提。在没有确定的社会合作负担和利益分配的情况下，我们不能确定侵犯在先的权利或逃避在先的义务的情况，也不能界定对可能被错误行为或不幸破坏的公平分配结果的正常且有代表性的期望。[72]

　　我们可以用奖惩的例子来表明这一点。对盗贼的公平惩罚依赖于"什么是正当地属于他人"的在先确定。道德应得（moral desert）的公平奖励依赖于我们对人们公平期望的在先确定。例如，如果学生的功课比及格分数所公平预期的要好，则学生应该获得更高的分数。如果没有在先地预期什么是对某一学科的熟练程度的公平表现，就不可能把学分通胀和学业进步区分开来。因此道德应得不能先于确定公平份额或公平期望的原则。正如罗尔斯所言："道德价值的概念是次于权利和正义概念的，它在分配性份额的实质定义中没有任何作用……因为一个以奖励道德应得（作为第一原则）为目标组织自身的社会，就好像为惩罚盗贼而拥有财产制度的社会那样。"[73]

　　另一方面，分配正义取决于调节正义。这一点如罗尔斯所指出，即使在理想理论中分配正义也要求社会有措施来处理不服从的情形，否则它无法充分保证其正义方案所要求的安全以实现社会稳定。[74]分配正义还要求社会有配给正义的措施来处理社会和自然的不幸，否则公民就不可

101

能有充分的理由认为某种程度上依赖纯粹的程序正义来分配基本资格体现了"就其自身而言可以获得支持的理想和原则"。[75]

总而言之，调节正义和分配正义是相互依赖的，因为没有代表性地位的纯粹程序正义分配规则，政治正义会太过复杂而无法实现，而没有立法和行政措施来处理特殊案例，政治正义将无法看到特定个人的行为和境况的道德意义。

政治正义的两个主题正在起作用：一方面，我们通过纯粹的程序正义实现与个人无关的分配；另一方面，分配考虑到基于个人行为和境况的要求。我们可以接受罗尔斯的这种观点，即在一个良序社会中纯粹程序正义的分配正义原则是首要的，因为错误行为的问题和将不幸结果维持在公平的范围内，只需要有能力处理这些问题并保持对所有公民正义原则的合理承诺的制度。然而，在大体上正义而不是良序的社会中，应该将多少社会的收入和财富用于解决易受伤害性，以及应如何将这一数额在各种易受伤害性之间进行分配，都是并非纯粹程序性的正义的重要问题。

102

因此理想理论作为一个原则问题，必须包括调节正义的各种要求的范围，以及代表性社会地位（包括最弱势地位）之内的期望内的其他集体责任。正如罗尔斯所说，在必须作出规定的集体责任中，有维持"积极的生产性劳动力"的义务，抚养和充分教育孩子的义务，投资于未来发展和维持生产能力的义务，以及照顾"退休人群，更不用说在由民族国家组成的世界里的国防和（正义）外交政策的要求"等的义务。[76]还要考虑到易受伤害性的问题，因此我们应该补充的是，必须就在社会内部执行正义和满足特殊需求（包括由于身残而不能算作平等贡献者的人的需求）作出规定。所有这些目的的总体支出必须在立法和行政上进行配给，至少在平等待人的原则下考虑到人们的特殊情况。正如罗尔斯所说，这将导致在其他有平等优势的人之间收入的"事后"（ex post）差异，而差异取决于人们有多少孩子,以及他们是否遭受各种疾病或意外影响。[77]

平等待人原则应该有什么样的优先性?显然,罗尔斯最初建议的机会的公平平等的词典式序列优先性(lexical priority)太强烈了,因为在对它的严格解释下,它能证明为那些有特殊需求的人投入无穷无尽的资源以在平等待人原则里取得哪怕最小的收获也是合理的。[78]罗尔斯后来承认,机会的公平平等也许不应该被视为对差别原则有严格的词典式序列优先性。[79]罗尔斯也承认,机会的公平平等不能被充分执行,因为它只需要粗略和现成的机会平等,所以不会证明为任何个人获得最小的机会提升而无限制地而投入资源的合理性。

也许我们应该说,要赋予机会的公平平等和平等待人这两个原则同样的优先性,这两个原则共同决定在两者规定下资源的分配。这些资源的配给为疾病或意外提供的大致保健水平,类似那些遭受如疾病或意外、出于机会的公平平等同样有理由恢复他们的能力的人所需的水平。对于遭受疾病或意外的人没有重获机会平等权利的特殊需求情况,应该用剩余资源加以解决,前提是这些资源足以体面地满足所有需求。

因此,机会平等和平等待人的规定所产生的社会期望要低于代表性地位(包括最弱势地位)占有者在一个没有人会极易遭受错误行为侵害或不幸的更有利但无法实现的世界里所拥有的期望。这些规定大致符合机会平等和平等待人的要求,但这些规定不会为了机会平等和平等待人要求相对较少的提升而大幅增加。从各方面看来,这些规定所要求的、来自最弱势群体期望的推演将会受到限制,这样就不会使那些期望随着时间的推移而逐渐减少或产生。然而,这一上限的确定将取决于这些判断——哪些是机会平等和平等待人中的微小提升所引起的过大成本,以及什么是在疾病和意外使人易受他人行为伤害的其他情况下体面的保健标准。因此这就给作为分配正义和调节正义的统一的政治正义理论留下了一定程度的不确定性。

可用于解决严重易受伤害性的资源上限很可能会在所有特殊需求的情况下，阻止有特殊需求的人充分地重获机会或获得残障的全面赔偿。这表明需要效率和相对重要性的标准来配给资源以改善易受伤害者的地位，从而确保在社会可用资源的允许范围内，机会的公平平等和平等待人原则得到满足。为了公平地确定应该给予有需要的人多少帮助，我们可以使用像德里克·帕菲特(Derek Parfit)优先主义原则(prioritarian principle)那样的调节正义原则，它受制于与罗尔斯良序社会的正义原则下纯粹程序正义的规定一起使用时所制定的约束条件。[80]优先主义原则是一种价值论或目的论原则，即人们应该采取行动使人的道德价值最大化，其中为人获取利益(避免损失)的道德价值越大，人对利益的在先终身期望就越低。因此加权后果论原则(consequentialist principle)将为主要基于代表性地位的，纯粹程序正义方案的公平份额加上涉及特殊需求问题的最后一笔。

可能会有人反对说，为完善公平份额理论而引入调节正义原则所带来的复杂性，破坏了罗尔斯正义理论相比功利主义和直觉主义所存在的优点。[81]作为分配正义和调节正义的统一的政治正义，不再能实现与功利主义不相上下的统一性和简单性。我们似乎也不能继续认为，在确定一个制度体系是否正义时，政治正义比直觉主义有更好的决策程序，因为政治正义也涉及许多不同的原则。

然而对于良序社会的理想情况而言，我们有着与以往一样的简单性，因为这是从其他正义问题(包括调节正义)中抽象出来的。有争议的是，完善后的政治正义理论必须更加复杂，否则它就不会为大体但不是完全正义的社会提供正义理论，而大体但不是完全正义的社会可能是人类可以采取的唯一形式。而且，作为分配正义和调节正义的统一的政治正义比直觉主义更具结构性。它允许我们说出一个大体上正义的社会是什么样子的,因为调节原则并不颠覆代表性资格,只是在它们对特殊易受伤害性有不同回应时,为原初状态里可见的正义社会的粗略画面提供个别资格(从各方面看来)的更精确细节。

就并非大体上正义的社会而言,我们将缺乏一个解决特定社会所面对的不正义程度问题的明确决策程序,就像直觉主义缺乏判断某个行为从各方面看来是否至此程度的正义也是正义这一问题的决策程序那样。[82]但是,尚未有强烈的理由认为非理想理论不能涉及多种原则。事实上,罗尔斯承认自然的正义原则,例如援助的义务,在确定正义个人行为上可以补充其正义理论的义务。[83]我们可以得出结论,作为分配正义和调节正义统一的政治正义的任何复杂性和不确定性,都不是反对这种政治正义的决定性理由。

七、对人的尊重与对需求的关照

还有两个任务。一个任务是说明分配正义和调节正义之间的区别是如何阐明罗尔斯对理想理论和非理想理论的区分的。另一个任务是要表明,分配正义和调节正义之间的区别,为解决罗尔斯正义理论的一些所谓"内部"批评问题提供了一种策略。

阐明罗尔斯对理想理论和非理想理论的区分也是为了对其进行修订。理想理论涉及良序社会里的分配正义。它规定了以公民在社会合作中的地位为基础而确定资格和义务的原则,它是从特定个人利益以及一个人对另一个人的行为中抽象而来的。这种抽象不是任意的。良序社会中的正义理论关注处理尊重个人的要求这一方面的正义。在选择罗尔斯原初状态基本结构制度的正义规则时,我们选择的规则不强制要求任何某个社会地位的代表性占有者牺牲他们获得基本益品的利益，以促进其他社会地位占有者获取这些益品的利益。[84] 这就是指不应强制要求个人接受105 低于他们在最有利于最弱势者的规则下所拥有的基本益品份额。这样的理想理论规定了从解决日常生活起伏范围之外的需求义务中抽象出来的尊重个人的义务。

沃尔德伦认为，相比于满足需求的讨论，权利的讨论把尊重个人和自尊的理念包含在其结构中。[85] 解决需求的义务可以作为一种权利问题而被竭力推行，而尊重个人的权利也作为人的内在要求属于个人。另一方面，让他人处理特殊易受伤害性的权利属于特定情况下的特定个人。正如罗尔斯所建议的，包括尊重个人的正义首先需要强制性地保护构成一种自治形式的基本自由的制度，这是罗尔斯的"道德能力"的第二种形式。[86] 它还要求对收入和财富的公平获取，将剥削制度排除在社会基本结构之外。

非理想理论关注两种不同于良序社会的观点。其中一种叫作"调节正义"，它关注的是对即使在正义社会中也会出现的个人易受伤害性的正义回应。调节正义包括正义所要求的照顾义务，不管照顾是针对潜在的犯罪受害者，还是那些有特殊需求但不能通过公平代表性资格得到大体上解决的人。非理想理论的另一种观点处理对不正义社会安排的正义回应，以及对部分或大部分不正义社会里出现的个人易受伤害性的正义回应。

因此，调节正义与分配正义之间的区别，反映了涉及爱的形式（如父母之爱）对需求的关爱回应与涉及权利尊重对他人利益的照顾形式之间的区别。调节正义关注对个人易受伤害性的正义回应，而分配正义则关注对个人有原则的尊重。一个大体上正义而非良序的社会的基本结构，通过实现作为分配正义和调节正义统一的政治正义来承认公民是需要照顾且享有权利的人。因此理想理论与称为"调节正义"的一个非理想理论观点是互相依赖的。

我们可以补充说，关注对不正义社会安排的正义回应的非理想理论中的第二种观点也依赖于理想理论，因为它必须始终考虑对不正义社会安排的正义回应是否应该采取使它们更接近正义社会（良序）的安排的形式。对不正义安排的正义回应总是会采取这种形式，这点是不明显的。正如罗尔斯所言，把有利于先前受压迫群体的积极差别对待安排在一个良序社会里是不正义的，但可以是对压迫历史的正义回应。[87] 对不正义社会中不正义现象的正义回应总是比正义而非良序的社会的正义少一些限制，后者采用纠正正义（corrective justice）和限制性的优先主义（prioritarianism）形式为理想理论的要求添上最后一笔。

如上所述，从社会正义的另一个角度来看，罗尔斯的理想理论形式可以被视作一种非理想理论形式，后者又依赖于一种正义道德观念形式的理想理论。柯亨在批评罗尔斯的政治建构主义时，认为这样的政治建构主义是以正义基本原则和社会管理规则之间的相互混淆为基础的。[88] 当阿尼森认为，只有在实践中没有产生不可接受的成本，正义安排的政策或公开采纳的规则才需要充分实施基本的道德原则，这时他也采取了类似柯亨的立场。[89] 什么可以是正义的最终道德理想？这是一个需要在不同理想的追随者之间进行辩论的问题，但是因为它不影响人类社会可能追求的、管理代际间社会生活的正义，我们可以转而谈论如下问题：一旦在人性上可行的政治正义框架得以确定，政府可以为社会的利益做出什么决定。

注释

1. G. A Cohen, Facts and Principles, *Philosophy & Public Affairs* 31, 3 (2003), 141–42.

2. Ian Hunt, How Egalitarian is Rawls's Theory of Justice, *Philosophical Papers* 39, 2 (July 2010): 155–81, and especially, 156–57, 159–64, 175–77. See Also Joseph E. Stiglitz, The Causes and Consequences of the Dependence of Quality on Price, *Journal of Economic Literature* 25 (1987): 1–48.

3. 参见[美]罗尔斯(Rawls, J.):《正义论》,何怀宏等译,北京,中国社会科学出版社,1988,第 441 页。Rawls, *Theory of Justice*, 398.

4. G. A. Cohen, *Rescuing Justice and Equality*, Cambridge, MA: Harvard University Press, 2008, 231–32, fn. 4.

5. For a recent discussion, see Mark LeBar, Aristotelian Constructivism, *Social Philosophy & Policy* 25, 1 (2008): 182–213.

6. John Rawls, *Justice as Fairness: A Restatement*, ed. Erin Kelly, Cambridge, MA: Harvard University Press, 2001, 7.

7. Colin Farrelly, Justice in Ideal Theory: A Refutation, *Political Studies* 55 (2007): 844–64, especially 846–47.

8. Op. cit., 844–45.

9. Op. cit., 852.

10. Op. cit., 855.

11. A. John Simmons, Ideal and Nonideal Theory, *Philosophy & Public Affairs* 38, 1 (2010): 19–25.

12. Farrelly, Justice in Ideal Theory: A Refutation, 850–51.

13. John Rawls, *A Theory of Justice*, Revised Edition, Cambridge, MA: Harvard University Press, 1999.

14. Farrelly, Justice in Ideal Theory: A Refutation, 851.

15. Samuel Freeman, *Rawls*, London and New York: Routledge, 2007, 72–79.

16. Farrelly, Justice in Ideal Theory: A Refutation, 852.

17. David Schmidtz, Property and Justice, *Social Philosophy & Policy* 27, 1 (2010), 79–100.

18. Schmidtz, Property and Justice, 99–100. Cf. Immanuel Kant, *Critique of Pure Reason*, trans. Marcus Weigelt, London, UK: Penguin Classics, 2007, 18–19.

19. Friedrich A. Hayek, *Law, Legislation, and Liberty*, Vol.1, *Rules and Order*, London, UK: Routledge & Kegan Paul, 1973–1982, 54–60, 108–9.

20. Schmidtz, Property and Justice, 84, fn. 11.21. Schmidtz, Op. cit., 88. 另请参阅他对法官角色的评论, 92.

22. Amartya Sen, The Idea of Justice, London: Penguin Books, 2010, 96.

23. Sen, *Idea of Justice*, 101–2.

24. Rawls, *Justice as Fairness*, 11–16. Cf. Sen, Idea of Justice, 90, point (1).

25. John Rawls, *A Theory of Justice*, 6–7.

26. Rawls, *A Theory of Justice*, 75.

27. John Rawls, *Justice as Fairness*, 51.

28. See Will Kymlicka, *Contemporary Political Philosophy: An Introduction*, Second Edition, Oxford: Oxford University Press, 2002, 70–74.

29. Ronald Dworkin, *Sovereign Virtue: The Theory and Practice of Equality*, Cambridge, MA: Harvard University Press, 2000, 323.

30. Rawls, *Justice as Fairness*, 50.

31. Rawls, *Justice as Fairness*, 7–8. See also 176n.

32. Rawls, *Justice as Fairness*, 6.

33. See Rawls, *Justice as Fairness*, 15–16.

34. Rawls, *Justice as Fairness*, 9. See also Rawls, A Theory of Justice, 4.

35. Rawls, *Justice as Fairness*, 8–9.

36. Rawls, *Justice as Fairness*, 13.

37. Rawls, *Theory of Justice*, 211–12.

38. Simmons, Ideal and Nonideal Theory, 6.

39. Rawls, *Theory of Justice*, 216.

40. Rawls, *Theory of Justice*, 215.

41. See Rawls, *Justice as Fairness*, 13, 65–66.

42. See Rawls, *Justice as Fairness*, 171–74.

43. Alan Buchanan, Justice as Reciprocity versus Subject--Centered Justice, *Philosophy & Public Affairs* 19(1990):227–52, especially 230–36.

44. Rawls, *Justice as Fairness*, 176.

45. Rawls, *Theory of Justice*, 48.

46. Rawls, *Theory of Justice*, 215.

47. Rawls, *Theory of Justice*, 215.

48. See Rawls, *Theory of Justice*, 212–13.

49. Thomas Pogge, Equal Liberty for All? *Midwestern Studies in Philosophy* 28(2004):271, 273. See also Rawls, *Theory of Justice*, 211–13.

50. John Rawls, *Political Liberalism*, Expanded Edition, New York: Columbia University Press, 2005, 331.

51. See Ian Hunt, Overall Freedom and Constraint, *Inquiry* 44(2001): 134, 142–43.

52. Rawls, *Justice as Fairness*, 335–36.

53. Richard Krouse and Michael McPherson, Capitalism, "Property-- Owning Democracy" and the Welfare State, *Democracy and the Welfare State,*

ed. Amy Gutman, Princeton, NJ: Princeton University Press, 1988, 98.

54. Rawls, *Justice as Fairness*, 173.

55. Rawls, *Justice as Fairness*, 173.

56. Rawls, *Theory of Justice*, 311.

57. Elizabeth Anderson, What is the Point of Equality? *Ethics* 109(1999): 306.

58. Richard Arneson, Luck Egalitarianism and Prioritarianism, *Ethics* 110(2000): 342–43.

59. Rawls, *Justice as Fairness*, 174–75.

60. See Norman Daniels, Just Health Care, Cambridge: Cambridge University Press, 1985. But see alsoNorman Daniels, Is There a Right to Health Care and, If So, What Does It Encompass? in H. Kuhse and P. Singer, eds., *A Companion to Bioethics*, Oxford: Blackwell, 1999, 316–28.

61. Rawls, *Justice as Fairness*, 160.

62. Rawls, *Justice as Fairness*, 176.

63. Cf. Rawls, *Justice as Fairness*, 176.

64. Rawls, *Theory of Justice*, 75–76.

65. Rawls, *Theory of Justice*, 73–78.

66. See Richard Arneson, Debate: Equality of Opportunity for Welfare Defended and Recanted, *The Journal of Political Philosophy* 7(1999): 488. See also Nils Holtug, Prioritarianism, in Nils Holtug and Kasper Lippert—Rasmussen, eds., *Egalitarianism: New Essays on the Nature and Value of Equality*, Oxford: Oxford University Press, 2007, 125.

67. Aristotle, *Nicomachean Ethics*, Loeb Edition, revised, trans. H. Rackham, Cambridge, MA: Harvard University Press, 1934, 259–67(1130a15–1131).

68. Aristotle, *Nicomachean Ethics*, 267(1131a–1131a10).

69. Robert Goodin, *Protecting the Vulnerable*, Chicago, IL: University of Chicago Press, 1985, 109–44.

70. Rawls, *Justice as Fairness*, 171.

71. See Amartya Sen, *Inequality Reexamined*, Oxford: Clarendon Press, 1992; and Martha Nussbaum, *Frontiers of Justice: Disability, Nationality, Species Membership*, Cambridge, MA: Harvard University Press, 2006.

72. Rawls, *Theory of Justice*, 211–12.

73. Rawls, *Theory of Justice*, 275.

74. Rawls, *Theory of Justice*, 212.

75. Rawls, *Justice as Fairness*, 125.

76. Rawls, *Justice as Fairness*, 173–74.

77. Rawls, *Justice as Fairness*, 173.

78. Richard Arneson, Against Rawlsian Equality of Opportunity, *Philosophical Studies* 93(1999): 81–82.

79. Rawls, *Justice as Fairness*, 163n44.

80. Derek Parfit, Equality and Priority, *Ratio(new series)*10, 3(December 1997): 213.

81. Rawls, *Theory of Justice*, 19–40, 107–8, 160–8.

82. Rawls, *Theory of Justice*, 30–40.

83. Rawls, *Theory of Justice*, 98–100.

84. See Hunt, Why Social Justice Matters, 170–71.

85. Jeremy Waldron, The Role of Rights in Practical Reasoning: "Rights" versus "Needs," *The Journal of Ethics* 4(2000): 115–35, especially 131.

86. Rawls, *Justice as Fairness*, 45.

87. Rawls, *Theory of Justice*, 50.

88. See Cohen, *Rescuing Equality and Justice*, 278–86.

89. See Richard Arneson, Luck Egalitarianism: An Interpretation and Defense, *Philosophical Topics* 32(2004): 1–20, especially 14–16.

公民自由社会主义之至善

一、从正义的框架到善的理念

　　我们有充分的理由认为,资本主义是一个不正义的社会,我们要拒绝新自由主义的理想并选择一种替代性理想。我们已经为一个可实现的、大体正义的社会勾勒了一种正义的观念,它可以作为替代性理想的正义框架。由于罗尔斯关于他所谓的"良序社会"的理论是从任何可实现的人类社会中必然出现的调节正义问题中抽象出来的,这个框架是罗尔斯正义理论的一种变体。尽管如此,这种观念广义上是罗尔斯式的,并且与政治自由主义相一致,所以在许多带着不同的善理念的整全性道德观点(包括罗尔斯认为"合理"的所有观点)中都可以被接受。

　　政治自由主义允许罗尔斯正义理论的替代性理论。[1]从其他自由主义正义观的角度——例如罗尔斯自己的"良序"社会的正义理论,或者观点弱化些的版本如伊丽莎白·安德森提出的理论——来看,第五章提出的观念应算作其中一种替代性理论。[2]所有公民都可以就相同的政治正义观达成一致,尽管有些人赞同罗尔斯的观点,即一个调节正义没有实质性作用的社会在人性上是可行的,还有一些赞同伊丽莎白·安德森的观点,认为差异原则追求超出了正义要求的财富和收入平等。由于差异原则不能成为社会的一个宪法要求或者一项基本权利,安德森的"民主平等"可以接受实现差异原则的社会结构,只要它在人性上是可行的,哪怕它实现了比她的正义理念所要求的还要高的收入和财富平等。

112　　安德森对差异原则有反对意见,认为它可能要求中等收入者做出相当大的"牺牲",从而有利于最弱势者。[3] 我们可以质疑的是,如果差异原则既不是宪法要求也不是基本权利,而且它也只通过纯粹程序正义机制得以实现的,那么它是否可以提出这样的要求。一般的立法指导原则旨在建立这样一个体系:其分配结果会使最弱势者比他们在任何其他可行体系里更有利,而不要求在每个结果上都有从中等收入者那里再分配给最弱势者的详细干预措施,特别是如果这种干预措施不可能在任何世代更替的持续基本结构中成为社会可行措施的话。

如果我们没有充分的理由认为背景正义的替代性制度会产生更高的社会最低收入,那么我们就必须假设差异原则得到满足。这把对中等收入群体的分配细节留给了雇主,雇主在正义的社会里将提供"选拔性工资"(selection wages),以最大限度地增加他们雇佣岗位最优人才的机会。[4] 这种确定中等收入工资的方式很可能是最有利于最弱势者的,因为在选拔性工资制度下中等收入者更有可能成为岗位最优人才。

安德森支持把"民主平等"作为差异原则的正义体系的替代性方案,这似乎是基于如下观点:在人性上可行的社会可以执行迈克尔·瓦瑟(Michael Walzer)的要求,即收入差异限于与分配机会或政治地位的正义的不同领域。[5] 我们只有对社会制度如何引起这种不同有一些认识,才能评估这种可能性。

许多整全性观点不同意把公民社会自由主义作为新自由主义的替代性社会理想。选择它只是从许多合理的善的理念中选择其中一系列善的理念。公民自由社会主义的社会理想将集体生活视为最高的善,这似乎与如下观点相对立:私人生活是一种比公共生活更高的善。如果私人生活不再被简单地看作是个人生活,且家庭生活包括在集体生活里(因为在家庭并不是由一个人统治的任何社会里,家庭生活显然应包括在集体生活里),那么明显的是上述那种对立并非关键的区别。关键的区别在于社会主要生产性资源的所有制形式,在正义的社会里区别存在于公有制和私有制形式之间,这些形式与国家社会主义和资本主义制度下公私所有制形式截然不同。最后,自由社会主义也是从众多将人的本质视为社会存在的善观念——包括亚里士多德对人的本质的观点——当中选择的一种特定的善观念。[6]

113　　马克思的社会理想隐含在《资本论》中,并更具体地体现在(虽然并未充分完善于)他的《政治经济学批判大纲》草稿和《1844 年经济学哲学手稿》中。这种社会理想把自由集体活动视为人类自由的最高表现形式。沃尔德伦的观点在某种程度上与其相冲突,即生产性资源的私有制对全面实现个人自主是必要的,沃尔德伦认为个人自主的全面实现对人类而言是最根本的。

接下来将阐明马克思关于人的美好生活的理念,使这种理念的优点可以作为选择自由社会主义,而不是其他强调个人生活价值和生产性资源私有制的理想的理由。这种观点不会被所有合理的整全性道德观点接受,它仅旨在让一些公民有理由选择那些公开支持他涉的促进自由社会合作的活动领域的制度。如果大多数公民支持这种善的观点,那么社会可以立法建立自由社会主义制度,从而为他们的社会赋予具体的形式,而这样的社会就其正义框架所界定的基本权利和社会合作负担和利益的分配达成政治协议。正如罗尔斯在其《政治自由主义》中所定义的那样,这个社会仍然是"自由的"。合理的整全性道德观点会认为这种社会理想是大体正义的,虽然就罗尔斯把"良序社会"视作完全正义这种方式而言,它并不是完全正义的。

二、马克思关于美好生活的理念

在阐述马克思关于美好生活大概的理念时,我们的出发点是我们能否有决定性的理由,像亚里士多德那样,把人类生活众多目的的任意一个看作其"特殊的最终"目的。[7]亚里士多德的"特殊的最终"生活目的是人们为了目的本身而选择的,并且会让我们为自己的出生而感到快乐。实现目的的手段也可以是人们为了手段本身而选择的,但它们本身没有理由让我们为自己的出生感到快乐。人们不会为了困难本身而选择困难的,而且孤立地看,困难可能会使我们感到生而可悲而不是生而快乐。不过,困难可以作为达成健康这样的目的的手段而被选择,这反过来可以使我们感到生而快乐。

政治生活也必然成为实现其他目的的手段,因为这些目的使政治有意义。政治生活的满足可能会让我们有理由为了政治生活本身而选择它,但这些满足不能成为它的主要意义。许多公民认为政治生活的意义是他们的福利,这个例子很好地解释了为什么我们的一些目标未能成为生活终极目的,尽管我们是为了它们本身而选择它们的。

114　　尽管如此,亚里士多德认为人类生活有终极目的可能是错误的,因为似乎没有具体的人类活动有资格成为这样的目的。亚里士多德指出,当阿那克萨戈拉斯(Anaxagoras)被问到人们会为了什么目的而选择出生而非不出生时,他回答说,人们选择出生是"为了思考众天神和整个宇宙的秩序"。⁸ 但大多数人会觉得这不是他们生活中的最终目的。

　　为了辩护亚里士多德的观点,科尔斯戈德(Christine M. Korsgaard)试图通过排除那些不可能的终极目的来挑选出人类生活的终极目的,她声称诸如阅读侦探故事等具体的娱乐活动一般不会成为人类生活的中心。⁹ 科尔斯戈德认为,一些比娱乐活动更为严肃的目的也不能成为我们的终极目的,它们给人们的美好生活带来法律、道德或物质的条件,但它们本身并不是人类生活的意义所在。娱乐的享受可以算作是这样一个更严肃的目的,因为它恢复了我们处理生活核心事务的能力,尽管娱乐活动本身并不严肃。这同样适用于诸如保健或吃饱的目的。

　　科尔斯戈德认为,如果我们拥有快乐祥和的条件,其中我们生活的法律、道德和物质框架是它们应该成为的样子,而不需要我们做任何事情来维持这种状态,那么人类生活的中心就是"我们应该做什么"。¹⁰ 她还认为神的生活代表了人类生活的快乐祥和条件,因为它们没有缺陷或不足,它们把人类美好生活中最重要的活动凸显了出来。¹¹ 如果情况如此,这将支持亚里士多德的理念,即对真理的思考是人类的最优生活,因为这可能是众神的关键活动。

　　只有社会能够使维持人类生活框架的各种过程完全自动化,其中包括一切监视这个自动化过程的过程,科尔斯戈德快乐祥和的条件才能得到满足。即使这在人性上是可行的,我们也不可能只考虑那些不服务其他意图的真理。¹² 我们可以选择真理反思以外的活动,因为许多人可能会选择各种艺术,尽管这样的活动是亚里士多德或古希腊任何其他绅士难以想象的,他们都只把达到真理或战争演习的手段作为他们双手的合适用途。

　　在现实中,科尔斯戈德的快乐祥和条件无法为确定任何可行人类生活的意义提供背景。¹³ 人类的最优生活仍需要一些维护其法律、道德和物质条件的工作,即使它只涉及对法律和道德标准的最低限度的执行,以及监督物质产品生产的工作。诚然,这不是人类最高的善的主要部分。必要的辅助活动强调了在共同体的合作活动中挑选出作为人类最高的善的任何具体活动的问题,这些共同体活动给人类生活带来了满足,其中包括对合作本身的享受。

115   阅读侦探故事以及诸如房屋设计、建造或居住等更直接地令人满足的具体活动,都不可能成为使生活选择有价值的唯一的事情。这些活动是那些给人类生活带来意义的活动的辅助活动,但是它们不能靠自己本身使生活有价值。我们可能因为成功地参与了一个有价值的人类共同体的集体活动而感到快乐。活动包括辅助活动,从它们在这样的集体活动中的作用里获得它们的意义,因为这样人类可以像马克思所说的那样,以符合他们本质的方式生活。[14]

因此,从特定美德到人类自由作为人类最高的善的现代转向似乎走上了正轨。这一转向使我们避免仅仅因为一些生活对于那些更积极且富有成效的活动(没有这些活动人类生活就没有价值)而言,尽管是必要但却是辅助性的,就将前者贬低为逊色于其他生活的生活。正如罗尔斯所言,如果当今社会必须接受合理的多元道德观,那么任何整全性道德观所特有的美德都不能被强制作为公民社会生活的永久性条件,因为公民可以从自身的角度理性地拒绝它们。[15]

对于黑格尔来说,向美德法则(laws of virtue)退守生活的替代性选择是把自由视为最高的善,在任何情况下,对每一种可供选择的行动,我们都有支持或是反对的理由,我们应该依靠自由来选择如何行动。一种反对意见认为,自由不可能是最高的善,因为它的行使可以是为了善也可以是为了恶。黑格尔承认,单纯的选择能力本身没有价值。他认为,这样的选择能力只是一种放弃任何决定的能力,而这是任何形式的自由的前提。它的价值来源于在与"本来能选择什么"的比较下"选择了什么"。黑格尔认为，最高的善是一种比他所谓的在做出选择时的这种"否定性"要素更完整的自由形式。

在我们质疑我们为什么会想要我们所想之前，常识（common sense）把做一个人想做之事的权利视作完整的自由。如果我们只想避免来自他人的威胁而做自己想做的事情时，是自由的吗？当我们的需要是由我们的生物本质或我们的教养所决定时，我们是自由的吗？似乎只有当我们的欲望属于我们自己时做我们想做的才是自由，无论这可能意味着什么。

康德认为，当我们追求的目的是我们的理性认为必须是我们的目的时，欲望就是我们自己的，不管我们可能有的倾向是什么。伍德声称，不应该认为这暗示着义务与倾向必然相反。伍德认为康德旨在说明，当我们履行义务时，我们是根据理性欲望行动的，而这些欲望并不需要与形成我们"倾向"的人的本质和教养所产生的经验性欲望相抵触。[16]

116　　　对于黑格尔而言，康德关于真正的自由的观念与做我们想做之事的能力的自由自发形式相差太远了。即使就伍德对康德的解释而言，理性的欲望似乎完全独立于我们的倾向。诚然，黑格尔承认自发的自由有其限制。我们选择做我们想做之事的能力只需要充分利用我们的不幸或压迫条件，哪怕是奴隶也能这样做。在行使追求自己幸福的权利（这种权利是奴隶所缺乏的）时选择我们想做之事，这种限制就得以克服，虽然追求自己幸福的权利有自身的限制。

黑格尔区分了三种自由形式：直接的自由（或自然的自由），反思的自由和理性的自由。前两种形式不是完整的自由，因为它们认为选择是部分任意的，这使我们的生活在某种程度上是被决定了的，而不是完全自由的。仅仅根据我们目前最强烈的欲望而行动时，这些限制是最强烈的，因为这意味着我们可以任意地追随我们的欲望。另一方面，反思的自由指反思我们的欲望,从而确定在把我们的生活作为整体考虑时,追随欲望是否会带来幸福。于是就有了关于以幸福为宗旨的目的的反思所需要的理性要素。[17]

根据黑格尔的观点,在以幸福为宗旨的目的之间做出选择,给动力之间本来任意的选择标准带来一种"形式的普遍性"(formal universality)。[18]黑格尔认为这种反思的或"任意的"自由理念体现了人们通常理解自由的方式。尽管如此,反思的自由是有限的,因为它将欲望和倾向视为我们本质和教养的给定内容,尽管我们可以"使它们(欲望和倾向)文明化"到如下程度:我们只根据那些在生活的总体计划里发挥作用的欲望和倾向采取行动。

理性自由以自由的实现为目标,从而走向自我决定(self-determination)。[19]对黑格尔来说,如果一个人的行为体现了理性自由或绝对自由,这个人的个性塑造[formation(Bildung)]需要欲望服从理性的伦理考虑:"……解放是一种艰苦的工作,这种工作反对举动的纯主观性,反对情欲的直接性,同样也反对感觉的主观虚无性与偏好的任性。"[20]

这涉及个人自由或主观自由以及黑格尔所谓的"客观自由(objective freedom)",他认为客观自由是一种在恰当的环境中超越倾向和欲望为正当的理由行事的能力。为了拥有客观自由,我们必须能够为了仅从幸福追求过程中的欲望的反思性慎思里所找到的理由以外的理由而行动。[21]主观自由和客观自由的统一产生了一个更全面发展的幸福观,即理性自由的实现。

伍德认为,这种理性的自我决定只不过是"真理",或者说是幸福的完全实现:也就是说,幸福被理性塑造成伦理规范。[22]他声称黑格尔的理性自由生活不仅是自利(self-interested)欲望得到一致满足的狭义幸福,而且是将自利欲望与他涉的欲望融为连贯理性整体的整合。只有包含在理性自由的范围之内,幸福才能实现其完整的、自给自足的形式,或者成为"真正的"幸福,虽然在其片面的形式里,我们的幸福只是理性自由的一个方面。[23]

正如伍德所想,为强调伦理规范所塑造的幸福的积极要素,也可以说,当伦理规范塑造我们的幸福时也重塑我们的欲望,使自涉的欲望和他涉的欲望融合成连贯的整体。黑格尔用"法"(Recht)[24]来表示伦理规范,后者指导但不"限制"我们对欲望满足的追求,不像它们仅仅作为一个说"不"的内在声音那样限制这些追求。[25]它们包括以下内容:尊重人的普遍权利的要求——这些要求被视为等同于一个人为了自己而提出的要求,良心的要求,以及在家庭、公民社会和国家领域与他人共同生活的要求。这些共同构成了黑格尔所谓的"伦理生活"。[26]

个人追求家庭幸福以及与他们因为爱的关系密切相关的其他人的幸福,并通过其他人的幸福获得家庭幸福。[27]这些被认为是"具有法的意义的伦理"行为,避免了那些认为婚姻是建立在个人感情的"偶然性"基础上的看法。[28]当个人在正义管理的保护下,并在专业社团和警察积极监管下的市场里追求自己的利益时,他人的利益也间接得到服务。正如艾伦·帕滕(Alan Patten)所指,黑格尔的"合乎理性的国家"(rational state)应该被看作是个人在与其他人的有意识合作中表达他涉的情绪(disposition)和美德的领域。[29]在这种意义上的国家与仅仅作为执行社会规则的一种工具的国家不同,前者允许在社会秩序制度里所实现的伦理规范下追求所有公民的利益。[30]国家只是在他所谓的"观念"(representational thought)里被视为仅是执行的工具。[31]

黑格尔认为,财产和契约对个性来说是必要的,但是当个人以一种自涉的方式行事时,它们本身就允许对权利的侵犯。这些侵犯可能受到惩罚威胁和道德良心的制约。然而惩罚可能是不可靠的,而良心可能会屈服于诱惑。自由的生活只有在伦理生活中才能稳定、安全并自我肯定(self-af-firming),伦理生活带来了培养人们之间相互尊重的态度和习惯的持久习俗和强制性制度:"(黑格尔)关心的是,要找出现代社会世界的哪些特征能够以稳定和自我维持的方式实现独立个性和主体性(subjectivity)精神。"[32]

行使理性自由能"保持主观自由,并且不把这主观自由留在特殊的和偶然的东西中,而放在自在自为地存在的东西中"[33]。在采纳这个观点时,理性规范下的生活"不再是直接的、自然的,而是精神的"[34]。罗伯特·皮平(Robert Pippin)声称,这不是一个超自然能动性(agency)的本体论主张或理念,而是指集体构建出一个人们对其作出回应的理由领域。[35]这种集体构建的规范领域不能主张在某些人凌驾于其他人之上的任何权力形式下的效忠,只是作为一种生活方式相互构建的基础。[36]根据皮平的说法,这些规范以不可还原为因果解释的方式来说明我们的行为,这意味着黑格尔允许我们看到自己不仅仅是自然界的一部分,虽然这并不要求我们拒绝我们目前自然观的任一部分的内容,也不要求我们认为它给出了事件的不完整因果解释。

即使是唯物主义者也不需要认为以下想法是令人困扰的:我们可以将行为解释为对理由的回应。因为这种说法不能还原为自然的因果解释,也不会与自然的因果解释相冲突。[37]不管人们是否愿意接受唯物主义,可能令人困扰的是,黑格尔似乎认为我们回应理由的能力是与特殊和偶然情况无关的能力,能够看到这些情况是没有任何价值的。黑格尔说,婚姻应该被看作是"具有法的意义的伦理性的爱,这样就可以消除爱中一切倏忽即逝的、反复无常的和赤裸裸的主观的因素"[38]。国家作为他涉情绪的领域,揭示了其在战争中的真正精神特征,因为在这种情况下,它最清楚地表现出它对特殊的、偶然的利益的冷漠:"战争是严肃对待……尘世财产

118

和事物的虚无性的一种状态,在战争这一环节中,特殊物的理想性获得了它的权利而变成了现实。"[39] 黑格尔的"观念论"(idealism)似乎证明了我们的终极关切反映了世俗利益的完全虚无性。[40]

诚然,我们应该关注超越偶然情况的制度,使它们可以作为一种稳定而持久的生活方式持续发展的框架,而这样的生活方式包含了人类生活所有偶然性和特殊性所凸显的各种各样的世俗目的,同时也拒绝了那些不尊重他人的目的。

像马克思这样的唯物主义者不会肯定尘世事物的虚无性,尽管他也重视社会关系和社会制度的持续发展框架,这个框架允许我们特殊的、偶然的关切之事得以公正和自由地实现。这个框架历经财富变化和世代更替而持续存在,其中每个人的自由在自由集体行动中得到尊重和肯定。它符合艾伦·伍德对一种康德式的"目的王国(kingdom of ends)"的重构,伍德把这种王国比作马克思关于未来社会的理念——其中"每个人的自由发展是一切人的自由发展的条件"。[41] 在罗尔斯历经世代更替和不同社会条件的持续正义框架的理念里,这种关切也表现了出来。对于马克思来说,因为他颂扬人类生活的物质现实,所以理性不能以黑格尔的方式成为"当代十字架上的玫瑰"(rose in the cross of the present)。

诚然,正如乔治·马库斯(George Markus)所说,人类无法像他们参与自由集体活动和他涉的利益的实现这个蓬勃发展的领域那样,控制使他们与自身"类存在(species being)"相异化的社会形态里的境况。[42] 我们不能全心全意地颂扬人类生活,因为人类生活反映了我们为了追求自己和他人的幸福,而发展和表现人类集体行动能力时所遇到的挫折。黑格尔认为,我们应该抛弃关于人类生活的偶然和特殊关切的虚无性,他的观点在我们遭受人类集体能力的异化时,似乎是合理的。然而无条件地抛弃偶然和特殊事物表明,任何社会条件都必然类似地否定我们对自身境况和社会的集体控制。接受这一点就是与人类的异化和解。正如马克思所看到的那样,问题更多地在于重塑社会,使人类能够重获并全面发展其"类本质"（species essence）。

正如马库斯所言，对人的本质的人本主义和反人本主义（或结构主义）解释都没有认识到,人的本质(正如马克思所想那样)不是关于个人的固定基准,而是由发展社会关系的总和而构成的。这些的评估标准可能是"最无愧于和最适合于他们的人类本性"，而不是任何特定社会形态所设定的标准。[43] 由于人的本质并非生物学的给定内容,所以人类生命的社会历史起源同时也是其本质的起源。

三、马克思的自由观

马克思认为,在严格的考虑下,人的全面自由基本上包括:

> 个性得到自由发展，因此并不是为了获得剩余劳动而缩减必要劳动时间，而是直接把社会必要劳动缩减到最低限度，那时，与此相适应，由于给所有的人腾出了时间和创造了手段，个人会在艺术、科学等等方面得到发展。[44]

当劳动活动恢复为自由活动时,它仍然受到限制。限制之一是与其他人一起劳动所需的纪律,因为如果我们要产生共同预期的效果,就不能仅仅按照我们个人的意愿去做。[45]另一个限制是特定物质资料的生产迫使我们使用特定的生产方法创造预期产品。科学的知情活动是一种考虑到这些限制的工作方式,并且在认识到这些限制的同时,在生产不同于特定物质资料的期望对象物的过程中克服了它们。对于马克思来说,自由活动

120

并不是儿戏之说，而是有纪律且严肃的，不仅为了追求生存，还为了由个人或集体选择的、独立于生存的目的。[46]

为生存而追求的目的落入了马克思称为"必然王国"的范围之内。[47]它们可以通过对社会与自然的代谢互动的理性、自由的集体控制来追求。以全面发展的形式开展的自由、有意识的合作，或人类全面自由的表达，是由社会本身或社会里团体和个人所设定的集体追求的目的。这种全面的人类自由的理念为黑格尔的三种自由观设定了自然主义的限制。[48]

这些限制并不意味着马克思所承诺的自由形式不比黑格尔"反思的自由"高级。在马克思理念的意义上，全面发展的人类自由包括参照伦理规范和他涉的欲望来选择我们的欲望，这样我们所有的欲望都在一个整体里互相联系，并以幸福为目标被人们所追求。当然，我们不能选择我们全部的欲望，因为在没有假定我们的选择会满足的某些欲望的情况下，我们没有理由以满足欲望的形式做出选择。我们可以假设，如果我们从最广泛的意义上来看"欲望"，没有其他形式的理由可以作为这些选择的基础。但从另一个角度说，我们可以选择我们的任何欲望，因为其他欲望可以成为这种选择的基础。我们选择欲望的基础，就像奥图·纽拉特（Otto Neurath）所说的那样，是我们的知识基础："我们就像必须在外海上重建自己船的水手，不能把船放在码头上也不能用最好的材料重新建造它。"[49]如果这种欲望的选择隐含在马克思关于人的全面自由的理念中，那么我们的行为就不会由这样的欲望——被我们仅仅视为我们本质或教养的给定内容的欲望（就像黑格尔"反思的自由"的欲望那样）——所决定。

马克思的全面发展的自由似乎属于罗尔斯的"拥有、修改和理性追求"我们的善的第二种道德能力范围内，后者包括根据我们的生活经验和道德观点的变化而修改我们的善的能力。[50]在艺术、宗教和哲学中往往可以行使人的全面自由，黑格尔认为这是理性自由的恰当领域，但马克思认为这些活动与商品生产一样是感性的，因为它们需要物质资料的生产才能产生预期的效果。人的全面自由的行使也可以出现在科学领域，或者至少在所谓的"蓝天（blue sky）"研究中，以及在生活方式的其他方面，前提是社会或社会团体设定了这些活动独立于人们的生存需求的目的。

121   总而言之，马克思的人的全面自由是有选择地追求和修改人为设计而不是自然给定目标的能力，着眼于一种包括我们自己幸福在内的美好生活。[51] 因此，我们可以把马克思的全面发展的人类自由观，视作由我们的理性的创造性能力完成的黑格尔的"反思的自由"，因为它在公平的社会合作条件下发展了自由的集体能动性。马克思的人的全面自由超越了黑格尔的"反思的自由"，它重视偶然的满足，而不是像我们在行使黑格尔的"理性自由"时所应做的那样，不给予偶然的满足任何价值。

艾伦·伍德认为这与康德的观点相吻合，而伍德重构了康德的观点，使其没有各种相反的观点碎片，他认为这些碎片是康德在发展如下观点时剥离出来的：一个人应该选择一个成员自由平等、互相尊重彼此生活目标的共同体的法则。[52] 不过马克思没有考虑罗尔斯采取的进一步措施——即宣称自由社会将拥抱罗尔斯所说的"合理的"道德多元主义，使公平的社会合作条件成为一种建立在各种道德观点之上的政治建构，而这些道德观点允许人们持有其他替代性道德观点。

四、马克思的社会合作观

在马克思的术语中，社会合作从最广泛的意义上说不过是"社会劳动"。马克思把看似独立的商品生产和交换归入社会劳动的范畴，并声称前者原则上受到社会的控制。[53] 尽管有自我主导的低买入或高卖出的动机，但所有参与者都承认他们都是"到市场上"做买卖。因此他们能够认识到他们正在参与市场交换的集体实践。

在《资本论》第 1 卷中，马克思不仅讨论了在社会规模上的合作，还讨论了狭义上的社会合作——具有共同目标的集体劳动，这个共同目标通过使个人意志从属于单一意志或计划而设定。[54] 在拉伊莫·托梅拉（Raimo Tuomela）的术语里，马克思关于个人服从于单一意志的观念要么是有"我们模式"（we-mode）意图的行为，要么是有亲团体自我模式（pro-group I-mode）意图的行为，但是托梅拉认为参与者自愿在"全面"合作中行动。[55]

在生产资料公有制的早期社会里，聚会或狩猎群体既具社会规模又是狭义形式的合作，因为个人根据习俗不假思索地融入他们的社会中。在古希腊罗马社会里，基于奴隶制的统治和奴役关系的社会合作成为当时社会合作的关键形式，后来在封建社会中这样的社会合作变成较为局限的形式。在资本主义社会里，尽管工人有形式上的独立性，但他们通常感到被迫签订了一项协议，使他们的工作意志服从于资本主义雇主，因为他们缺乏独立谋生的资料。

这些工人是在这种意义上不自由的——任何人在选择如何在威胁之下充分利用自己的境况时是不自由的。比如"你的钱还是你的命"的威胁提供了以移交钱财为条件才能活命的选择，在强盗的威胁之下，你会同时获得自由和失去自由。你获得的是虽与你的钱财分开但却能继续活着的自由，而失去的是带着你的钱财继续生活的自由。衡量所获得和所失去的自由，我们认为你的自由总体上减少了，因为如果你的境况是正义的，你不会面临如果你保留自己的钱财就会死亡的威胁。[56]同样，人们在市场上领薪水是因为他们除了成为马克思的"劳动力后备军"以外没有其他可能的选择，所以不能仅仅因为这是他们不正义的境况里的最佳选择，而认为他们是完全自愿地作为雇员与其他人一起合作。

对于马克思来说，至少正如这里对他的正义观的解释那样，这种就业选择并不是完全自愿的选择，如果工人不是没有任何资料来实现其对待售商品的生产能力，他们就不会选择基于资本家提供的条款和条件的就业机会作为最有利于他们利益的就业机会。

在《资本论》的其中一个转折点上，马克思探讨了合作在资本主义中的作用，并以他所谓的"简单合作"为起点。[57] 马克思首先将集体行动确定为一种生产力，远远超过虽人多但行动未协调的生产力。马克思确定了这种生产力的两种更为复杂的形式，远远超越了仅仅是协调许多个人行动的最简单形式。这些更为复杂的形式首先是分工内许多个人的协调，就像一个管弦乐队演奏交响乐那样，其次是被指派使用或监控机器的许多个人的协调，一起形成了一个全面的生产机制，在经协调的人为监督下指导各个环节。

马克思认为，任何在资本家指导下的集体活动都是形式上专制的，虽然它不是在奴隶制或农奴制那样的直接统治和奴役关系下发生的。[58] 马克思总结了资本主义控制下最为发达的合作形式出现的结果——社会分工和基于机器使用的大规模工业，并按以下方式表达出来："劳动资料同时表现为奴役工人的手段、剥削工人的手段和使工人贫穷的手段；劳动过程的社会结合同时表现为对工人个人的活力、自由和独立的有组织的压制。"[59]

123　　　这种对活力、自由和自主的压制来自大规模工业管理者利用分工和机器化手段对工人实施的控制，而这些管理者以资本主义雇主的利益出发，旨在实现利润最大化。随着时间的推移，这再生产了"劳动力和劳动条件的分离"以及"经济上的隶属地位[（经济上的隶属地位）是通过他的卖身行为的周期更新、雇主的更换和劳动的市场价格的变动来实现的，同时又被这些事实所掩盖]"，迫使工人出卖他们的劳动力以求生存。[60] 资本主义社会的雇佣合同似乎提供了选择,但其实只是一个狭窄的选择范围,因为所有的雇主和雇佣合同在由资本主义生产方式所主导的社会里非常相似。正如马克思所言,在确立已久的资本主义制度中,收入和财富的社会分配产生了"一方面是资本家,另一方面是雇佣劳动者"的关系。[61]

这种"雇佣奴役"的说法与奴隶制本身以及自由的生产活动不同,为以下问题提供了一些启示:为什么马克思将雇佣奴役视为一种不自由的集体活动形式?只要工人是被迫做他们被要求做的事情的,它就像奴隶制那样。它跟奴隶制的不同在于,工人做他们被要求做的事情只是为了就业,而且一旦他们的工作不足以满足雇主所要求的利益就会被解雇。雇主只拥有雇员在协定工作日内的工作能力,而不拥有他们整个人。

马克思还认为,工人承担起保住工作的责任,因为这也是他们在自身境况下的最佳选择。只要保住工作,自由工人几乎不会失去他们会获得的收入,因为除此之外,他们的替代性选择是成为劳动力后备军以及由此带来的收入。这与被主人所拥有的奴隶的反应形成鲜明对比,奴隶在自己的工作永远不会改善自己命运的情况下,对他们的工作承担很少责任或者根本不承担任何责任,尽管奴隶制为优秀的工作提供了一些激励措施,例如允许奴隶组建家庭,成为家奴或一个拥有奴隶的奴隶。工人对自己的工作方式没有发言权,但实际上他们必须发挥主动性来提供对他们的指导细节。雇主也不可能忽视这样一个事实,即工作经验往往会使工人更好地了解如何改进他们的生产方式。尽管管理特权在实践中比在法律里更为有限,但它给予雇主对集体劳动的合法控制权。[62]这就像马克思所设想的那样,明确地将资本主义里的集体工作与自由集体活动区分开来。

马克思总结了两种形式的自由集体活动,一是在必然王国的自由工作;二是在人的全面自由实现情况下,其中参与者可以在独立于生存要求的情况下自由地设定自己的目标。他认为任一形式的自由集体活动有两

个条件：首先，参与活动的选择必须完全自愿的。其次，参与者对其活动的
控制必须仅受制于活动的技术要求，以及对参与者和整个社会负责，而不
是对他们以外的某些私人利益负责的掌权机构。

马克思在这一方面——就对参与者和整个社会负责的方式而言自由
集体活动对活动指导者作出何种要求——并没有说很多内容，也许部分
是因为他拒绝为未来的食堂开出调味单。我们不知道什么使得集体劳动
不再是他认为的出于使用目的的明显集体劳动，因为鲁宾逊·克鲁索
（Robinson Crusoe）的劳动明显是出于使用目的的个人生产情形。正如《政
治经济学批判大纲》草稿里的一些评论那样，关于巴黎公社的一些粗略评
论给出了马克思关于自由集体工作理念的更多线索。

五、自由集体行动：集体行动的特殊情况

托梅拉定义了他称之为"我们模式"（we-mode）的行为，当不同个人
拥有共同的"我们态度（we-attitude）"（共同的意图或信念）时，"我们模式"
（we-mode）的行为就会发生，而人们采取"我们态度"暗示他们集体地认
为他们拥有共同的目标，因此共同致力于追求这一目标并发挥各自的作
用。[63]"我们模式"的行为与托梅拉所谓的"自我模式"的行为形成了对
比，后者可以采取多种形式，包括回应别人所做之事的方式。

托梅拉认为，"我们模式"的活动与严厉的强制并不相容，因为"我们
模式"的参与者必须"自愿"在集体活动中发挥自己的作用。然而，那些在
一群奴隶或国家囚犯里发挥自己作用，并因此受到严厉强制的人之所以
发挥自己的作用，是因为他们认为在自己的境况下他们最好扮演各自的
角色，并且可能形成这样做的共同承诺。至少在亚里士多德的意义上，他
们是自愿这样做的，而不是不管自己的意愿这样做的。他们也可能认为，

他们各自有理由参与秘密的蓄意破坏活动［有时称为"麻雀战（sparrow warfare）"］来打击掌权者，尽管任何共同承诺可能只是为这些活动提供掩护。这不是一种不一致的情况。这只意味着他们接受了做自己被要求做的，从而使自己的行动可以被监视，这并不排除他们减少所付出努力的自身目标，他们可能会根据自己的处境以极少的道德顾虑追求自己的目标。

因此，全面自由的集体行动是"我们模式"行为的特例，仅仅愿意为了共同的目标而发挥自己的作用不足以实现自由。问题是指出什么可以使这种活动自由。自由集体活动的条件不能还原为每个人作为个人的自由。正如恩格斯在批评蒲鲁东时所说的那样，集体行动内在地限制了参与者的个人自由，这可能会使其看起来与自由并不相容，并且只能在不可避免的程度上才可以让人容忍。[64]

当然，自由的个人社会行为是可以发生的。正如托梅拉所言，对集体行动的承诺不同于亲团体自我模式行为，其中个人虽然考虑了其他人的行为仍作为个人采取行动。在这里，个人活动是否自由的条件是个人追求幸福的能力是否被其他人的行为所抑制，这些行为限制了在更正义的环境下的开放性选择。

尽管有人质疑，根据共同意图行事与作为个人行事在考虑他人行为的方式上是否真的有所不同，但接受"我们意图"（we-intention）包括使个人计划从属于集体意图的执行的承诺。[65]正如我们所见，这种从属关系可以发生在不自由的集体行动中。在不自由的集体行动中，掌权机构将活动导向挫败参与者利益的目的，尽管相比起他们的社会环境下所有可替代的行为方式而言，这些目的可能会更少地被挫败。在这些情况下，参与主体可能会自愿行动，其意义等同于亚里士多德的船长在暴风雨中自愿抛货救船那样。如果他们能够可行地采取在其他更为正义的环境下较少地

125

挫败他们利益的行动,他们便会被迫采取行动。

因此自由集体活动的前提是,制度要求那些指导活动的人公平地平衡参与者对其集体活动负担和利益的分配要求。这符合我们称之为"内部自由集体活动"的一个条件。如果一项活动满足成为内部自由集体活动的所有条件,它将是关于参与者之间相互关系的自由集体活动。任何内部自由集体活动也将成为整体社会合作的一部分。当它是自由的社会合作体系的一部分时,我们可以称之为"外部自由集体活动"。

当且仅当作为社会合作一部分的集体活动是内部自由且社会合作是自由时,集体活动才在内部和外部都是自由的。例如一个合作企业可能在内部是自由的,但如果它是更广泛但不自由的社会合作体系的一部分,它将面临限制,而对于这些限制它有极少或根本没有发言权。

施韦卡特表示,西班牙蒙德拉贡虽然规模堪比跨国公司,但却拥有职场民主。然而尽管它为雇员提供了职业保障和就公司计划的投票权,但雇员并没有强烈地感觉到他们拥有了蒙德拉贡。[66]这在某种程度上无疑是因为他们占有公司的个人份额很小,且他们极少作为投票者参与公司方案的投票。部分原因还可能是它的雇员觉得自己就公司方案发言的能力和准备程度不如管理层。最后,雇员还可能被告知,公司必须采取一些本身就不受欢迎的措施,不然公司就无法与那些加强对雇员的剥削以获得更高利润的公司竞争。因此蒙德拉贡可能以低于生产力增长率的速度提高工资水平,甚至要求工资冻结,以维持在资本主义企业所主导的市场的竞争力。因此,如果蒙德拉贡的雇员在为蒙德拉贡工作时感到他们真的拥有自己的企业,那这也是令人惊讶的,因为他们在社会环境的政府里也缺乏有效的发言权,哪怕他们参与了某种程度上内部自由的集体活动。

在《政治自由主义》里,罗尔斯提出了一种"作为独立观点的政治正义观",因为他在寻求这样一种正义观——人们在社会里为实现互利的自由合作而自由地将之作为一种关于何为正义的共同观点加以接受。[67] 在具有多种合理的整全性道德观念的社会中，不可能在社会中对以任何一种整全性道德观念为基础的关于何为正义的观点有共同且自由的承诺。

因此在社会范围内，全面自由的社会合作的一个必要条件是，这种合作是按照合作者从他们各种道德观点出发、在罗尔斯所称的"广泛的反思平衡"里最终认为是正义的条件来实现的。这不可能出现在公民遵循冲突观点的每个社会里，因为自由地采用整全性道德观点的前提是公民可以追求一种善的观念，而不会让持有不同道德观点的其他公民难以容忍。由此可见，公民并不是简单地就"什么是善的"作出自己的决定，因为他们可以各自认为压制其他善的观点是好的。

符合合理多元主义的良心自由（freedom of conscience）涉及包容他人追求不同观点的权利的道德观点。[68] 它也预设公民不受其初始观点的内在约束，能够反思和修改他们的善的观念。如果缺乏这些能力，公民会在服从国家权力、公共舆论或父母压力的情况下采纳善的观念。

公民可以理性地选择将政治建构的公平社会合作规则强加于自己身上，因为这些规则实现了自由地持有自己整全性道德观点的，公民之间自由公平的社会合作的规范性要求。所有公民都可以理性地采用公平合作的共同规则，并且只要其他人遵守规则，他们也遵守规则。所有公民都可以根据他们自由地采纳的道德观点，通过合作自由地追求自己的目的。

假设我们有合理的多元主义且公民能够自由地采纳他们的善的观念。现在我们可以先从内部自由集体活动的条件出发，反问自由集体活动的具体条件是什么。为回答这个问题，我们要观察先进资本主义国家新自由主义政策采取了什么措施来扼杀内部自由的集体行动。[69] 新自由主义本身将内部自由集体活动与整体自由集体活动隔离开来，因为在近乎自由放任资本主义下的社会合作形式，总体上不可能是自由的集体活动。然而福利资本主义社会内部的自由集体活动要素主要存在于非资本家所有的制度里。

来自新自由主义的一个突出变化是，在工作场所里向更高的自上而下管理权力的转变，随着资本主义组织形式在尽可能多的经济领域里被强制实施以求更高的效率，这种转变不仅出现在资本主义企业，还出现在其他地方。在实践中管理特权一直与法律赋予它的理想权威相抵触，因为管理者对其劳动力的实际权力必定总是达不到其指导雇员工作的合法权利。[70] 管理层缺乏信息，因此在做出决定时面临不可避免的成本。这些制约因素剥夺了管理层所享有的法律授予的管理其劳动力的有效权利，这种权利绝对只受制于这样的前提——管理层采取一切可行的措施来避免给雇员的工作能力带来风险。

虽然管理者不能像封建领主那样，让其雇员处于致命恐吓中来强化他们的权威，但是他们可以利用罚款、降级或解雇的威胁来对雇员施加持续的压力，以完成管理层要求的任务。[71] 管理者可以通过监督雇员、检查他们是否达到管理层强制要求的标准来使用这些威胁，因此如果他们没达到要求，就会惩罚他们。

强化新自由主义管理权威的努力最终必然也是不够的。尽管如此，强化这种权威的尝试是将其完全置于处在管理等级结构最高地位的某个个人手中。因此任何管理权力向工作场所委员会的下放——使委员会有权代表企业进行决策——都必须撤销，这样他们的角色只是向管理层最高负责人提供建议，而该负责人有权做出与任何建议相反的决定。

在新自由主义下，工人利益的独立代表被这一要求——个别公司或个人之间进行谈判而不是产业间集体地谈判——削弱了。[72] 对工会覆盖面、与工会成员的见面以及谈判或罢工权利的限制，经常在一元主义意识形态的道德掩护伞下得以实施。这些限制减少了工作场所工会的集中程度,并削弱了工会代表雇员与管理层进行谈判的能力。一元主义把资本主义工作场所当作一个团队,追求企业成长和利润的共同价值,而高级管理层则是权力和忠诚的唯一中心。[73] 任命主管的权力属于高级管理层,而任何员工选举的要素都被夺走了。外部人士如工会组织或政治力量,要对罢工以及管理层和员工之间的其他分歧负责, 尽管管理层的自负感会因为承认他们与雇员的沟通有时存在缺陷而受挫。来自外部人士的所有影响被中断,因为与员工的见面受到了限制,内部的捣乱分子被淘汰。一元主义就像明显缩小了的法西斯式合作主义(fascist corporatism),其中企业取代了国家。

可以列出内部自由集体活动的条件清单, 作为彻底改变新自由主义为压制任何形式的内部自由集体活动而采取的措施的一系列步骤。有鉴于此, 内部自由集体活动首先要求工作场所民主满足罗尔斯财产占有的民主或自由社会主义的正义条件。这包括根据"辅助"原则下放权力,使管理权力下放到与任何绩效方面有关的最低水平。

其次,一种独立的声音是必要的,使参与集体活动的任何人都可以在他们的个人利益与他们所扮演的角色发生冲突的时候提出问题, 即使维持该活动可能要求他们继续分享扮演各自角色的共同意图。这种表达的需要也适用于团体。这种独立的声音包括与活动以外的代表的接触,他们可以独立代表参与的个人或团体。可以针对不同的问题寻求不同的代表,因为代表参与集体活动的人的利益而采取最有效的行动可能需要不同的能力。

内部自由集体活动的结构需要规则, 以获得对个人或团体利益的忠实且独立的表达。例如必须在限制腐败的制度规则之下建立独立表达其成员利益的工会。这可能包括工会领导人的薪水不会高于他们最高薪成员的规则,还包括允许成员要求向他们作报告、要求就是否存在职位空缺投票,以及要求新一轮工会领导人选举的规则。

129 六、集体生活的善

上文已经阐明了关于美好生活的理念,它可以为正义社会的公民采取自由社会主义提供理由。我们首先认为,必须放弃亚里士多德善的理念。亚里士多德善的理念把古希腊士绅的生活理想化了,在奴隶、妻子和士兵的努力下,士绅得到物质上的支持,免受错误行为的伤害,他们的生活从必然王国中解放出来了。就某种特定的方式而言,他们的生活是优良的,而且他们都可以追求这样的生活。

每个人都可以在当今世界里渴望自由,但自由本身既非好的亦非坏的。如果每个人都有权追求自己的幸福,社会就会认可这种对自由的渴望。这就产生了一个问题,即如果要使每个人对自由的拥有与其他人对自由的拥有相一致,那么每个人可以享有作为一种资格的什么样的自由。黑格尔认为,如果理性自由超越了对个人幸福的追求(其中每个人的追求都可能与他人的追求相冲突),从而达到了对伦理规范所界定的幸福的追求,那么理性自由可以回答这个问题。这就形成了一种每个人都有权拥有(且这种拥有与他人的有权拥有相一致)的自由,但黑格尔为了终止个人之间的冲突,不仅肯定了管教个人并培养对人的尊重的社会制度,还呼吁每个人放弃特殊和偶然关切的虚无性。

作为唯物主义者,马克思不赞同放弃这种对人类特殊生活的关切。我们只能将社会变成一种以合作和集体生活形式为主导的社会,从而追求我们的拥有与他人的拥有相一致的自由,这样个人之间互相冲突的理由会尽可能地少。这样的生活可以为个人提供尊重他人生活追求的理由,因为他们在由社会推动的集体活动中有共同的追求,正如平等伴侣的幸福婚姻那样。内、外部都自由的集体活动可以在罗尔斯自由社会主义版本的社会中有效地推行，还可以在财产占有的民主——对罗尔斯而言也是正义的社会——中得到哪怕是没那么全面的实现。[74]它也可以如马克思所想，在一种不以市场经济为基础的社会形式中实现。无论如何，马克思关于美好生活的理念为我们选择自由社会主义作为社会理想提供了理由，尽管其他美好生活的理念无疑也给我们提供了做出别的选择的理由。社会的选择必须根据广义上大多数人在某个时间里所相信的内容来决定，正如他们公平地选举出政治代表那样。如果大多数人都相信别的东西，那么任何这样的选择都可能被撤销。

130　注释

1. Samuel Freeman, *Justice and the Social Contract: Essays on Rawlsian Political Philosophy*, Oxford: Oxford University Press, 2007, 255–56.

2. Elizabeth Anderson, What is the Point of Equality? *Ethics* 109(1999): 287–337, especially 320–26.

3. Anderson, What is the Point of Equality? 326.

4. See Ian Hunt, How Egalitarian is Rawls's Theory of Justice? *Philosophical Papers* 39, 2 (July 2010): 155–81, especially 166–67; and see further Joseph E. Stiglitz, The Causes and Consequences of the Dependence of Quality on Price, *Journal of Economic Literature* 25(1987): 1–48.

5. See Michael Walzer, *Spheres of Justice: A Defense of Plurality and Equality*, New York: Basic Books, 1983.

6. Aristotle, *The Politics of Aristotle*, trans., with introduction, analysis, and notes by Peter L. Phillips Simpson, Chapel Hill: University of North

Carolina Press, 1997, 10(1253a7–1253a18).

7. Aristotle, *Nicomachean Ethics*, trans. H. Rackham, Cambridge, MA: Harvard University Press, 1934, 1097a.

8. Aristotle, *Athenian Constitution. Eudemian Ethics. Virtues and Vices.* trans. H. Rackham, Cambridge, MA: Harvard University Press, 1981, 1215b–1216a.

9. Christine M. Korsgaard, *Creating the Kingdom of Ends*, Cambridge: Cambridge University Press, 1996, 233.

10. Korsgaard, *Creating the Kingdom of Ends*, 234.

11. Korsgaard, *Creating the Kingdom of Ends*, 233–36.

12. Korsgaard, *Creating the Kingdom of Ends*, 230.

13. As H. G. Wells suggests in his dystopia of such a life in *The Time Machine*, Harmondsworth: Penguin Classics, 2005.

14. Marx, *Capital*, Vol.3, 959.

15. John Rawls, *Justice as Fairness: A Restatement*, ed. Erin Kelly, Cambridge, MA: Harvard University Press, 2001, 34–37.

16. Allen W. Wood, *Kantian Ethics*, Cambridge: Cambridge University Press, 2008, 36–39.

17. G. W. F. Hegel, *Elements of the Philosophy of Right*, ed. Allen Wood, trans. H. B. Nisbet, Cambridge: Cambridge University Press, 1991, 14–21.

18. Hegel, *Elements of the Philosophy of Right*, 17, 20.

19. Hegel, *Elements of the Philosophy of Right*, 21–23.

20. [德]黑格尔:《法哲学原理》,范扬、张企泰译,商务印书馆,1961年,第 201、202 页。Hegel, *Elements of the Philosophy of Right*, 187.

21. Alan Patten, *Hegel's Idea of Freedom*, Oxford: Oxford University

Press, 1999, 48–51; and Aristotle, Nicomachean Ethics, 1115b, 17–21.

22. Allen W. Wood, *Hegel's Ethical Thought*, Cambridge: Cambridge University Press, 1990, 70.

23. Hegel, *Elements of the Philosophy of Right*, 20, Addition, 21, 22.

24. Hegel, *Elements of the Philosophy of Right*, 149.

25. Michel Foucault, *Power/Knowledge: Selected Interviews and Other Writings*, 1972–77, ed. Colin Gordon, Great Britain: The Harvester Press, 1980, 119.

131　　26. Hegel, *Elements of the Philosophy of Right*, 148.

27. Hegel, *Elements of the Philosophy of Right*, 158.

28. Hegel, *Elements of the Philosophy of Right*, 161.

29. Patten, *Hegel's Idea of Freedom*, 192

30. Hegel, *Elements of the Philosophy of Right*, 258, 267–68.

31. Hegel, *Elements of the Philosophy of Right*, 268 Addition.

32. Patten, *Hegel's Idea of Freedom*, 182.

33.译文引自[德]黑格尔:《法哲学原理》,范扬等译,商务印书馆,1979 年,第 12 页。Hegel, *Elements of the Philosophy of Right*, 22.

34. Hegel, *Elements of the Philosophy of Right*, 225.

35. Robert Pippin, Naturalness and Mindedness: Hegel's Compatibilism, *European Journal of Philosophy* 7, 2(1999): 203–4.

36. Pippin, Naturalness and Mindedness, 205.

37. See Donald Davidson, Mental Events, *Essays on Actions and Events*, Oxford: Oxford University Press, 2001.

38. 译文引自[德]黑格尔:《法哲学原理》,范扬、张企泰译,商务印书馆,1982 年,第 177 页。Hegel, *Elements of the Philosophy of Right*, 161, 201.

39. 译文引自[德]黑格尔:《法哲学原理》,范扬等译,北京:商务印书馆,1979 年,第 340 页。Hegel, *Elements of the Philosophy of Right*, 324, 361.

40. Terry Pinkard, German Philosophy, 1760–1860:The Legacy of Idealism, Cambridge:Cambridge University Press, 2002, 279–80.

41.《马克思恩格斯文集》2009 年版第 2 卷第 2 页。Wood, *Kantian Ethics*, 269. See Karl Marx, and Frederick Engels, Manifesto of the Communist Party, in *Selected Works(1 vol.)Karl Marx and Frederick Engels*, London: Lawrence and Wishart, 1968, 53.42. Markus, Marxism and Anthropology, 58–59.

43.《资本论》第 2 版第 3 卷,第 927–928 页。Karl Marx, *Capital*, Vol. 3, 959.

44.《马克思恩格斯全集》第 2 版第 31 卷,第 101 页。Marx, *Capital*, Vol.1, 706.

45. Raimo Tuomela, *The Philosophy of Sociality:The Shared Point of View*, Oxford:Oxford University Press, 2007, 174–76.

46. Karl Marx, *Grundrisse*, trans. Martin Nicolaus, Harmondsworth:Penguin Books, 1973, 712;and Karl Marx, Capital, Vol.3, intro Ernest Mandel, trans. David Fernbach, Harmondsworth:Penguin Books, 1981, 959.

47. Marx, *Capital*, Vol.3, 958–59.

48. Joseph McCarney, The True Realm of Freedom:Marxist Philosophy after Communism, *New Left Review* 1, 189(September–October 1991):23, also 36–38.

49. Otto Neurath, Protokoll Sätze, *Erkenntnis* 3, 1(1932):206[author's translation].

50. Rawls, *Justice as Fairness*, 19.

51. Marx, Grundrisse, 712;and *Marx, Capital*, Vol.3(1981), 959.

52. Wood, *Kantian Ethics*, 78–79.

53. Marx, *Capital*, Vol.1, intro. Ernest Mandel, trans. Ben Fowkes, Harmondsworth: Penguin Books, 1976, 164–69, 173.

54. See Marx, *Capital*, Vol.1, 448–49.

55. Tuomela, *The Philosophy of Sociality*, 164.

56. Ian Hunt, Overall Freedom and Constraint, *Inquiry* 44(June 2001): 142–43.

57. Marx, *Capital*, Vol.1, Chp. 13.

58. Marx, *Capital*, Vol.1, 450.

59. 《资本论》第 2 版第 1 卷, 第 579 页。Marx, *Capital*, Vol.1, 638.

60. 《资本论》第 2 版第 1 卷, 第 665–6 页。Marx, *Capital*, Vol.1, 723–24.

61. 《资本论》第 2 版第 1 卷, 第 667 页。Marx, *Capital*, Vol.1, 724.

62. Ian Hunt, *Analytical and Dialectical Marxism*, Aldershot: Avebury, 1993, 134–45.

63. Tuomela, *The Philosophy of Sociality*, 46–50.

64. Karl Marx and Friedrich Engels, *Writings on the Paris Commune*, 31.

65. See Seumas Miller, *Social Action: A Teleological Account*, Cambridge: Cambridge University Press, 2001; and for criticism, see Tuomela, The Philosophy of Sociality, 118–20.

66. Schweickart, *After Capitalism*, 70–72.

67. Rawls, *Political Liberalism*, 10.

68. Rawls, *Political Liberalism*, 61–65.

69. 请参阅 Franz Traxler, Collective Bargaining in the OECD: Developments, Preconditions and Effects, *European Journal of Industrial Relations* 4, 2(1998): 207–26.

132

70. Hunt, *Analytical and Dialectical Marxism*, 134–35.

71. Michel Foucault, *Discipline and Punish: The Birth of the Prison*, trans. Alan Sheridan, Harmondsworth: Penguin Books, 1991, 131.

72. Traxler, Collective Bargaining in the OECD, 206.

73. Jeff Hyman and Bob Mason, *Managing Employee Involvement and Participation*, London, UK: Sage Publishing, 1995, 12.

74. Rawls, *Theory of Justice*, 458–62; see also *Justice as Fairness*, 143–44.

自由的公平价值和良好价值

一、消极自由及其价值

一个具有大体正义基本结构的社会乍看起来似乎不能实现上一章所述的美好生活的理想。似乎除了政治自由之外,基本自由只能作为消极自由来由国家进行保障或强制执行。这种最初的印象是误导性的。因为罗尔斯的差异原则最有利于最弱势者,因此提供了一种慷慨的社会最低收入和为每项基本自由赋予某些价值的财富与收入分配——至少使自由的价值取决于个人收入和财富。

我们也不应该将基本自由仅仅视为正义社会里的消极权利,因为正义的基本结构必须公正且有效地实施其基本自由。正如沃尔德伦所言,一项自由的捍卫引发了各种义务感,一些是克制的义务,另一些是行动的义务。财产安全的权利要求其他人克制住不盗窃我们的财产,但它也要求他们每个人履行把所获悉的一切盗窃告知相应机构的义务。第二种义务并不是消极的,而是采取具体行动的义务,应该根据刑法强制执行,即使在英国普通法国家也可以强制执行，尽管这样的法律通常倾向于不执行援助义务。[1]

由于这些原因，所有基本自由在正义的社会中必须具有某种价值，这样基本自由将会是没有人会因为资源缺乏而完全无法行使的权利，即使有些人能够比其他人更多地行使这些权利。罗尔斯声称，正义只有在政治自由的情况下才要求自由的"公平价值"，因为法律的公平性取决于受到法律影响的每个人是否有参与制定法律和通过法律的大致相同机会，而让公民享有其他基本自由（如宗教自由）的公平价值的尝试则会造成社会冲突。罗尔斯似乎认为，这种冲突将围绕这些其他基本自由的公平价值所需的资源展开。罗尔斯总结说，具有其他基本自由公平价值的规则的基本结构不可能是稳定的，因此这些规则就不能成为作为公平正义下正义的基本结构的一部分。

安德森也提出了类似理由。[2] 平等公民资格所需的益品可能会与他人形成冲突，因为他人承认社会应该对平等公民资格的要求作出回应，即使根据人们特殊的善观念，有些人会比其他人更多地使用这种资格。另一方面，公民通常不能一致认为，社会应该回应为宗教信仰者活动提供帮助（无论何种帮助）的要求。

只有在每个公民的所有基本自由，与任何其他公民的基本自由一样有效的情况下，公民才能享有他们所有基本自由的公平价值。我们需要一个确保有效的基本自由平等的适当标准，而这并不是说它们享有同等程度的资源，正如每个公民平等有效的政治自由并不意味着每个公民在政治自由利害关系上拥有跟其他任何人一样的资源那样。

当罗尔斯声称在一个稳定、正义的社会中不能要求宗教自由的"公平价值"时，他似乎认为宗教自由的"公平价值"可以根据每种信仰的成员认为是恰当的标准，使任一宗教的活动与其他任何宗教活动同样地可行。相反，我们可以认为，宗教自由的"公平价值"只会确保人们可以不受压迫地自由信仰宗教，这只需要那些能够使任何宗教信仰者不受压迫的资源。这与政治自由的"公平价值"相似，后者为每个公民提供了参与政治生活的大致平等的机会，但并不能保证每个接受机会的人平等地享有资源。

宗教自由涵盖了不同宗教（例如伊斯兰教、基督教、印度教或锡克教）信仰在性质上不同的自由。因此，公民宗教自由的平等只会要求每种宗教的信仰都不会因缺乏资源或因被约束而遭到破坏，从而使一种宗教的信仰者不会认为比另一种宗教的信仰者受到更多或更少的宗教压迫。我们可以说，如果任何一种宗教的信仰者没有比其他任何宗教的信仰者受到更多或更少的宗教压迫，宗教自由就是平等有效的。

这也适用于任何其他基本自由。只有那些寻求这种而非那种职业的人，不比寻求那种职业的人受到更多或更少的职业压迫时，所有人才能享有有效的职业自由或具有公平价值的职业自由。在其他条件都相同的情况下，将职业自由应用于当今社会要求取消将女性限制在家务范围的传统约束，还要求对女性进行教育和培训，使她们能够凭自身能力从事任何男性可能从事的职业。政治自由以外的基本自由的公平价值能否成为正义的要求，取决于我们是否可以在任何情况下要求基本自由的平等。无论支持宗教自由或职业自由的理由是怎样的，都不清楚基本自由的平等能否还原成在其他情况下的无压迫状态。

正如乔尔·费因伯格（Joel Feinberg）和伯林（Isaiah Berlin）所说，我们通过权衡各种自由的意义和重要性来判断自由是否平等，并将"可能的愿望和活动领域置于某种重要性的顺序中，这反过来又要求用其他类型的道德标准来补充政治自由的理想"[3]。两种基本个人自由的意义和重要性能否相同取决于个人兴趣，因为个人兴趣将决定诸如行动自由等自由是否重要或有意义。像康德——只生活在一个地方就满足了他的主要兴趣——这样的人,与查尔斯·达尔文——乘坐小猎犬号(HMS Beagle)航海才能满足其理解物种起源的兴趣——相比,他对行动自由没那么重视。赋予达尔文更多自由的那些自由权利可能赋予康德较少的自由。

这可以作为另外一个理由,以解释我们为什么不直接将每个公民对平等的基本消极自由的需求,转化为对每个公民同等有效的基本自由需求,因为自由是否平等取决于它们对个人或团体的重要性和意义。它们是否平等将取决于自由的重要性和意义如何在善的观念里被评估,在一个有许多善的观念的社会中,我们不能要求每个人或每个团体在相同基础上享有同等有效的自由。

如果将政治自由以外的基本自由的公平价值要求写入宪法或使之成为一项基本权利,那么就可能引起社会争议,正如罗尔斯所说的那样,尽管对于基本自由具有某种价值的要求并不能这样认为。罗尔斯的差异原则意味着基本自由具有某种价值,这种价值也可能隐含在其他的一些考虑中,例如平等公民权的充分价值,正如安德森所提的那样。安德森显然希望,在她作为"民主平等"的正义的观点里,这种正义要求在所有合理的善的观念下都是可以接受的,因此不会成为具有合理的善观念的公民之间的争议问题。

我们不能轻易排除关于基本自由的所有争议。即使消极自由也会引起一定程度的争议,因为每一项自由只要与所有自由的类似实施相一致,就可以被实施。消极的基本自由必须相互调整和相互制约,这样结社自由或政治自由的公平价值(比如说)才不会因广泛的言论自由而受损,这种言论自由会鼓励其他人避开特殊的个人,或使他们的能力看起来要弱些。尽管消极的基本自由必须相互制约,但罗尔斯认为,制约它们的唯一可接受的理由是可以有效地实施其他基本自由。

我们知道,法雷利声称基本自由实施的限制不能仅仅以实施其他基

136

本自由所需的东西为基础,从而挑战基本消极自由之间的这种平等形式。如果有并非罕见的错误行为,那么只因其他自由的平等实施才受到限制的每一项基本自由的实施可能会使社会付出如此大的代价,使社会必须选择更少地实施不太重要的自由,而不是吸收社会资源来实现罗尔斯为良序社会设想的基本自由的实施水平。

诚然,社会上广泛存在的不正义会带来其他的不正义,比如更好地实施对社会中拥有政治权力的人最为重要的基本自由。即使是一些非基本自由,例如商业自由,也可能比基本自由更好实现,后者是掌权者不太想让所有公民都享受的基本自由。大体正义的社会就不会这样,哪怕它们存在着非罕见的错误行为。

尽管如此,法雷利的观点表明,人们可能会质疑,在其他自由公平实施的制约下,基本消极自由平等实施所需的资源,正如人们可能会质疑有效基本自由的平等那样。尽管在不正义的社会中无法充分实现公共理性领域本身,但必须在大体正义的社会中利用公共理性的资源来解决实施基本自由所引起的争议。

在一个大体正义的社会中,基本自由意味着什么是一个有争议的问题,必须通过罗尔斯所说的"广泛的反思平衡"来解决。除了涉及基本自由限制的争议之外,我们也必须处理关于其范围的争议。这些争议包括:除了行为以外,自由是否会被行为的遗漏所侵犯。

还有一个不能仅仅在公共理性领域内解决的问题,即社会如何决定政治自由以外的自由是否应该具有公平价值。虽然所有基本自由的自由公平价值不是正义的要求,但当社会以公民政治代表的公平多数表决来接受一种善的观点(如公民的自由社会主义)时,它可能为政治自由以外的自由的公平价值立法,因为从多数人的观点来看,这些自由是重要的。这些公平的自由价值不会成为公民的基本权利,但会获得资源,使所有公

民都能够平等行使这些自由，哪怕他们从自己的角度出发选择不行使这
137 些自由。如果不是从所有少数人的观点来看，而是从社会公平地采用的多
数人的善观念来看，它们将是自由的良好价值。

在考察了自由的理念及其与政治自由主义和自由社会主义相一致的
消极成分和积极成分，以及在社会所采用的善的观念下自由的良好价值
之后，下面最后一章中考虑的问题是，我们如何由此及彼，从使我们不正
义的社会变得更正义的要求出发，为了更接近另一个社会世界——"即使
对于一个由偏见和愚蠢鼓动起来的统治意志和粗暴压迫普遍流行的社
会，我们也不需要对它采取绝望的敌视态度"，我们可以采取什么样的广
泛步骤。[4]

二、不作为是否会与行为一样侵犯我们的基本权利？

在就正义所要求的基本自由达成广泛的反思平衡的过程中，包含了
公民是否可以通过行为以及不作为，侵犯基本权利（包括公民的身体权）
这一问题的解决方法。如果不解决这个问题，就不能解决什么构成谋杀这
个问题，后者是身体完整免受伤害的消极基本自由的一部分。如果一个人
不能以不作为的方式杀人，那么当一个人因看见另一个毫无意识的人（仍
活着）躺在沙滩上任浪潮拍打却故意不管不顾而被指控谋杀时，他可能会
成功地辩护自己说只有浪潮才能杀死这个人。

我们对原因有重要兴趣的原因之一是我们认为人们在道德上，有时
也在法律上对他们行为所带来的后果负责。我们很容易会用使我们在道
德或法律上负责的行为来回答关于后果的这个问题。我们可能会接受的
是，遗漏会导致这样的事件——某人会因为遗漏的行为而承担法律责任。
但是我们也可能不太愿意认为其他的遗漏会导致其相应的结果。简·纳尔

维森(Jan Narveson)呼吁这些直觉,声称故意不给糖尿病患者注射胰岛素(会致命)的护士,并未做任何"实际上导致不幸结果"的事情,因此不能承担谋杀的责任。[5]

就约翰·麦奇(John Mackie)对原因的说明而言,鉴于我们对结果及其如何产生的具体关注,被我们视作某个事件的原因的东西不能成为结果的领域或背景长期条件的一部分。[6]为了让人们负上法律责任,我们可能会将事件的任何原因的领域视为预期的或正常的事件过程。[7]根据赫尔加·库斯(Helga Kuhse)的说法,如果我们关心的是不受欢迎的事件的道德责任,那么我们从中找出原因事件的领域就是人们选择其他行为时无法避免的那些事件。[8]

遗漏并不总是从背景领域中凸显出来成为一个原因。如果护士不知道糖尿病患者的需求,或者没有合理的方法来满足其需求,人们因此无法理性地预期该护士采取任何行动来防止糖尿病患者死亡,那么没有给糖尿病患者提供胰岛素的该护士对其死亡没有道德责任。即使该护士可以挽救糖尿病患者,他或她也可能仍然不用负法律责任,因为至少在英国普通法国家里,如果没有针对这种结果的承诺,护士不会因没有援助而承担责任。法律责任因知识、能力或缺乏承诺的限制而无效的案例远远多于那些因为主体心存恶意或背信弃义而不阻止死亡的案例。如果不能区分后者与遗漏通常不会导致这种结果的一般案例,则可能表明一个没有伸出援手的人从来不会对"不幸的结果"负上因果责任。[9]

纳尔维森认为遗漏不会导致什么后果的观点背后的一个更为根本的直觉可能是,我们不会因为漏做的事情而负上因果责任,因为遗漏不会以行为那样的方式"产生影响"。纳尔维森指出,即使没有提供援助的人从未出现,一个将死之人仍然会死。这指出了主动杀人和见死不救的一个区别,杀人主体引发了导致死亡的一系列事件。我们可以使用潜能或能力的术语,说杀人主体一般促成了现场环境产生致命结果的某种能力的呈现,或触发了导向该结果的某种趋势的致命发展。

的确,就过度确定的原因而言,在实际导致结果的人不存在的情况下事件的过程仍然会发生。一个实际上开枪射杀了总统的刺客,可能受到纳尔维森观点的启发,称他或她不是造成不幸结果的原因,因为反正总统会死在现场另一名刺客的手中。正如在失败时得到有效后援的刺客仍然是真正的刺客那样,那些行动构成结果的辅助原因的人仍然会真正导致这些结果。

没有采取救人行动的主体通常无法抵消一系列的致命事件,即不能阻止致命潜势或倾向的展开。想象一下,在一个仅因移除相应主体而与我们世界不同的可能世界里,在杀人的情形下,致命的事件过程就不会触发,而且受害者通常不会死亡;而在遗漏的情形下,已经展开的事件过程通常会继续走向其致命结局,因为它没有被阻止或被抵消。这最好地说明了行为和遗漏之间任何直觉的本体论差异。它表明,在事件过程中行为主体与不作为主体发挥着不同的因果作用。[10]

因此,遗漏通常不被视为原因,因为它们是归入为结果的原因的背景领域的促成原因。当它们从背景领域中凸显出来成为一个原因时,它们对触发倾向或意向从而带来结果的其他原因具有辅助作用。尽管如此,一位不给糖尿病患者进行适当注射的医生会杀死糖尿病患者,就像给他注射了生理盐水而不是胰岛素的医生,或者给他注射过量吗啡的医生那样,虽然杀伤方式各不相同。有人说,这种遗漏在不违背承诺的情况下不会侵犯权利,但我们不需要在这里深入讨论这个问题。[11]

我们希望人们在对自己没有重大风险的情况下不要杀害他人。同样,我们希望人们在对自己没有重大风险的情况下不要见死不救。不杀害他人通常给主体带来极少风险或零风险,因为我们只在极罕见情况下有充分理由——当不杀人显然会使我们处于危险之中时——自卫杀人。然而，当他人陷入困境时，任何援助他们的人通常也会有陷入困境的风险。对于那些既没有信息也没有资源来实施有效帮助的人，帮助他人也许是不可行的。

正如费因伯格所言，援助责任往往是集体责任，因为只有集体主体才能提供帮助。在这些情况下，个人仅有在集体援助计划中（如果有的话）发挥自己作用的责任。在集体援助计划中没有明确责任的个人有理由认为他们比其他发挥特定作用的人承担更少的责任。[12] 因此在一个人是否有能力协助、是否面临风险、能否与他人一起发挥作用等的案例之间划定界线可能存在重大问题。

考虑到所有这些因素，通常难以在没有合理疑问的情况下确定一个人是否通过遗漏而故意伤害他人。在源自英国普通法的法律制度下，特别强调被控犯罪者的无罪推定也可能部分地说明人们不愿意在这些法律制度下起诉不良的撒玛利亚人（Samaritan）。[13]

尽管如此，这样的观点——不伤害他人的义务总是比阻止伤害发生的义务要强烈得多——是没有基础的，如果两者的区别仅仅在于，在遗漏的情况下通常会有各种减少责任的情形，而在人们采取行动伤害他人的情况下这种惩罚的情形会少很多。哪怕支持这种区别的人提出了假想的情况，认为不伤害的义务总是比防止伤害的义务强烈。

140　　举一个假想的例子，我们正坐列车赶去抢救五个人。我们是否应该停下列车，搬走躺在轨道上的醉酒者？而这可能使那五人性命不保。或者我们应压过醉酒者，继续前往抢救那五个人？[14] 大多数人都不愿意仅仅因为他们停车可能会危及其他五人而压死醉酒者。沃伦·奎恩（Warren S. Quinn）声称："……如果任何时候只要其他那些人的所得多于他的所失时，我们可以正当地伤害或杀死他，——那么他的身体（可以说是他的本人）肯定不是在任何引人关注的道德意义上的'他的'。"然而,假想的情况并不支持造成伤害与允许伤害发生的一般区别。奎因对"有害的积极能动性"和"消极能动性"的区分包括"有害的积极能动性"下的遗漏情况,而他的"消极能动性"涵盖了那些遗漏的情况——其中明显的是我们个人不能被期望提供帮助,因为就我们个人自己而言,我们缺乏协助的知识或手段。

举一个略微不同的例子,一名火车司机必须在杀死某一轨道上的一个人还是杀死另一轨道上的五个人之间作出选择。我认为,我们会选择拯救那五个人。我们正在处理两种方式之一的必然死亡,如果没有任何东西会及时拉停火车,我们宁可杀死一个人而不是五个人。在前面的案例中,我们对牺牲一个人来避免伤害五个人这种情况有不同的感觉,因为我们不能确定停车救醉酒者是否就会导致另外五个人死亡。至少他们可能会因为成功自救或有其他人来救而生存下去。我们从醉酒者的必然死亡中得到如下可能性——只有我们的行为才能拯救那五个人的生命。假想情况的一个常见问题是,它们是从这些不确定性中抽象出来的,尽管我们对它们所描绘内容的直观反应,受到我们对人生不确定性和人生起伏的日常经验的影响。

假想情况的另一个问题是,它们经常会给它们所对比的行为的背景或动机带来隐含的假设,认为伤害比未能帮助他人更糟糕的想法可能部分地由这些假设所决定的。以沉船事件为例,救生艇上位置太少了,不能救助所有的幸存者。让我们假设有一艘救生艇未能多搭载一名幸存者,因为救生艇已经坐满了,而另一艘救生艇因为超载,一名幸存者被迫跳出救生艇。直觉上,我们可能会认为后者的行为比前者更糟糕。这可能是因为我们对所涉及的动机和情形的假设。假设(而不是我们可能认为的那样)那艘超载的救生艇上的人自愿地抽签来选出谁应该跳出救生艇,而被选中者拒绝离开。如果任意挑选要跳出救生艇的人会是错误的,那么按抽签结果迫使不情愿的被选中者跳艇是否是错误的？

德雷珀（Kai Draper）用一系列巧妙的例子来削弱如下观点，即在其他条件都相同的情况下，不伤害他人的义务总是比阻止伤害发生的义务要强烈。[15] 德雷珀认为，更适合我们道德直觉的想法是，如果所造成的伤害涉及对受影响者权利的某种侵害，则伤害或未能防止伤害的遗漏是错误的；而在没有侵犯权利或只是侵犯了不如其他权利重要的权利的情况下，伤害或未能防止伤害的遗漏并没有错误或只是不那么严重的错误。总的来说，似乎未能找到这样的案例，我们可以在独立于我们对所涉行为的道德评估情况下，对伤害和未能提供帮助进行对比。因此我认为不可以根据我们对可能案例的直观理解，在不被伤害的权利和让伤害的发生被阻止的权利之间划出一般可行的客观界限。[16] 相反，这种界限的基础在于危急关头的不同利益。

吉尔伯特·哈曼（Gilbert Harman）认为，我们可以期望我们的道德信念具有不同利益之间相互妥协的标志。他说，

> 人们认为伤害某人比不帮助某人更糟糕……如果我们假设我们的道德观源于不同财富、地位和权力的人之间的默契约定，(这)样的一般原则……就有道理。因为，虽然每个人都可以从不互相伤害的传统做法中平等地受益，但有些人会从帮助有需要的人的传统中比其他人更加受益……(然而,)穷人和弱者可能会拒绝认同不干预和非伤害的原则，除非他们在互助方面也达成了某个协议。因此，我们期望达成一种妥协……(这将)包含一个强有力的非伤害原则和一个弱得多的互助原则——这正是我们现在所拥有的原则。[17]

弗里德里希·尼采（Friedrich Nietzsche）声称，强者无须受到保护以免

受伤害,所以他们为了自己的利益几乎不愿意承认对互助的某种支持,以换取穷人对强烈而普遍的伤害禁令的接受,因此对道德传统的妥协不能成为这些原则的来源。尼采认为,伤害和互助原则都是"奴隶道德"的一部分。在《论道德的谱系》的第一篇文章中,尼采声称"善"和"恶"的基本范畴代表弱者"权力意志"(will to power)的胜利,因为他们通过在他们的想象力上强加一种残缺的道德来对强者进行精神报复:"道德上的奴隶起义开始于怨恨本身变得具有创造性,并且产生价值的时候;这种怨恨来自这样的存在物,他们不能用行动做出真正的反应,而只会通过幻想中的复仇获得补偿。"[18]

哈曼认为妥协是富人和穷人之间战略谈判的结果,这种想法也是受到挑战的。妥协只是"鹰—鸽"博弈的一个结果,双方都认为冲突是最糟糕的结果,但都有自利的动机来利用对方。在某些情况下,即使社会合作利益极度不平等的分配也相对地具有吸引力。[19] 这为博弈理论解释提供了基础,博弈理论解释了为什么女性会在婚姻中处于从属地位,这是她们通常必须为生孩子而付出的代价。如果农奴或工人更愿意向地主或资本家交出剩余的财富而不是与他们发生冲突,这也可能说明了他们对剥削缺乏抵抗。[20]

然而在一方向另一方的屈服会带来稳定结果的博弈中,双方都可以尝试通过发出不愿意屈服的信号来阻止另一方寻求支配地位,或者在另一方屈服时发出愿意作出让步的信号。这样的策略往往会产生妥协,因为寻求折中结果是为了避免在所有各方为自己争取最佳结果而牺牲其他当事方的利益时可能发生的冲突。[21] 无论如何,基于自利的策略实际上只能告诉我们,就人们为了自己的利益所做的事情而言,什么样的行为或制度可能相对稳定。自利以外的动机也会为妥协做好准备。

此外,尼采认为限制伤害的原则代表弱者想要使强者的爪子变钝的企图,这种想法似乎是以这样的假定为前提:弱者与强者之间的任何冲突都是个人冲突,其中强者可望获胜。但是如果弱者可能联合打败强者,禁止伤害的原则必须属于"奴隶"道德而不是"主人"道德这点就不那么明显了。这些反对哈曼的观点并不令人信服。

如果哈曼的伤害和互助原则是正确的,那么这表明在未能帮助和主动伤害的行为类型之间的任何道德差异,是关于禁止伤害或拒绝帮助的道德传统问题,这些传统源自不正义的社会(包括迄今已知的所有社会)里每种情况下涉及其中的不同利益。我们已经确定的是,在许多情况下,当人们不作为时就会侵犯权利,而且没有理由因为这些侵权行为包括伤害的辅助原因,或者因为现有或以往不正义社会的道德传统赋予援助义务的力量要弱于赋予避免伤害义务的力量,而将它们视为程度较轻的侵权行为。在合理的道德观点里,行为与行为遗漏的区别并不具有普遍的意义。

三、自由的反应依赖性

杰拉尔德·麦卡勒姆(Gerald MacCallum)认为,尽管自由问题总是涉及在做某事或成为某物这些问题上没有某种约束的某种主体,但在不同的场合可能会强调这点的不同方面,因为不同的方面实际上关系所涉各方。[22] 如果这是我们处理自由各方面的方式,那么区分积极自由和消极自由就是将所对照的实际关切投射到行为的条件上。积极自由和消极自由是在一种关系的,或"反应依赖的"方式上互不相同的,但并不是以颜色被认为是事物"反应依赖的"性质的被动方式而互不相同的。我们这个世界是部分地因为它与我们实际计划的关系才成为目前的这个样子。因此我们的概念将反映我们对计划对象的实际反应,即为"主体的特定目的性努力提供原材料"。[23] 我们对世界的反应是积极参与其潜在性,而不仅仅是被动地意识到它们。积极自由和消极自由之间的区别反映了这种参与性。如果我们的实际关切是自由的社会保障,那么当我们选择一些自由作为基本自由的时候,我们的任务就是确定哪些消极自由是基本的且应该在社会的基本结构中得以实现。

伯林竭力解释积极自由和消极自由是如何对立的,直到他根据自由可能作为实际关切的不同方式对比两者之前都这样。对于伯林来说,那些想要积极自由的人会关心他们对自己的生活有多少控制权,并希望这种控制权掌握在他们自己手中。另一方面,那些想要消极自由的人关心的是要尽量扩大不受到他人威胁或武力干涉的生活领域,并且希望限制他人对自己生活所可能拥有的这种权力。积极自由和消极自由之间的这种对比有实质内容,仅仅是因为在捍卫或扩大我们的自由时,可以集中于一个自由要求而排斥另一个自由要求。然而由于我们对自由的不同关切而产生的分歧,并不意味着消极自由与积极自由毫无关系。

相反,自由具有康德认为是属于"自然目的(physical end)"的结构,它主张把积极自由和消极自由作为构成我们所谓 "实质自由(substantial liberty)"的组成部分。我们的有机体观念的一个特征是,当我们在身体器官之间进行区分时,我们是就全身组成部件之间的关系进行区分的,其中身体各部分都是由血肉组成的。尽管如此,我们的有机体观念超越了根据其各种要素在它们所构成的整体中彼此间的感知关系而对它们所进行的分类。康德声称,将某物当作有机体或"自然目的"还有两个要求:

> 对于一个作为自然目的的事物来说,首先就要求:各个部分(按照其存在和形式)唯有通过其与整体的关系才是可能的。……其次就要求:它的各个部分由于相互交替地是其形式的原因和结果,而结合

144

成为一个整体的统一体。……在这样一个自然产品中,每一个部分,就像它唯有通过其余一切部分才存在一样,也被设想成为其他部分以及整体而实存的,也就是被设想成工具(器官),但这是不够的(即第三个必要条件是),而是作为一个产生其他各部分(因而每一部分都交替产生别的部分)的器官……而只有这样,……这样一个产品作为有机的和自己使自己有机化的存在者……有机的存在者在自身中具有形成的力量……一种自己繁衍的形成力量。[24]

这些使要素成为有机整体的部分联系在消极自由和积极自由之间是适用的。自行车等资源可以增加行动自由度。考虑到我们的实际关切是要尽快地从一个地方移动到另一个地方,所以移除障碍物(例如道路且锁着的门)也将增加自由度,因为这允许我们沿着较短的路线前往目的地。因此自由具有可被称为"积极"和"消极"的条件,其中自由的积极条件是指存在行为的有利条件,而消极条件是指不存在行为的不利条件。[25]这些条件可以分为个人条件和环境条件,或内部和外部的行为条件。我们拥有行为的个人或内部的资源,在我们对世界有一些了解时增加了我们的自由。不受到给我们呈现世界倒像的意识形态的支配,这是一种内在、消极的自由条件。我们拥有的任何财产都是行为的外部、积极的自由条件或外部资源。最后,不关在监狱里例证了外部约束或客观、消极的自由条件的缺乏。[26]

每当我们遇到对我们自由的某个限制时,它就是对我们打算做的事情的限制,不管限制是由于缺乏资源还是存在障碍物。[27]因此如果我们的道路通向一扇锁着的门,或者遇到横跨小溪的倒塌之桥,这些都是对我们从一个地方到另一个地方的实际计划的限制,尽管在前一种情况下我们遇到障碍,在另一种情况下我们缺乏资源。同样,有桥梁横跨小溪或开放的道路都可以让我们从一个地方到另一个地方。自由的积极条件可以视为消极条件,消极条件也可以视为积极条件。因此自由的积极条件和消极条件是自由行动的两个互相补充的方面,尽管如此,鉴于我们具体的善观念,这两个方面是难以分辨的,只被视作规定我们拥有多少自由的因素。

它们的对立不仅仅是一个表示存在而另一个表示不存在的简单问题,而是来自我们对自由条件的不同实际关切,因为我们有各种不同的善观念。那些把自由视为消极的人最关心的是他人(无论是个人还是集体)的冲突性利益,而那些将自由视为积极的人所关心的是,就社会分配资源的方式而言,他们是否可以利用自己的消极自由。就给定参照系而言,与行动计划有关的自由积极条件和消极条件之间的对比,与身体的休息和活动之间的任何对比一样的真实。因此自由的条件符合它们构成一个有机整体,或康德所谓的"自然目的"的第一个必要条件。

现在,正如伯林以另一种方式所言,没有积极自由的消极自由是空洞的,而没有消极自由的积极自由是无效的。[28] 如果我们没有限制,但缺乏行动的必要条件,那么我们这样的自由就是空洞的。而如果我们拥有充足的资源,但是我们对它们的使用被封锁,那么我们的自由就是一种假象。如果我们拥有自由的积极条件却缺乏消极条件,或拥有自由的消极条件却缺乏积极条件,那么不管我们的善观念如何,我们的自由都不可能有实质内容。正如费因伯格用不同但相对应的方式所言,自由的积极条件和消极条件对于实质自由是同样必要的。[29]

如果我们接受这一点(即自由可以仅仅意味着"积极"的自由条件),那么专制的政权可以吹嘘说这样的政权提供自由,因为没有人会挨饿的,尽管它们缺乏言论自由或结社自由等政治自由。[30] 这种吹嘘不能草率地加以拒绝。一个社会或许能指出在一些善观念下它比其他社会更好地保障的自由条件,这点同样适用于专制社会以及任何其他类型的社会。这并不表明专制社会比其他社会提供更多的自由。为了确定这一点,我们必须提问,与那些让公民自由使用分配得没那么平等的资源的社会相比,吹嘘说更平等地分配资源的专制社会提供了什么样的全面自由。如果两种社会对自由条件的剥夺足够极端,那么它们都不会为公民提供实质自由,无论他们的善观念是怎样的。从所有特殊的善观念——其中自由既不过于空洞也不太过无效——来看,我们可以就某种特定的善观念,根据每个社会所提供自由的平衡,比较一个社会所提供的相对无效的自由与另一个社会所提供的相对空洞的自由,从而判断哪个社会总体而言更为自由。无论我们的善观念如何,我们不能貌似有理地说,自由相对空洞的社会总是比那些自由相对无效的社会更自由,反之亦然。

　　然而如果社会使罗尔斯的人的基本自由无效,那么这样的社会就不可能是正义的,就像所谓的"极权主义"社会明显做着或已经做了的那样。

146　如果它们否认大多数公民自尊的社会基础,它们也是不正义的,因为它们只能提供空洞的自由,就像当代新自由主义社会那样。有些人担心,如果我们不能明显地区分消极自由与有效或积极自由,那么公民就会仅仅因为没有被贫困束缚而上当受骗,认为自己是自由的。我们可能会问,了解自己生活的人是否可能被仅在意识形态辩论世界中提出的论点所迷惑。无论如何,对这种欺骗可能性的补救方法不是要寻求两种自由中更可靠、不易受欺骗的那种自由,而只是要问,一个社会就它所支持的自由和所否认的自由而言是否正义。

　　最后,行为的资源为限制添上最后一笔。跨越篱笆的台阶对从台阶一侧走到另一侧的人而言并不是障碍,但对于骑摩托车到同一侧的人来说则是一个障碍。限制为行为资源添上最后一笔,正如规训使得教育成为可能,反过来又是一种强大的行为资源。[31] 因此我们已经表明,自由的积极条件和消极条件满足康德为有机整体各部分所设定的三个条件。源自社会安排的赋权跟源自社会安排的障碍消除一样,是实质自由的构成部分。

尽管如此，这些分析并没有表明消极自由和积极自由在所有情况下都同等重要，或者对所有人同样重要，不管他们生活的条件如何，以及他们的善观念如何。那些资源充裕的富人很可能会发现，对他们而言，自由问题在很大程度上与行为权力或能力无关，但这使得那些缺乏行为资源的人没有理由接受消极自由等同于自由，包括自由的一切问题的观点。那些想要一个正义社会的人一般都想在社会上保证基本自由是消极自由，但这也使他们没有理由只想要消极自由，就像政治自由所表明的那样，或者认为空洞的基本自由是正义的。

四、自由和能力仅仅是不同的？

　　尽管来自欺骗性压迫的安全让我们没有什么理由只想要消极自由，但我们可能因为直觉上自由与能力无关而只想要消极自由。康诺利（William Connolly）声称，即使跛子无法走路，他仍然有行走自由。[32] 在威廉·帕伦特（William Parent）对自由观点的研究中，他认为如果我们朝某人背后开枪，我们剥夺了他走路的能力，而不是他的自由。[33] 一些自由至上主义者通常认为，赋权不是构成"社会自由"的组成部分，"社会自由"被视为我们可以正当地向社会要求的自由，以及社会会恰当地捍卫的自由。迈克尔·莱文（Michael Levin）认为，作为行为赋权的自由可以被称为"形而上学"的自由，与"社会"自由形成对照，但是他认为社会可以恰当地只促进消极自由。[34]

　　当然如果跛子能够走路，那就没有什么东西挡住他。然而这并不意味着能力的丧失与自由没有任何关系。康诺利承认，对一个跛子说"你有绝对的行走自由"是一个残酷的笑话，这个笑话的残酷性表明跛子并不是那么自由地行走。以帕伦特为例，如果一名男子背后被枪击并在法院要求赔

147

偿损失,他的律师如果没有指出受伤后他的行动自由受到多大限制,以及仅是改变一个人的善观念,使得缺乏行走能力不再明显地破坏他的利益是多么困难,就是明显疏忽了的。

仅将自由视为消极自由的一个原因,可能是未能看到我们许多最重要的能力都是在社会形成的,这点后来演变成对我们需要其他人保护,或提高能力来保护或增加我们的自由这种情况的无视。虽然自由与社会行为或个人行为无法改变的能力无关,但我们的自由直接随着我们的社会上可变能力的变化而变化。霍布斯总结道,在自然状态下没有人是免受他人伤害的,虽然个体在自然力量上可能互不相同,但弱者可能总是通过联手对抗强者来压制强者。我们已经看到,合作如何构建我们的生产力,无论我们是否认为这些生产力是集体力量,或者正如马克思所说,我们未能把它们视作集体力量,因为资本主义社会生产关系下主人的个人力量维持了这个错觉——仅仅因为主人拥有集体力量,所以这些集体力量就是主人的力量。

我们在工作中看到的个人生产力是在社会上构建的,因为我们依靠社会合作为我们提供个人工作而不是团队工作的手段。我们作为工作之外的个别主体拥有的能力也是在社会上构建的。没有轮椅就不能走路的人,在有了轮椅后有更大的活动自由。斜坡或升降机能够让他们的轮椅进入,这时如果社会只向他们提供通往高楼的楼梯,那他们可以声称丧失了自由。限制和能力都可以分为在社会上可变的限制和能力,以及在社会上不可以改变的限制和能力。不具有社会可变性的能力和限制与自由无关,具有社会可变性的限制和能力都与我们的自由有关。尽管对于任何给定的已采用的实际计划而言,限制减少了自由,而能力却增加了自由。社会上可变的能力与自由有关,哪怕自然天赋与自由无关。

　正如第五章所表明的那样,帕伦特所说的跛子要求是正义的要求,无论是与其他人相比减少机会的丧失，还是为了部分地纠正朝跛子背后开枪的人所犯的错误。尽管一些自由至上主义者可能认为正义的社会总体上有令人信服的理由，只捍卫作为社会正义框架基本权利的消极自由。但他们错误地认为只有这些消极自由才能构成我们的合法权利。尽管如此，这些自由至上主义者主张背后的实质是，我们不能以正义问题要求我们所需要的任何能力来最好地追求我们特定的善观念。这样的要求只能是政治诉求。

五、以善观念评价自由

奴隶和主人都一致认为，他们可以在拥有自由的情况下更好地追求自己的利益。根据上一章所辩护的美好生活的观点，我们有充分的理由不仅要求消极自由，还要求赋予我们相应行为能力——特别是集体行动的能力——的资源份额，以及自由社会主义角度下积极自由的良好价值。在决定社会应该采取这种美好生活的观念时，大多数公民要求的资源超过正义社会所需要的资源。当我们关心我们的重点应该放在哪里时，我们关注的既有消极自由又有积极自由。所以虽然自由是反应依赖性的，但是在自由社会主义下，我们有理由同时关注两者，哪怕并非所有公民都会平等地分享这些关注。

有人说自由的目的是限制政府对公民生活的干预范围。他们的主张是应该减少政府的限制，这样公民能够更好地过自己的生活。这一主张暗示，尽可能少的国家干预允许我们更好地追求生活，从而更好地追求我们在公民社会的利益。这种主张明确说明了这样的美好生活——当国家离开我们的生活，我们能最好地追求这种生活，不过其他公民也可以采用其他的善观念。因此认为更强地追求我们利益的能力是自由的目的，这种观点与声称自由的目的是没有国家干预的观点，以及自由的目的是由重要的制度安排来支持与其他人共同开展的自由集体计划的观点是一致的。自由的目的似乎是,它使我们有能力更好地追求我们的利益。积极自由比消极自由更好地体现了自由的这个目的，因为它至少提供了追求我们想要实现的任何善观念的一些资源。在这个意义上,积极自由是一种比消极自由更先进的自由形式。

149　　　对于那些认为更明确的自由目的是最少的国家干预的人来说，积极自由无助于他们的利益追求这个观点可能会遭到反对，因为他们大多只需要别人不干预他们能够做的事情。然而保护这一主张的权利——他们说这种权利正是自由的目的，因而将其视为重中之重——意味着他们需要资源。而正如沃尔德伦所言,如果我们仅仅要求他人的回避来满足这种不干预的主张,却没有提供资源来解决这一主张引发的利益冲突(如果这些冲突不能通过协议解决)并加以执行,我们就不能假装认真采取了这一主张。[35] 如果我们认真对待消极自由,那么它也作为不干预的有效自由得到更全面的保障。

　　　特殊自由的完整表达不仅通过资源保障来实现，而且还取决于其他相互冲突自由的表达的限制。因此尽管最简单的观点是,取消行为的不利条件增加了自由,但我们必须认识到,必须在一种自由与另一种自由的表达之间做出选择，而且就一种自由采取行动会限制就另一种自由采取的行动。自由的行使可以施加限制,也可以释放限制。

　　　每一种自由的行使都会限制其他自由的行使，因为它具有"机会成本"。威廉·康奈利(William Connelly)指出:"在不可能同时追求每个宝贵选择的环境下自由包含着选择；它预设着与没有时间限制的世界里无法维持的不自由的对比……所以，每一个自由的行为都与它必须放弃的可能性紧密相关。"[36]

一种自由的行使与另一种自由的行使之间的这种紧张关系有两个层次。在任何情况下，至少在主体行为资源有限时，只有在其他自由不易实现的情况下，任何一种自由才可付诸行动或得以实现。这里自由本身可以共存，但一种自由的实现往往会破坏其他自由的实现。两个人都可以自由地使用一项资源，但不能同时通过占有这项资源来实现这种自由。这同样适用于需要相同资源(例如某段时间)以行使两种不同自由的个人。一个人可以自由出去吃晚餐并可以自由地去看某部电影，但如果前一自由所需的时间与后一自由所需的时间相冲突，他不能同时行使这两种自由。一般来说，实现任何一种自由的机会成本都会限制其他自由的实现。

自由也可以在更强烈的意义上彼此冲突，因为掌握、保障和发展自由的过程也有机会成本。对任何自由先前形式的工作，都会带来其在任何阶段所呈现的具体形式，包括以自然能力开始的任何形式，如行动自由。这项关于行动自由先前形式的工作需要或多或少的时间，这可能限制了掌握或发展其他自由过程的工作。因此掌握一种自由的发达形式可以排除对另一种自由的发达形式的掌握。

另一方面，仅仅因为自由的实现可能会限制其他自由的实现，对这种限制的约束可以促进其他自由的实现。限制人们使用海滩的时间可以减少对他人使用海滩自由的实现的干预。对儿童玩耍自由的限制可能会增加其行使学习自由的时间，从而使其发展其他自由，如取决于学习的职业选择自由。限制有"双面孔"(Janus-faced)。它限制了自由的表达，但它在限制某些自由的表达时，增强了对其他自由的表达。但我们仍可以很容易地将自由的限制和实现分开，因为每一种自由及其伴随的限制总体上都对自由有利。如果限制的平衡或"净(net)"限制小于(或大于)机会平衡，我们可称之为总体自由平衡或"净"自由的东西，只能更多(或更少)，即使任何特殊自由的表达可能取决于某些特殊限制的存在。[37]

社会自由取决于限制，因为社会自由的稳定性和深度要求社会在各个方面支持它们，使它们不会溶解在彼此冲突的个人计划的洪流中。我们行使某种特殊自由的稳定性的一个方面就是它在佩蒂特(Philip Pettit)意义上的"稳健性"，因此即使其他人试图干涉，主体也可以行使这一自由。[38]当未获准(naked)或未被赋权(unvested)的自由的行使发生冲突时，具有主动权的主体可以决定行使哪一种自由。然而任何社会自由都获得支持，从而使人们有责任尊重它，只有足够迫切的理由才能超越它。正如杰拉德·柯亨所强调的那样，对他人占用私人土地的限制是私有财产权利的组成部分，这些权利保护了私人土地所有者使用土地以及从土地中获益的自由。[39]

每当引入新的自由时，它们都会带来限制，旨在解决新的行为形式可能引起的利益冲突。希勒尔·斯蒂纳(Hillel Steiner)发现每一个新的自由都带来一些额外的限制，因此主张他的"自由守恒定律(law of conservation of liberty)"。斯蒂纳关注技术创新，认为技术创新永远不会使社会整体上变得更自由。他说：

> 古代雅典的居民不能去冰箱拿一罐啤酒。我们比他们自由吗？……不，因为有许多这样的情形使我不能自由行事。举例来说，我古怪的邻居不会允许我从他的冰箱里拿一罐啤酒，跟他不会向我问好一样。我们依赖技术增加的全部行为类型也增加了我们的行为被其他人阻止的行为凭证。[40]

如果行使自由的前提是干涉其行使的行为受到限制，那么在引入每一种新的自由之后都会有限制。如果我们不对自由的行使和这些限制进行权衡，那么很容易就以为自由总体上保持不变。以斯蒂纳的例子来说，冰箱使一个人能够冷藏啤酒留以后饮用，这只有在财产规则和做法允许啤酒只留给那个人而不是其他任何人的情况下才可行。因此保存啤酒给一个人使用涉及排除他人使用的限制。这种限制的目的是牺牲其他自由以促进一些自由，这样社会所界定的自由界限取决于社会所施加限制的形式。

限制以两种方式使自由变得完整。首先，限制使得某些行为成为可能。国际象棋所走的每一步必须符合其规则。这些规则的限制使得人们可以下棋，而不是仅在棋盘上瞎弄黑白棋子。我认为，这是米歇尔·福柯（Michel Foucault）认为权力具有生产性这种主张的力量。[41] 限制将我们所做的事情规范为社会合作的形式，从而决定了自由形式发展所依靠的资源的生产。汽车等新产品可能带来新的行动自由形式。

其次，限制还提供资源，并诱发更加发达的自由形式。工作、学习和科学的规训，再加上父权关系的局限性和贬低性限制，为妇女提供了摆脱丈夫的束缚以及由生养后代为主的生活的资源和激励手段。根据福柯的观点，任何形式的社会控制，甚至是统治，都是对行为"管理"的抗争。权力煽动抵抗："处于权力关系核心且不断挑衅权力关系的，是意志的顽抗性和自由的不妥协。与其说是一种基本自由，不如说是一种'对抗'关系——这种关系同时也是相互的煽动和抗争。"[42] 限制，例如只追求一种终身职业的压力，以间接的方式——挑起促使社会权力（可以限制或推翻某些人支配其他人的关系）的行使发生变化的抵抗——来发展自由。[43]

当我们放弃任何给定目的的假设，并认识到为我们自由提供资源以及保护我们自由的限制，必须在不失去自由目的的情况下反过来促进我们的目标时，自由呈现出一种非常完整的形式。制定目标成为一个过程，其中人类的创造力对我们的关系和需求产生影响，创造一种不会为了其他人更大的整体利益而牺牲每个人自由发展利益的生活方式。[44]

152

大多数公民将能追求一个他们共同分享的、宽泛但特殊的善观念,如果他们具有因为一系列限制而完整的特定积极自由。追求为自由社会主义而提出的善观念所需的一系列关键限制和能力,包括限制团体领导者权力并阻止作为统治被领导者形式的领导层的构建。它们包括有意义地参与团体目标设计的能力。这一系列特定的限制和能力将为公民追求多数立法通过的善观念而提供平等的机会,但可能不会为其他人追求他们不同的善观念而提供平等机会。那些追求已确定的自由社会主义利益的公民不会支配带有不同善观念的其他人,但社会所设定的具体限制仍会引起一些抵抗。在一个正义的社会里,这种抵抗不会威胁到稳定性,因为大多数人的善观念不会成为社会结构的固定部分——要求所有公民在无限期的未来中必须适应的固定部分。在采用这种公平地代表大多数公民在一段时间内的愿望的善理念时,所发生的任何冲突都不会成为罗尔斯所认为的宗教自由的公平价值会引起的那种冲突,尽管随着时间的推移,其采用所引发的抵抗压力可能导致新一批大多数公民采用不同的善观念。

由于大多数人建立自由社会主义制度的决定而带来的集体自由的良好价值,将消除对自由集体活动的限制(例如限制工人自我管理的工作场所管理特权),并为自由集体活动提供资源,例如让员工通过独立的工会机构对他们的活动提出异议,或通过员工简报会和会议来制定他们的工作计划。自由社会主义下其他自由的良好价值所需的资源将由大多数公民代表按照正义的要求来决定。

注释

1. Jeremy Waldron, Rights in Conflict, *Ethics* 99, 3 (April 1989): 503–

19,especially 511–12.

2. Anderson,What is the Point of Equality,330.

3. Joel Feinberg,*Social Philosophy*,Englewood Cliffs,NJ:Prentice—Hall,1973,19;Isaiah Berlin,Two Concepts of Liberty,in Isaiah Berlin,*Liberty*,ed. Henry Hardy,Oxford:Oxford University Press,2002,177,fn.1. See also Ian Hunt,Overall Freedom and Constraint,Inquiry 44,2(2001):131–47,especially 133–34.

153

4. 译文引自约翰·罗尔斯:《作为公平的正义:正义新论》,姚大志译,中国社会科学出版社,2011,第 50 页。Rawls,*Justice as Fairness*,38.

5. Jan Narveson,*The Libertarian Idea*,Philadelphia,PA:Temple University Press,1988,39.

6. See John L. Mackie,*The Cement of the Universe:A Study of Causation*,Oxford:The Clarendon Press,1980,35–36. See also James Woodward,*Making Things Happen:A Theory of Causal Explanation*,Oxford:Oxford University Press,2003,86–91,228–30.

7. Carlos S. Nino,*The Ethics of Human Rights*,Oxford:Oxford University Press,1991,205,提供了关于这个观点的例子。

8. Helga K. Kuhse,*The Sanctity of Life Doctrine in Medicine:A Critique*,Oxford:Oxford University Press,1989,63–66.

9. Narveson,*The Libertarian Idea*,32–39.

10. See Ian Hunt,Omissions and Preventions as Cases of Genuine Causation,*Philosophical Papers* 34(July 2007):209–33.该书的阐述接近以下著作的观点， 即 Philippa Foot,Killing and Letting Die,in *Killing and Letting Die*,Second Edition,eds. Bonnie Steinbock and Alastair Norcross,New York:Fordham University Press,1994,280–89， 尽管不像她的观点那样局

限于不受欢迎的结果。

11. 这方面的讨论请参阅 Joel Feinberg, *Harm to Others：The Moral Limits of the Criminal Law, Vol.1*, Oxford：Oxford University Press, 1984, Chp.4.

12. Joel Feinberg, *Freedom and Fulfillment*, Princeton, NJ：Princeton University Press, 1992, 193.

13. 费因伯格有一个很好的详尽叙述, 请参阅 *Harm to Others*, Chp.4.

14. Warren S. Quinn, Actions, Intentions, and Consequences：The Doctrine of Doing and Allowing, *The Philosophical Review* 98, 3 (July 1989)：287–312, especially 308–9.

15. Kai Draper, Rights and the Doctrine of Doing and Allowing, *Philosophy & Public Affairs* 33, 3(2005)：253–80, especially 266–75.

16. 约翰·格雷(John Gray)得出基本相同的结论, 请参阅 *Beyond the New Right：Markets, Government and the Common Environment*, London, UK：Routledge, 1993, 100–101. The issue is comprehensively argued in Bonnie Steinbock and Alastair Norcross, eds., *Killing and Letting Die*, Second Edition, New York：Fordham University Press, 1994.

17. Gilbert Harman, *The Nature of Morality：An Introduction to Ethics*, Oxford：Oxford University Press, 1977, 110–11. We need not accept Harman's view of morality to accept what he says about the influence of interests on moral conventions in unjust societies. 我们接受哈曼关于不公正社会中利益对道德传统之影响的观点不必以接受哈曼的道德观为前提。

18. 尼采：《论道德的谱系·善恶之彼岸》, 谢地坤等译, 漓江出版社, 2000 年, 第 20 页。Friedrich Nietzsche, *On the Genealogy of Morals—Ecco Homo*, trans. W. Kaufman and R. Hollingdale, New York：Random House,

1967,36.

19. John Mackie, *Ethics: Inventing Right and Wrong*, London, UK: Pelican Books, 1977.

20. See Shaun Hargreaves——Heap and Yanis Varoufakis, *Game Theory: A Critical Introduction*, London and New York: Routledge, 1995, Chp.7, especially 213–14. See also Lina Eriksson, *Rational Choice Theory: Potential and Limits*, London, UK: Palgrave Macmillan, 2011, Chps.3 and 4, for discussion of the explanatory limits of "game theory."

21. Heap and Varoufakis, *Game Theory*, 198–200.

22. Gerald C. MacCallum Jr, Negative and Positive Freedom, *The Philosophical Review* 76,3(July 1967):312–34, especially 319–22.

23. Crawford Elder, *Appropriating Hegel*, Aberdeen: Aberdeen University Press, 1980, xiv–xx.

24. 译文引自[德]伊曼努尔·康德:《康德著作全集(第5卷):实践理性批判 判断力批判》,李秋零译,2010年,第387–389页。Kant, *Critique of Judgement*, 556–57.

25. Ian Hunt, Freedom and It's Conditions, *Australasian Journal of Philosophy* 69,3(1991):296–98.

26. Cf. Feinberg, *Social Philosophy*, 13–14.

27. David Miller, Constraints on Freedom, in *The Liberty Reader*, ed. David Miller, Boulder, CO: Paradigm Publishers, 2006, 198.

28. Isaiah Berlin, *Four Essays on Liberty*, Oxford: Oxford University Press, 1990, liv–lv.

29. Joel Feinberg, *Social Philosophy*, Chp.1.

30. Berlin, *Four Essays*, lv.

154

31. Michel Foucault, *Discipline and Punish: The Birth of the Prison*, trans. Alan Sheridan, London, UK: Allen Lane, Penguin Books, 1991, 295.

32. William Connolly, *The Terms of Political Discourse*, Third Edition, Oxford: Blackwell Books, 1993, Chp.4.

33. William Parent, Some Recent Work on the Concept of Liberty, *American Philosophical Quarterly* 11, 3 (July 1974): 151.

34. Michael Levin, Negative Liberty, in *Liberty and Equality*, eds. Ellen Paul, Fred Miller Jr., and Jeffrey Paul, Oxford: Basil Blackwell, 1985, 88–92. 洛马斯基从更复杂的角度论述了这个观点，请参阅 *Persons, Rights, and the Moral Community*, Oxford: Oxford University Press, 1987.

35. Waldron, *Rights in Conflict*, 510.

36. William Connolly, *Identity/Difference*, Ithaca, NY: Cornell University Press, 1991, 17–18.

37. See Hunt, Overall Freedom and Constraint, 138–40.

38. Philip Pettit, Freedom as Antipower, *Ethics* 106 (April 1996): 576–601.

39. Gerald Cohen, *History, Labour and Freedom*, Oxford: Oxford University Press, 1988, Chp.14, 292–96.

40. Hillel Steiner, *Essay on Rights*, Oxford: Blackwell Publishers, 1994, 43–44.

41. Michel Foucault, *Power/Knowledge: Selected Interviews and Other Writings, 1972–77*, ed. Colin Gordon, Great Britain: The Harvester Press, 1980, 119.

42. Michel Foucault, *Power: Essential Works of Foucault 1954–1984*, Vol.3, ed. James D. Faubion, New York: The New Press, 1994, 342.

43. Foucault, *Power/Knowledge*, 142.

44. Foucault, *Power/Knowledge*, 508–9.

第八章

在另一个时空是否有希望？

一、我们可以通达更好的世界吗？

在之前的七章中，我们已经阐发了新自由主义的一种替代方案，而新自由主义的社会理想是自由放任的资本主义以及富有就是好的理念。新自由主义承认，只有少数人才会享受到这种利益，但它声称致富机会也是一种利益（哪怕是低级利益），几乎所有公民都可以享受。新自由主义的不正义是明确的，即使它的自由放任理想因为折中方法——以有限的形式提供一些福利——而变得温和。不仅很多人没有致富机会，而且有此机会的人在失败时感到沮丧，所以致富机会这种低级利益往往不是一种利益。[1]随着富裕阶层与其他阶层之间的差距越来越大，机会的丧失和致富之道上的失败在追求新自由主义政策的社会中更加常见。经合组织（OECD）的一项研究[2]表明，在新自由主义盛行的国家，不平等程度日益加剧，不过这一趋势存在差异，例如英国 2000 年之后不平等程度减轻了一段时间后再次上升，而澳大利亚不平等程度在全球金融危机之后有所缓解，因为穷人的收入略微增加，而富人并没有变得更富裕。托马斯·皮克蒂（Thomas Picketty）表明，不平等的增长趋势是资本主义社会的一个特征。[3]

二、没有替代方案了吗？

我们将罗尔斯正义理论修订后的一种形式作为一种可行的、更现实的共享政治正义观，并且认为大多数人支持大规模生产性财富的公有制。这个社会在追求团体和整个社会在独立于生存目标之外而选择的目标时，给予每个人追求自由集体合作的利益的机会。

然而我们或许会问，如今这样的理想对于即使是最先进的资本主义社会的公民可能具有什么样的意义，他们可能会怀疑自己能否在一个看起来"令人绝望和充满恶意的，由偏见和愚蠢鼓动起来的统治意志和粗暴压迫普遍流行"的世界里追求正义或他们想要的美好生活。[4]我们已经看到，一个正义世界的前景与我们今天的世界相距甚远，因此现在没有人有建立这个正义世界的道德责任感。然而当我们看到我们的世界与一个可行的完全正义的社会相比有多不正义时，我们似乎（如果可能）至少应该迈出走向正义世界的第一步。

然而我们可以预料，很少有人会认为我们的社会不正义到使他们在良知触动下要去寻求一个更好的社会。如果在这个世界上尽力而为的诱惑可以轻易改变许多人的良知，那就几乎没人会朝着一个更美好的世界迈进。如果这意味着能够看到社会可以是正义的少数人不能采取有效措施来应对社会中的不正义，那么尽管他们看到了错误行为，他们也没有义务尝试向更美好的世界迈进。

尽管如此，我们的世界可能会变到使足够多的人看到，除非社会发生变化，否则他们不会有美好生活。如果他们对自己所目睹之事做出反应，他们可以让自己的社会走上通往完全正义社会的道路。在这一点上，罗尔斯有些乐观："我们的社会世界本可以有所不同，对于那些在另一个时空的人们存在希望。"[5]

这种乐观主义显然有悖于如今的社会世界，其中最强大的经合组织国家——美国突出了新自由主义国家普遍存在的不利于正义的趋势。繁荣的新自由主义国家似乎越来越受到明显难以解决的问题的困扰。一个是失业问题，在全球金融危机之后变得更糟糕。长期失业人数和青年失业人数处于较高水平，一些欧洲边缘国家甚至与大萧条时期的水平持平。一个越来越庞大的底层阶级，其成员被困在福利依赖、教育低成就和与他们挣扎生存的社会日益分离的各种境况里。即使在一些比较发达的新自由主义国家，许多就业者的工作是边缘化和无保障的，是非正式、低薪、兼职或临时的合同工作。[6]

底层阶级和无保障就业者的条件如此不堪，我们甚至可以在乔纳森·斯威夫特（Jonathan Swift）[7]之后提出，如果底层阶级的成员在一段时间或一生中作为奴隶劳作，这样的奴役能够摆脱古代世界和美国南方的种植园奴役的残酷形式，并采取符合新自由主义社会高度赞扬的自由选择形式，他们的生活条件和所有人的福利都可以得到改善。因为这样的奴役只能以资本主义制度下工人自愿就业的方式展开，这种新的奴隶制仍然与资本主义下雇佣工人的就业形成鲜明对比，因为在已确立的奴隶制条款到期之前，人们不能合法地放弃它，只有当奴隶们自己死亡时，才能在求生存的奴隶制下合法地放弃它。[8]

三、新自由主义统治策略

如果这是对现代新自由主义的公平嘲讽，那么有什么理由能像罗尔斯那样,希望可以克服压迫、残酷和愚蠢,使人们能够生活在某种正义的未来社会中? 当我们看到我们的社会世界受到福柯所称的 "全球统治策略"的支配时,克服前进道路障碍的难度似乎是巨大的。⁹福柯的"全球统治策略"意味着一种"权力"的互联关系体系,福柯将权力定义为"作用于他人行为的行为",对此我们可以增加影响他人行为作用于他人行为的行为能力。权力显然不仅包括对行为过程的反应,例如道路修缮时挥舞旗帜让车辆减速通过,还包括决定选择的行为。这些选择是亚里士多德意义上的自由主体的行为,因为它们是自愿做出的,而不是像在黑暗中意外掉入洞里,或者随着人群从着火的电影院里蜂拥而出那样。正如福柯所说,这些权力关系不应该仅仅被看作是"禁止和惩罚"的形式。相反,权力"引起快乐,形成知识,产生话语"。¹⁰

福柯认为权力关系只不过是所有社会都需要的社会控制体系,还考虑到了可以为多数人提供更多福利的统治之外的社会控制形式。一般来说,社会控制是通过积极或消极的制裁、引诱或约束来实施的,其中一些主体采取行动使其他人改变他们的意图,从而采取不同于缺乏引诱或限制行为的行动。统治是一种特殊情况,其中权力的强制性使用与引诱的形式相互联系,使权力关系变成"(组织成)一个或多或少连贯统一的策略形式,(其中)分散、异形、局部的权力程序被调整、加强和改变。"

我们分析有意识自由合作的条件时可以看到权力的积极方面。即使是最自由的合作形式也会对参与其中的人产生约束,从而将其与自由的个人行为区分开来。集体行动中这种对个人的权力曾使蒲鲁东感到不安,还使所有那些认为福柯说我们永远不会在任何社会中实现自由的人感到不安,因为我们永远都会受权力的限制。对福柯的这种误解忽略了参与自由集体行动的个人所受约束,与个人被迫参与有损其利益的集体行动时所受到的行为约束之间的差异。我们不应该把自由等同于自由的个人行为，或者把权力等同于统治，统治在当代社会的形式就是福柯所说的"规训权力(disciplinary power)"，那些受制于它的人不管多么自由，都可能(害怕)受到在封建社会中出现的儆戒性惩罚的恐怖威胁。[11]

福柯在很多方面强化了这些对他权力理念的误解。福柯在他早期的著作中指出，现代社会制度基于三种"排斥体系"实现了行为"正常化"：(掌权机构所支持或谴责的观点)的真假区分；话语(如神话、占星术)的禁止以及理性与疯狂的区别。这就产生了一个问题，即那些世界观受制于这些权力关系的人如何能够摆脱其规范。尼采的相对主义——有时福柯似乎也采用的观点——似乎排除了对统治抵抗的可能性，因为它使受统治的人们缺乏客观的标准来判断社会对他们而言是好的还是坏的，或者新社会是否会更好。

他在后来的著作中，否认他关于真理政治或知识体系(régime du savoir)的言论里暗含对真理的怀疑主义或道德相对主义："(这不是)对所有被证实的真理的怀疑主义或相对主义的拒绝。(问题)是知识传播和运作的方式，它与权力的关系。"[12]福柯在这里提出，他正在讨论在统治体系中权力关系内相互联系的理念，并留下了一个开放的观点，即其他理念是否可以在福柯提及一种特殊的全球抵抗策略时所指内容里的不同权力关系之间传播，这种策略涉及对牧领权力(pastoral power)定义个人在其社会角色中地位的方式的局部抗议。[13]

目前尚不清楚局部抗议会如何挑战规训权力体系的牧领权力，后者将个体界定为生产性工人、成功的学生、照顾家庭的母亲和妻子、好孩子，或者在现代社会的"监狱(carceral)"中理智地扮演自己角色的人。福柯提及抵抗这种权力的局部形式，但他只是指出一个可能组织这些形式的全球策略，这样对当前统治形式的分散抵抗可以集中起来进行："(抵抗)更多地作为权力集中在同一个地方而存在；因此抵抗像权力那样是广泛的，可以整合成全球战略的。"[14]

福柯未能看到始于 20 世纪 80 年代并在 90 年代愈演愈烈的压力浪潮，打破了资本主义以外的抵抗组织的所有中心，例如工会组织，并通过增加发达资本主义经济体公私部门的工作时间和强度，来给人们留下极少的自我组织以推动另一个世界出现的空间。他无法预见在资本主义社会生产关系下，通过使尽可能多的公共部门私有化，并且在私有化并不可行的情况下，通过在公共部门强加商业规训方法以带来更多社会生产生活的过程。这种强加有时甚至达到监狱私有化的程度，使监狱工作人员可以按照私人商业营利公司的方式得到管理，这样的公司把合同规定的照管服务出售给政府。然而私有化的武装力量仍然是边缘性的，尽管在更具压迫性的资本主义社会里公共警察力量实际上有时可以作为私人武装力量提供服务。

当卷入这些变革的人们抗议时，他们因看不到这些政策在经济上难以避免而被嘲笑并被驳回。其中所依据的经济学是新古典一般均衡理论，它假设实际市场运行时，抽象一般模型所依据的所有错误假设"似乎"都是真实的。这种荒谬想法有意识形态基础，尽管抽象的经济模型的严谨性表象——实际上是数学的严谨而非科学的严谨——被那些可能问为什么社会不应该组织来服务资本家以外的利益的人用来自信满满地胡说八道。特别是在英语国家，规训权力包括对公共政策和公共机构的媒体监督组织，后者也会攻击任何不符合商业模式的工会集体主义或其他组织形式的残余力量。我们可以称福柯规训权力的这种最新形式为"新自由主义统治"，其中媒体系统地驳回或嘲笑反对私有化方案和反对建立市场关系管理曾以非市场方式组织机构的观点。

正如福柯所暗示的那样，这个体系与所有其他体系一样都会引发抵抗。欧洲国家目前的抗议浪潮，部分地源自迫使这些国家并不富有的人承担国家债务负担的政策，这样的政策在尽可能地保护在全球金融危机里因过度投机所积累的私人财富，而危机的根源又在于私人储蓄过多但最终需求却过少。美国的"占领"运动，以及其他地方的类似运动，是一系列反对财富集中在1%的最富有者手中的相互联系的抗议活动，这在美国最为突出。[15]

　　但是我们没有可在全球金融危机后组织新自由主义统治体系里所传播的抵抗、骚乱和反抗活动的策略（在福柯的意义上是"全球化的"策略）。而且，新自由主义统治体系的压倒性权力似乎使可以推翻其统治的全球抵抗策略变得希望渺茫。

160　　通过设定自由社会主义这种替代性理想，我们可以回应艾伦·布坎南的如下主张，即如果没有更好的可行社会的理念，就不可能存在有效的变革运动。布坎南声称，即使有这样的理念可能还不够，因为不劳而获的问题、媒体支持资本主义的主流观点以及资本家使资本主义更易被接受的集体行动，可能会阻止对付资本主义不正义的集体行动。我们只能在这里给出一些理由，来质疑这些因素是否总会阻止使资本主义社会走向自由社会主义，或其他形式的后资本主义社会的集体行动。

四、新的环境允许新的选择

　　马克思谈到，过去的传统就像噩梦一样压迫着活着的人的思想，这指的是过去的目标和信念通过模仿和教育的手段，像印记一样留在活着的人的脑海里，尽管这些印记总是在一定程度上有意或无意地重构。我们可能或多或少有意识地模仿我们的父母所相信的东西或从他们那里获得教育，但我们可能会习得一些跟他们的信念有所不同的信念，因为我们有时会解决父母信念本身及它们之间的不一致之处，使得就这些信念采取行动所隐含的东西一目了然，或者解决他们的观点与我们从生活和其他人信息中所形成的观点之间的不一致之处。

考虑到人们的信念和行为方式，人们的目标行为是由个人之前出于在先的目标、信念和行为方式所做的事情决定的。乘车旅行是获得制造热力发动机的能力，将它们与车厢连接在一起，随着时间的推移发展这两者并建设道路以进行运输的累积过程的产物。在这个过程中的每一步都利用了人们之前可用的行为方式所创造的行为手段。我们记下（尽管并非没有改变地）我们沿袭传统而持有的目标和信念，以及我们认为是我们的兴趣和可用的行为手段。作用于以往环境的以往行为客观地确定了我们目前的利益和行为方式，而这些又是通过实现以往目标和信念而确定的。

正如马克思所说："人们自己创造自己的历史，但是他们并不是随心所欲地创造。"[16]不改变人们的环境就不能改变人们的思考方式，改变不会来自那些超越自身环境的人那里。马克思主张，社会变革只能从现有条件下产生的、使主体做出倾向于改变这些条件以及主体本身的事情的利益那里诞生。正如艾格尼丝·海勒（Agnes Heller）所言，社会变革预设了**161** "激进需求"，她将其定义为那些需要一种与以前完全不同的社会形态才能满足的需求，并以"对自由时间的需要"为例。[17]

然而马克思的观点并不是说工人会因为自己的需要而采取行动，即有意识地以改变社会以满足他们的需求为目的，因为他们可能无法立即认识到他们的需求，或者认识到这些正是海勒所称的"激进需求"。即使他们希望这样做，他们手上也可能没有改变社会的手段。

不过现在的情况可能会启动一个累积的过程，最终会导致足够多的社会成员有意愿和手段共同行动，进行革命性的改变。变革的过程本身就是要改变社会成员和他们的环境，使他们能够认识到他们的利益与统治社会的人的利益是对立的，因此可能会采取一致行动来实现自己的利益。

与布坎南相反，这个过程可以始于对最终结果的某种程度的盲目性，所以人们在过程改变条件时所做出的决定可能不是他们在开始时会做出的决定。非革命信念和价值不一定仅仅带来产生它们的条件的重复，还可能导致产生新信念和新价值的新条件。即使对在科技方面支持资本主义的人来说，这一点也是显而易见的，其中旧信念和旧标准可以产生新信念和新标准。

例如，面向最大利润的投资可能会导致不可持续的能源使用并破坏环境。最初可能会对投资进行监管，使其可持续地发展。尽管做出了这些努力，但如果以盈利为导向的投资不断地破坏环境，同时也为社会带来日益增长的修缮压力，资本主义社会可能会成为对人类未来的长期威胁。这反过来可能抹黑了资本主义所呼吁的对其有利的东西——例如它作为消费者新的满意度来源的角色——同时也强调资本主义对工人的剥削和压迫。

资本主义形式的变化不一定仅仅因为工人或公民相信专家或预言家的说法，即认为资本主义是对未来的威胁。对环境的破坏可以理解为工人和公民生活中的问题，如果他们旨在解决这些问题的努力在资本主义制度下不断失败，这可能会将他们的问题转变为"激进需求"，后者反过来可能导致社会变革的集体行动。一旦对福柯和马克思观点的误解消除后，可将马克思对工人阶级被剥削和被压迫立场的解释，与福柯就现代资本主义社会运用规训权力的方式的解释结合，构建工人阶级获得足以实现其与资本对立的利益的阶级能力的过程。

五、福柯和马克思主义

福柯认为，社会控制关系或权力关系，包括那些通过监督使对象符合规范的关系,与其他社会控制关系交织在一起。[18] 这些权力关系与思想权力的关系交织在一起,通过思想权力的关系,公民持有的作为正当信念的观点被塑造成福柯所说的"知识体系"。这种权力与态度的交织不一定产生同质的像浓汤般的东西——后者使我们不能分离权力关系或支持权力关系观点的交流模式,就像对权力关系的抵抗模式和要求改变的观点交流可以分开来看一样。

这种要素的交织完全不像福柯认为它不符合马克思主义那样,与马克思关于社会结构和社会变革的观点不一致。福柯阐释的马克思主义与阿尔都塞著作中的标准法国共产党马克思主义有一定的距离。由于这种距离并不是非常巨大,法国的马克思主义继续对"科学的"马克思主义有如宗教般遵循。有一定的理由认为马克思主义是科学的,因为马克思《资本论》的第 1 卷与其前或其后社会科学的其他著作一样科学。尽管如此,它还是被一个更一般的社会科学和历史事件分析方案或多或少精心设计的要素所包围,这几乎不支持福柯所遇到的那些对马克思主义的解释,是对马克思为建立一种生产方式的特殊科学而做出的"断裂"的审慎检查。

尽管福柯对把阶级斗争视为"权力行使的比例"这个观点抱有警惕的态度,但他认为这可以解释"某些宏大的策略"。因此没有什么可阻止他接受这样的观点,即对新自由主义统治的全球抵抗策略可以建立在马克思所理解的阶级斗争问题上。

福柯对马克思主义政治策略的保留态度,不一定适用于包括阶级斗争在内的所有抵抗策略,不管他对所遇到的马克思主义策略的保留态度多么合理。这些策略受到对列宁关于"要做什么"的策略和战略观点解释的限制。根据对列宁的这种解释,社会民主政党必须像家长般从外部把工人阶级的意识灌输给工人,因为他们不能自发地发展超越工会的意识:

163　　　　工人阶级单靠自己本身的力量,只能形成工联主义的意识,即必
须结成工会……而社会主义学说则是从有产阶级的有教养的人,即
知识分子创造的哲学理论、历史理论和经济理论中发展起来的。[19]

认为这种观点适用于任何情况的所有工人阶级斗争,就相当于使历
史上的一个插曲普遍化。在这个插曲里,一个完全没有受过教育以及被压
迫的工人阶级根本无法产生任何系统的想法,包括工会意识等,尽管他们
可以在竞争最大限度地威胁他们时理解工会的必要性。有些人还掌握了
社会革命的必要性,尽管比较清楚的是,团结可以抵制工人之间的竞争所
带来的工资下降和不利的就业条件,不太清楚的是如何实现社会革命,以
及取代资本主义的应该是什么样的社会。[20]在资本主义国家,工人阶级的
教育在19世纪晚期才开始,正如福柯所说,它并不以任何方式培育工人
阶级意识,而是为了培养"可教育的个体"(docile bodies)。[21]一旦一个革命
政党把19世纪工人阶级无法发展自身社会地位的知识理论这个特点作
为其本质的重要组成部分,那么它就会把封建天主教或正统教会的传教
角色赋予自身,而那样的特点反过来又需要一个把阶级意识从外部灌输
给工人的革命政党。

究竟这是否是列宁的观点是有争议的,但没有争议的是,马克思主义
政党,例如福柯参加过的法国共产党,从列宁那里采取了这种策略观点,
从而使他们的策略观点染上俄罗斯帝国的封建文化色彩,哪怕列宁的观
点并非这样。[22]

因此我们应该放弃工人阶级斗争的过时策略,因为它妨碍了被认为
过于改良主义的斗争、未能把握某个工人阶级政党所发现的"最薄弱环
节"的斗争或不接受该政党领导的斗争等的团结。相反,我们应该思考,各

种形式的工人阶级斗争和其他社会斗争，它们在福柯的权力理论中可以在什么程度上作为新自由主义统治的抵抗形式。在这样做的时候，我们应该抛开对福柯权力理论的消极解读，因为它认为福柯权力理论声称不能从资本主义那里产生更好、更民主的社会形式。福柯的理论认为，社会变革总是会从一种权力形式走向另一种权力形式，但这些变革可以从一种统治形式变为另一种没那么压迫的形式，从统治形式变为无统治的权力形式。福柯认为权力总是伴随着我们，这样的观点只是排除了一种纯粹的无政府主义形式，在这种形式中我们的社会没有社会控制。

164　　虽然福柯只提到了局部抗议中的孤立抵抗情形，但我们可以充分说明这些斗争在全球抵抗策略中如何能够互相联系，并举例说明我们所谓的全球抵抗策略在两种情况下确实有效地对抗了统治，即使在每种情况下，一种统治形式只能被另一种不太压迫的形式所取代。

　　首先是甘地反对英国自 20 世纪 20 年代以来对印度的帝国统治的斗争。甘地的"非暴力"抗议技巧始于甘地去海边自己制盐时对英国盐税的抗议，可以说是掌握了对印度的帝国统治的"最薄弱环节"。从那以后，虽然有一段时间二战与这个抗议同时进行，但这种抵抗策略借助囚犯过多压垮了英国的惩罚体系，并促使国际社会对英国统治的不正义提出抗议，对英国的帝国统治制度构成推翻的威胁。这一非暴力抗议策略以二战后获得谈判胜利而结束，当时英国面临新一轮抗议，但缺乏资源继续统治印度。

　　第二个例子是由马丁·路德·金和学生非暴力协调委员会（Student Nonviolent Coordinating Committee，SNCC）在美国领导的民权运动。美国内战南方邦联（Confederate States）失败之后，在收益分成耕种土地所有权体系下，基于债务的束缚建立了新的黑人统治全球策略。[23] 内战后给予前奴隶的法律和政治权利并没有得到有效执行。他们也被儆戒性惩罚的恐怖体制所镇压,在这种儆戒性惩罚下,被认为违反规定的黑人就会被私刑处死。[24] 60 年代民权游行的非暴力策略成功地瓦解(或至少削弱)了美国前联邦州的黑人统治全球策略,强调了甘地全球非暴力抵抗策略的实力和广泛性。

以阶级斗争为中心要素的全球抵抗策略应该在清楚了解,是什么把权力赋予凌驾于工人阶级之上的资本主义体系领导者的基础上进行。其中有就业谋生的引诱,包括带来新生活方式的新产品的技术进步承诺。我们可以发现,抵抗财富和收入向资本家转移的努力是否或多或少地见效,就业者的实际生活水平能否有或多或少的提高。一个人要获得就业,就必须表现出他的工作能力和技能,以及屈服于资本主义生产控制的意愿。

另一方面,如果许多工人未能大体地服从资本家规定的条款和条件,或者经济体因低收入国家的竞争而缺乏竞争力,那么更多的工人将加入劳动力后备军。实际生活水平很可能在仅存的相对较弱的抵抗形式下降低。

165　　全球抵抗策略应该包括为了工人控制形式和工会组织而进行的斗争,还包括对失业及工作过劳等条件的抗议。毫无疑问,在工作场所对雇主统治采用非暴力占领和非暴力抵抗形式是必要的,针对那些被迫进入劳动力后备军的社区计划的集体工作新形式也是必要的。但是如果不通过新的社交媒体和交流形式,让新自由主义统治的受害者发出抵抗的声音和发展抵抗的文化,也不会比以前更为有效。

这回应了列宁关于他所谓的俄罗斯帝国"社会民主革命"的必要战略和策略的敏锐观察:"报纸是我们最需要的;没有它,我们不能进行原则一致的、系统的、全面的宣传和鼓动,这是一般社会民主党主要的长期任务。"[25]

然而可以通过在现有社会秩序冲突各方之间妥协来实现的要求,与社会新秩序的明显或隐含的要求明显不同,不管它们历来是出自工人阶级内部还是外部的。前者可以是新自由主义统治下公共辩论的一部分，而后者只会在公共政策议程上昙花一现。我们不应该漠视新自由主义统治的全球策略的力量，也不应该漠视在许多意见相左的观点面前阐发真正的工人阶级利益时所遇到的困难，因为正如列宁所言："资产阶级意识形态的起源远比社会主义意识形态要早……（资产阶级意识形态）更充分地发展，并且……拥有难以估量的传播手段。"[26] 鉴于此，让公民分享资产阶级通常不会在他们所控制的媒体上发表的观点的媒体传播新形式，对工人及其盟友在社会秩序中寻求革命性的变化是必要的，但它们显然是不够的。

尽管工人经历了不自由的集体合作，但这仍然为工人参与集体行动并建立一个以自由合作为基础的社会做好准备。[27] 如果工人阶级要成为更广泛的变革运动中的决定性主体，其中其他变革主体在追求自身目标的过程中与之团结一致，这就需要利用新的传播形式来组织自己。

注释

1. Jeremy Waldron, *The Right to Private Property*, Oxford: Oxford University Press, 1988, Chp.11, argues that the mere opportunity to acquire private property is of little value compared to its actual possession. 作者沃尔德伦认为，仅仅拥有获得私有财产的机会与实际拥有私有财产相比是没有什么价值的。

2. See *Growing Unequal? Income Distribution and Poverty in OECD Countries*, OECD, 2008. See also Thomas Picketty, *Capital in the Twenty - First Century*, trans. Arthur Goldhammer, Cambridge, MA: Belknap Press of Harvard University Press, 2014, Part 3 and especially, 294–96 and 307–15.3.

Picketty, *Capital in the Twenty--First Century*, 430–52.

4. Rawls, *Justice as Fairness*, 38.

5. Ibid.

6. Joseph E. Stiglitz, *The Price of Inequality: How Today's Divided Society Endangers Our Future*, London: Penguin Books, 2013, 102–3.

7. Jonathan Swift, *A Modest Proposal for Preventing the Children of Poor People in Ireland from being a Burden to Their Parents or Country and for Making Them Beneficial to the Public*, Dublin: S. Harding, 1729.

8. See Rodney Allen and Ian Hunt, *A Modest Proposal for the New Millennium*, *Australian Bulletin of Labour* 26, 3 (September 2000): 199–210.

9. Michel Foucault, *Power/Knowledge: Selected Interviews and Other Writings 1972–1977*, ed. Colin Gordan, trans. Colin Gordon, Leo Marshall, John Mepham, Kate Soper, Great Britain: The Harvester Press, 1980, 142.

10. Foucault, *Power/Knowledge*, 119.

11. 请参阅福柯对达米安的处决的描述。Michel Foucault, *Discipline and Punish: The Birth of the Prison*, trans. Alan Sheridan, London, UK: Penguin Books, 1991, 5–55.

12. Michel Foucault, The Subject and Power, *Critical Inquiry* 8, 4 (Summer 1982): 777–95, and especially, 781.

13. Foucault, The Subject and Power, 780–81.

14. Foucault, *Power/Knowledge*, 142.

15. 有关抗议新自由主义统治体系的进一步讨论，请参阅 Paul Blackledge, *Marxism and Ethics: Freedom, Desire, and Revolution*, Albany: SUNY Press, 2012, 189–208; and David Schweickart, *After Capitalism*, Second Edition, Lanham, MD: Rowman & Littlefield, 2011, xxiv–xxv.

16.《马克思恩格斯全集》第 1 版第 8 卷，第 121 页。Karl Marx, The Eighteenth Brumaire of Louis Bonaparte, in Marx—Engels, *Selected Works*, Moscow: Progress Publishers, 1973, 394.

17. Agnes Heller, *The Theory of Need in Marx*, London: Allison & Busby, 1974, Chp. 4 and, in particular, 91.

18. Ibid.

19.《列宁选集》2012 年版第 1 卷，第 317 页。Vladimir I. Lenin, What is to Be Done? Burning Questions of Our Movement, *Lenin: Selected Works*, Vol.1, Moscow: Progress Publishers, 1961, 143.

20. See Robert Tressell, *The Ragged Trousered Philanthropists*, New York: Harper-Collins, Flamingo Modern Classics, 1993.

21. Foucault, *Discipline and Punish*, 144–47.

22. See Lars T. Lih, *Lenin Rediscovered: What is to Be Done? In Context*, Leiden: Brill, 2006.

23. Ian Ochiltree, Mastering the Sharecroppers: Land, Labour and the Search for Independence in the US South and South Africa, *Journal of Southern African Studies* 30, 1, Special Issue: Race and Class in South Africa and the United States, 2004: 41–61.

24. See Philip Dray, *At the Hands of Persons Unknown: The Lynching of Black America*, New York: The Modern Library, 2003.

25. Vladimir I. Lenin, Where to Begin, *Collected Works*, Vol.5, Moscow: Progress Publishers, 1961, 20–21.

26. Lenin, What is to Be Done? 152.

27. See Francis Mulhern, Towards 2000, or News from You--Know--Where, *New Left Review* 148, November–December 1984: 22.

169 **参考文献**

1. Allen, Rodney, and Hunt, Ian. A Modest Proposal for the New Millennium, *Australian Bulletin of Labour* 26, 3 (September 2000).

2. Anderson, Elizabeth. *Value in Ethics and Economics*, Cambridge, MA: Harvard University Press, 1993.

3. Anderson, Elizabeth. What is the Point of Equality? *Ethics* 109 (1999).

4. Anderson, Elizabeth. Fair Opportunity in Education, *Ethics* 117 (July 2007).

5. Aristotle. *Nicomachean Ethics*, Loeb Edition, revised, trans. H. Rackham, Cambridge, MA: Harvard University Press, 1934.

6. Aristotle. *Athenian Constitution, Eudemian Ethics, Virtues and Vices*, trans. H. Rackham, Cambridge, MA: Harvard University Press, 1981.

7. Aristotle. *The Politics of Aristotle*, trans. with introduction, analysis, and notes by Peter L. Phillips Simpson, Chapel Hill: The University of North Carolina Press, 1997.

8. Arneson, Richard J. Against Rawlsian Equality of Opportunity, *Philosophical Studies* 93, 1 (1999).

9. Arneson, Richard J. Debate: Equality of Opportunity for Welfare Defended and Recanted, *The Journal of Political Philosophy* 7 (1999).

10. Arneson,Richard J. Luck Egalitarianism and Prioritarianism,*Ethics* 110(2000).

11. Arneson,Richard J. Liberal Neutrality on the Good:An Autopsy,in Steven Wall and George Klosko,eds.,*Perfectionism and Neutrality:Essays in Liberal Theory*,Lanham,MD:Rowman & Littlefield Publishers,2003.

12. Arneson,Richard J. Luck Egalitarianism:An Interpretation and Defense,*Philosophical Topics* 32(2004).

13. Barr,Nicholas. *The Economics of the Welfare State*,London:Weidenfeld and Nicolson,1987.

14. Barry,Brian. Capitalists Rule,OK? Some Puzzles about Power,*Politics,–Philosophy & Economics* 1,2(2002).

15. Barry,Brian. *Why Social Justice Matters*,Cambridge:Polity Press, 2005.

16. Benhabib,Seyla. Towards a Deliberative Model of Democratic Legitimacy,in Seyla Benhabib ed.,*Democracy and Difference*,Princeton,NJ: Princeton University Press,1996.

17. Berlin,Isaiah. Two Concepts of Liberty,in *Liberty*,ed. Henry Hardy, Oxford:Oxford University Press,2002.

18. Blackledge,Paul. *Marxism and Ethics:Freedom,Desire,and Revolution*,Albany:SUNY,2012.

19. Brighouse,Harry,and Swift,Adam. Equality,Priority,and Positional Goods,*Ethics* 116(April 2006).

20. Buchanan,Allen E. Marx,Morality,and History:An Assessment of Recent Analytical Work on Marx,Ethics 98,1(1987):104–36.Buchanan,Allen. Justice as Reciprocity versus Subject––Centered Justice,*Philosophy & Public*

170

Affairs 19(1990).

21. Cohen, Gerald A. The Labour Theory of Value and the Concept of Exploitation, *Philosophy & Public Affairs* 8(1979).

22. Cohen, Gerald A. More on Exploitation and the Labour Theory of Value, *Inquiry* 26(1983).

23. Cohen, Gerald A. *Self--ownership, Freedom, and Equality*, Cam-bridge: Cambridge University Press, 1995.

24. Cohen, Gerald A. Facts and Principles, *Philosophy & Public Affairs* 31(2003).

25. Cohen, Gerald A. *Rescuing Justice and Equality*, Cambridge, MA: Harvard University Press, 2008.

26. Connolly, William. *Identity/Difference*, Ithaca, NY: Cornell University Press, 1991.

27. Connolly, William. *The Terms of Political Discourse*, Third Edition, Oxford: Blackwell Books, 1993.

28. Daniels, Norman. *Just Health Care*, Cambridge: Cambridge University Press, 1985.

29. Daniels, Norman. Is There a Right to Health Care and, If So, What Does it Encompass? in H. Kuhse and P. Singer, eds., *A Companion to Bioethics*, Oxford: Blackwell, 1999.

30. Davidson, Donald. Mental Events, in *Essays on Actions and Events*, Oxford: Oxford University Press, 2001.

31. Dimock, Susan. Liberal Neutrality, *The Journal of Value Inquiry* 34, 2-3(2000).

32. Draper, Kai. Rights and the Doctrine of Doing and Allowing, *Phi-*

losophy & Public Affairs 33,3(2005).

33. Dray,Philip. *At the Hands of Persons Unknown:The Lynching of Black America*,New York:The Modern Library,2003.

34. Dworkin,Ronald. *Sovereign Virtue:The Theory and Practice of E-quality*,Cambridge,MA:Harvard University Press,2000.

35. Elder,Crawford. *Appropriating Hegel*,Aberdeen:Aberdeen University Press,1980.

36. Eriksson,Lina. *Rational Choice Theory:Potential and Limits*,London,UK:Palgrave Macmillan,2011.

37. Estlund,David. Political Quality,*Social Philosophy and Policy* 17,1(2000).

38. Estlund,David. The Democracy/Contractualism Analogy,*Philosophy & Public Affairs* 31,4(2003).

39. Estlund,David. *Democratic Authority:A Philosophical Framework*,Princeton,NJ:Princeton University Press,2008.

40. Farrelly,Colin. Justice in Ideal Theory:A Refutation,*Political Studies* 55(2007).

41. Feinberg,Joel. *Social Philosophy*,Englewood Cliffs,NJ:Prentice――Hall,1973.

42. Feinberg,Joel. *Harm to Others,The Moral Limits of the Criminal Law*,Vol.1,Oxford:Oxford University Press,1984.

43. Feinberg,Joel. *Freedom and Fulfillment*,Princeton,NJ:Princeton University Press,1992.

44. Foot,Philippa. Killing and Letting Die,in *Killing and Letting Die*,Second Edition,eds. Bonnie Steinbock and Alastair Norcross,New York:

171

Fordham University Press, 1994.

45. Foucault, Michel. *Power/Knowledge: Selected Interviews and Other Writings, 1972 –77*, ed. Colin Gordon, trans. Colin Gordon, Leo Marshall, John Mepham, Kate Soper, Great Britain: The Harvester Press, 1980.

46. Foucault, Michel. The Subject and Power, *Critical Inquiry* 8,4(Summer 1982).

47. Foucault, Michel. *Power: Essential Works of Foucault 1954–1984*, Vol.3, ed. James D. Faubion, New York: The New Press, 1994.

48. Foucault, Michel. *Discipline and Punish: The Birth of the Prison*, trans. Alan Sheridan, Harmondsworth: Penguin Books, 1991.

49. Freeman, Samuel. *Rawls*, London, UK: Routledge, 2007.

50. Freeman, Samuel. *Justice and the Social Contract: Essays on Rawlsian Political Philosophy*, Oxford: Oxford University Press, 2007.

51. Freeman, Samuel. Constructivism, Facts, and MoralJustification, *Contemporary Debates in Political Philosophy*, eds. Thomas Christiano and John Christman, Oxford: Blackwell Publishing Ltd., 2009.

52. Freeman, Samuel. Property––Owning Democracy and the Difference Principle, *Analyse & Kritik* 9(2013).

53. Freyenhagen, Fabian. Taking Reasonable Pluralism Seriously: An Internal Critique of Political Liberalism, *Politics, Philosophy & Economics* 10,3(2011).

54. Fukuyama, Francis. *The End of History and the Last Man*, New York: Free Press, 1992.

55. Gaus, Gerald F. Liberal Neutrality: A Radical and Compelling Principle, in *Perfectionism and Neutrality*, eds. Steven Wall and George Klosko,

Lanham, MD: Rowman & Littlefield, 2003.

56. Geras, Norman. The Controversy about Marx and Justice, *New Left Review* 150(1985).

57. Geras, Norman. Bringing Marx to Justice: An Addendum and Re-joinder, *New Left Review* 195, September–October 1992.

58. Goodin, Robert. *Protecting the Vulnerable: A Reanalysis of Our Social Responsibilities*, Chicago: University of Chicago Press, 1985.

59. Gray, John. *Beyond the New Right: Markets, Government and the Common Environment*, London, UK: Routledge, 1993.

172   60. Harman, Gilbert. *The Nature of Morality: An Introduction to Ethics*, Oxford: Oxford University Press, 1977.

61. Hargreaves––Heap, Shaun, and Varoufakis, Yanis. *Game Theory: A Critical Introduction*, London, UK: Routledge, 1995.

62. Hayek, Friedrich A. *The Constitution of Liberty*, London: Routledge & Kegan Paul, 1960.

63. Hayek, Friedrich A. *Law, Legislation, and Liberty*, New Edition, Vol. 1, Rules and Order, London, UK: Routledge & Kegan Paul, 1973–1982.

64. Hayek, Friedrich A. *Law, Legislation, and Liberty*, Vol.2, The Mirage of Social Justice, New Edition, London, UK: Routledge & Kegan Paul, 1973–1982.

65. Hegel, Georg W. F. *Elements of the Philosophy of Right*, ed. Allen Wood, trans. H. B. Nisbet, Cambridge: Cambridge University Press, 1991.

66. Heller, Agnes. *The Theory of Need in Marx*, London: Allison & Busby, 1974.

67. Holtug, Nils. Prioritarianism, in eds. Nils Holtug and Kasper Lip-

pert --Rasmussen, *Egalitarianism: New Essays on the Nature and Value of Equality*, Oxford: Oxford University Press, 2007.

68. Hume, David. *Hume's Treatise of Human Nature*, ed. L. A. Selby--Bigge, Oxford: Clarendon Press, 1888.

69. Hume, David. *Enquiries Concerning the Human Understanding and Concerning the Principles of Morals*, Second Edition, ed. L. A. Selby --Bigge, Oxford: Clarendon Press, 1902.

70. Hunt, Ian. A Critique of Roemer, Hodgson and Cohen on Marxian Exploitation, *Social Theory and Practice* 12, 2(Summer 1986).

71. Hunt, Ian. Freedom and It's Conditions, *Australasian Journal of Philosophy* 69, 3(1991).

72. Hunt, Ian. *Analytical and Dialectical Marxism*, Aldershot: Avebury, 1993.

73. Hunt, Ian. Overall Freedom and Constraint, *Inquiry* 44(June 2001).

74. Hunt, Ian. How the Laws of Economics Lie, *Journal of Applied Philosophy* 18, 2(2001).

75. Hunt, Ian. Omissions and Preventions as Cases of Genuine Causation, *Philosophical Papers* 34(July 2007).

76. Hunt, Ian. Why Justice Matters, *Philosophical Papers* 38, 2(2009).

77. Hunt, Ian. How Egalitarian is Rawls's Theory of Justice? *Philosophical Papers* 39, 2(July 2010).

78. Hunt, Ian. Marx and Rawls on the Justice of Capitalism: A Possible Synthesis? *The Journal of Value Inquiry* 47, 1-2(2013).

79. Hyman, Jeff, and Mason, Bob. *Managing Employee Involvement and Participation*, London, UK: Sage Publishing, 1995.

80. Kain, Philip J. *Marx and Ethics*, Oxford: Clarendon Press, 1988. Kant, Immanuel. *Critique of Pure Reason*, trans. Marcus Weigelt, London: Penguin Classics, 2007.

81. Kauppinen, Antii. Reason, Recognition, and Internal Critique, *Inquiry* 45(2002).

82. Korsgaard, Christine M. *Creating the Kingdom of Ends*, Cambridge: Cambridge University Press, 1996.

173   83. Krouse, Richard, and McPherson, Michael. Capitalism "Property --Owning Democracy" and the Welfare State, in ed. Amy Gutman, *Democracy and the Welfare State*, Princeton, NJ: Princeton University Press, 1988.

84. Kuhse, Helga K. *The Sanctity of Life Doctrine in Medicine: A Critique*, Oxford: Oxford University Press, 1989.

85. Kymlicka, Will. *Contemporary Political Philosophy: An Introduction*, Second Edition, Oxford: Oxford University Press, 2002.

86. LeBar, Mark. Aristotelian Constructivism, *Social Philosophy & Policy* 25, 1(2008).

87. Lenin, Vladimir I. Where to Begin, *Collected Works*, Vol.5, Moscow: Progress Publishers, 1961.

88. Lenin, Vladimir I. What is to Be Done? Burning Questions of Our Movement, *Lenin: Selected Works*, Vol.1, Moscow: Progress Publishers, 1961.

89. Levin, Michael. Negative Liberty, in eds. Ellen Paul, Fred Miller Jr., and Jeffrey Paul, *Liberty and Equality*, Oxford: Basil Blackwell, 1985.

90. Lih, Lars T. *Lenin Rediscovered: What is to Be Done? In Context*, Leiden: Brill, 2006.

91. Lomasky, Loran. *Persons, Rights, and the Moral Community*, Oxford:

Oxford University Press, 1987.

92. Lukes, Steven. *Marxism and Morality*, Oxford: Clarendon Press, 1985.

93. MacCallum, Jr., Gerald C. Negative and Positive Freedom, *The Philosophical Review* 76, 3 (July 1967).

94. Mackie, John L. *Ethics: Inventing Right and Wrong*, London: Pelican Books, 1977.

95. Mackie, John L. *The Cement of the Universe: A Study of Causation*, Oxford: Clarendon Press, 1980.

96. Markus, George. *Marxism and Anthropology: The Concept of "Human Essence" in the Philosophy of Marx*, Assen, Netherlands: Van Gorcum & Company, 1978.

97. Marx, Karl. *Grundrisse*, trans. Martin Nicolaus, Harmondsworth: Penguin Books, 1973.

98. Marx, Karl. The Eighteenth Brumaire of Louis Bonaparte, in *Marx--Engels, Selected Works*, Moscow: Progress Publishers, 1973.

99. Marx, Karl. *Capital: A Critique of Political Economy*, Vol.1, intro. Ernest Mandel, trans. Ben Fowkes, Harmondsworth: Penguin Books, 1976.

100. Marx, Karl. *Capital: A Critique of Political Economy*, Vol.3, trans. David Fernbach, intro. Ernest Mandel, Harmondsworth: Penguin Books, 1981.

101. Marx, Karl, and Engels, Frederick. Manifesto of the Communist Party, in *Selected Works* (1 vol.), eds. Karl Marx and Frederick Engels, London, UK: Lawrence and Wishart, 1968.

102. Marx, Karl, and Engels, Friedrich. *Selected Works*, Vol.3, Moscow: Progress Publishers, 1970.

103. Marx, Karl, and Engels, Friedrich. *Writings on the Paris Commune*,

ed. Hal Draper,New York:Monthly Review Press,1971.

104. Mason,Andrew. *Levelling the Playing Field:The Idea of Equal Opportunity and its Place in Egalitarian Thought*,Oxford:Oxford University Press,2006.

105. Mayer,Robert. What's Wrong with Exploitation? *Journal of Applied Philosophy* 24,2(2007).

174   106. McCarney,Joseph. The True Realm of Freedom:Marxist Philosophy after Communism,*New Left Review* 1,189,September–October 1991.

107. Miller,David. Constraints on Freedom,in *The Liberty Reader*,ed. David Miller,Boulder,CO:Paradigm Publishers,2006.

108. Miller,Seumas. *Social Action:A Teleological Account*,Cambridge:Cambridge University Press,2001.

109. Mulhern,Francis. Towards 2000,or News From You—Know—Where,*New Left Review* 148,November–December 1984. Narveson,Jan. *The Libertarian Idea*,Philadelphia,PA:Temple University Press,1988.

110. Neurath,Otto. Protokoll Sätze,*Erkenntnis* 3,1(1932).

111. Nielsen,Kai. On the Poverty of Moral Philosophy:Running a Bit with the Tucker–Wood Thesis,*Studies in Soviet Thought* 33(1987).

112. Nietzsche,Friedrich. *On the Genealogy of Morals—Ecco Homo*,trans. W. Kaufman and R. Hollingdale,New York:Random House,1967.

113. Nino,Carlos S. *The Ethics of Human Rights*,Oxford:Oxford University Press,1991.

114. Nozick,Robert. *Anarchy,State,and Utopia*,Oxford:Basil Blackwell,1974.

115. Nussbaum,Martha. *Frontiers of Justice:Disability,Nationality,Species*

Membership, Cambridge, MA : Harvard University Press, 2006.

116. Ochiltree, Ian. Mastering the Sharecroppers : Land, Labour and the Search for Independence in the US South and South Africa, *Journal of Southern African Studies* 30, 1, Special Issue : Race and Class in South Africa and the United States, 2004.

117. Okun, Arthur M. *Equality and Efficiency : The Big Tradeoff*, Washington, DC : The Brookings Institution, 1975.

118. Pamuk, Orhan. *Snow*, trans. Maureen Freely, London : Faber and Faber, 2005.

119. Parent, William. Some Recent Work on the Concept of Liberty, *American Philosophical Quarterly* 11, 3 (July 1974).

120. Parfit, Derek. Equality and Priority, *Ratio (new series)* 10, 3 (December 1997).

121. Pateman, Carol. *The Sexual Contract*, Cambridge : Polity Press, 1988.

122. Patten, Alan. *Hegel's Idea of Freedom*, Oxford : Oxford University Press, 1999.

123. Peffer, Rodney G. *Marxism, Morality and Social Justice*, Princeton, NJ : Princeton University Press, 1990.

124. Peffer, Rodney G. A Modified Rawlsian Theory of Social Justice : "Justice As Fair Rights," *XXII World Congress of Philosophy Proceedings* (2010).

125. Pettit, Philip. Freedom as Antipower, *Ethics* 106 (1996).

126. Pickerty, Thomas. *Capital in the Twenty—First Century*, trans. Arthur Goldhammer, Cambridge, MA : The Belknap Press of Harvard University Press, 2014.

127. Pinkard, Terry. *German Philosophy, 1760–1860: The Legacy of Idealism*, Cambridge: Cambridge University Press, 2002.

128. Pippin, Robert. Naturalness and Mindedness: Hegel's Compatibilism, *European Journal of Philosophy* 7, 2 (1999).

129. Pinter, Harold. *Various Voices*, London: Faber and Faber, 1998.

130. Pogge, Thomas. Equal Liberty for All? *Midwestern Studies in Philosophy* 28, 1 (September 2004).

131. Pogge, Thomas. *John Rawls: His Life and Theory of Justice*, Oxford: Oxford University Press, 2007.

132. Quinn, Warren S. Actions, Intentions, and Consequences: The Doctrine of Doing and Allowing, *The Philosophical Review* 98, 3 (July 1989).

133. Quong, Jonathan. *Liberalism without Perfectionism*, Oxford: Oxford University Press, 2011.

134. Rawls, John. *A Theory of Justice*, Revised Edition, Cambridge, MA: Harvard University Press, 1999.

135. Rawls, John. *Justice as Fairness: A Restatement*, ed. Erin Kelly, Cambridge, MA: Harvard University Press, 2001.

136. Rawls, John. *Political Liberalism*, Expanded Edition, New York: Columbia University Press, 2005.

137. Rawls, John. *Lectures on the History of Political Philosophy*, ed. Samuel Freeman, Cambridge, MA: Harvard University Press, 2007.

138. Raz, Joseph. *The Morality of Freedom*, Oxford: Oxford University Press, 1986.

139. Reiman, Jeffrey. *As Free and as Just as Possible: The Theory of Marxian Liberalism*, Chichester, UK: Wiley Blackwell, 2014.

175

140. Rose, Nikolas. *Powers of Freedom: Reframing Political Thought*, Cambridge: Cambridge University Press, 1999.

141. Ryan, Alan. Justice, Exploitation and the End of Morality, in ed. J. D. G. Evans, *Moral Philosophy and Contemporary Problems*, Cambridge: Cambridge University Press, 1987.

142. Sayers, Sean. *Marxism and Human Nature*, London and New York: Routledge, 1998.

143. Sen, Amartya. *Inequality Reexamined*, Oxford: Clarendon Press, 1992.

144. Sen, Amartya. *The Idea of Justice*, London: Penguin Books, 2010.

145. Shandro, A. M. A Marxist Theory of Justice? *Canadian Journal of Political Science/Revue canadienne de science politique* 22(1989).

146. Scheffler, Samuel. Choice, Circumstance, and Value of Equality, *Politics, Philosophy and Economics* 4, 1(2005).

147. Schmidtz, David. Property and Justice, *Social Philosophy and Policy* (2010).

148. Schweickart, David. *Against Capitalism*, Cambridge: Cambridge University Press, 1993.

149. Schweickart, David. *After Capitalism (New Critical Theory)*, Second Edition, Lanham, MD: Rowman & Littlefield, 2011.

150. Simmons, John. Ideal and Nonideal Theory, *Philosophy and Public Affairs* 38, 1(2010).

151. Smith, Adam. *The Wealth of Nations*, Chicago, IL: Encyclopaedia Britannica, Inc., 1952.

152. Sraffa, Piero. *Production of Commodities by Means of Commodities*, Cambridge: Cambridge University Press, 1960.

153. Steinbock, Bonnie, and Norcross, Alastair. *Killing and Letting Die*, Second Edition, New York: Fordham University Press, 1994.

154. Steiner, Hillel. *Essay on Rights*, Oxford: Blackwell Publishers, 1994.

155. Stiglitz, Joseph E. The Causes and Consequences of the Dependence of Quality on Price, *Journal of Economic Literature* 25(1987).

156. Stiglitz, Joseph E. *Economics*, New York: W. W. Norton, 1993.

157. Stiglitz, Joseph E. *Whither Socialism?*, Cambridge, MA: MIT Press, 1994.

158. Stiglitz, Joseph E. The Contributions of the Economics of Information to Twentieth Century Economics, *The Quarterly Journal of Economics* 115, 4(November 2000).

159. Stiglitz, Joseph E. *Freefall: America, Free Markets, and the Sinking of the World Economy*, New York and London: W. W. Norton & Company, 2010.

160. Stiglitz, Joseph E. *The Price of Inequality: How Today's Divided Society Endangers Our Future*, London, UK: Penguin Books, 2013.

161. Swift, Adam. *Political Philosophy: A Beginners' Guide for Students and Politicians*, Second Edition, Cambridge: Polity Press, 2006.

162. Swift, Jonathan. *A Modest Proposal for Preventing the Children of Poor People in Ireland from being a Burden to Their Parents or Country and for Making Them Beneficial to the Public*, Dublin: S Harding, 1729.

163. Traxler, Franz. Collective Bargaining in the OECD: Developments, Preconditions and Effects, *European Journal of Industrial Relations* 4, 2 (1998).

164. Tressell, Robert. *The Ragged Trousered Philanthropists*, New York: HarperCollins, Flamingo Modern Classics, 1993.

176

165. Tuomela, Raimo. *The Philosophy of Sociality: The Shared Point of View*, Oxford: Oxford University Press, 2007.

166. Parijs, Philippe Van. *Real Freedom for All: What (If Anything) Can Justify Capitalism?*, Cambridge: Cambridge University Press, 1995.

167. Parijs, Philippe Van. Difference Principles, *The Cambridge Companion to Rawls*, ed. Samuel Freeman, Cambridge: Cambridge University Press, 2003.

168. Waldron, Jeremy. *The Right to Private Property*, Oxford: Oxford University Press, 1988. Waldron, Jeremy. Rights in Conflict, Ethics 99, 3 (April 1989).

169. Waldron, Jeremy. The Role of Rights in Practical Reasoning: "Rights" versus "Needs," *The Journal of Ethics* 4 (2000).

170. Walzer, Michael. *Spheres of Justice: A Defense of Plurality and Equality*, New York: Basic Books, 1983.

171. Wedderburn, Lord. *The Worker and the Law*, Third Edition, Harmondsworth: Penguin Books, 1986.

172. Wells, H. G. *The Time Machine*, Harmondsworth: Penguin Classics, 2005.

173. Wilkinson, Richard G., and Pickett, Kate. *The Spirit Level: Why Equality is Better for Everyone*, Second Edition, London: Penguin Books, 2010.

174. Wood, Allen W. The Marxian Critique of Justice, *Philosophy & Public Affairs* 1 (1972).

175. Wood, Allen W. *Karl Marx*, London, UK: Routledge and Kegan Paul, 1981.

176. Wood, Allen W. *Hegel's Ethical Thought*, Cambridge: Cambridge

University Press, 1990.

177. Wood, Allen W. *Karl Marx, Arguments of the Philosophers), Second Edition*, London, UK: Routledge, 2004.

178. Wood, Allen W. *Kantian Ethics*, Cambridge: Cambridge University Press, 2008.

179. Woodward, James. *Making Things Happen: A Theory of Causal Explanation*, Oxford: Oxford University Press, 2003.

180. Wright, Erik Olin. *Class Counts: Comparative Studies in Class Analysis*, Cambridge: Maison des Sciences de l'Homme and Cambridge University Press, 1997.

索 引

（页码均为原著页码）